高职院校铁道工程技术专业教材（活页式）

铁路轨道维修技术工作手册

主　编 ◎ 郭丽丹　张同文　甄相国

主　审 ◎ 李建平　晋　杰

西南交通大学出版社

·成　都·

图书在版编目（CIP）数据

铁路轨道维修技术工作手册 / 郭丽丹，张同文，甄相国主编. —成都：西南交通大学出版社，2023.7

ISBN 978-7-5643-9362-5

Ⅰ. ①铁… Ⅱ. ①郭… ②张… ③甄… Ⅲ. ①轨道（铁路）– 维修 – 高等职业教育 – 教材 Ⅳ. ①U216.42

中国国家版本馆 CIP 数据核字（2023）第 112869 号

Tielu Guidao Weixiu Jishu Gongzuo Shouce
铁路轨道维修技术工作手册

主 编 郭丽丹 张同文 甄相国

责任编辑 姜锡伟
封面设计 何东琳设计工作室

出版发行 西南交通大学出版社
（四川省成都市金牛区二环路北一段 111 号
西南交通大学创新大厦 21 楼）
邮政编码 610031
发行部电话 028-87600564 028-87600533
网址 http://www.xnjdcbs.com
印刷 四川玖艺呈现印刷有限公司

成品尺寸 185 mm × 260 mm
印张 15.5
字数 347 千
版次 2023 年 7 月第 1 版
印次 2023 年 7 月第 1 次
书号 ISBN 978-7-5643-9362-5
定价 52.00 元

课件咨询电话 028-81435775
图书如有印装质量问题 本社负责退换

前言

PREFACE

铁路建设现代化的不断推进，特别是高速铁路、快速铁路及重载铁路的发展，对从事铁路线路施工和养护维修的工程技术人员提出了更高的要求。为适应铁路建设和管理的需要，培养适合铁路现代化发展需要的专业人才，我们组织编写了《铁路轨道维修技术工作手册》。

本书是铁路线路维修职业技能操作专业教材，主要介绍了普速铁路线路和部分高速铁路线路修理的实训项目。书中详细介绍了每个实训任务安排、任务分析、工具材料准备、任务实施条件、作业程序、质量要求、安全注意事项、任务评价等内容，针对每个学习任务编写了任务工单和评价标准，便于学生自学、自测和教师教学使用。编者在编写本教材过程中，充分考虑了职业教育的特点，文字通俗易懂，内容简洁明了，并配有大量插图，以满足学生学习的要求。

本书共分为工机具及防护备品的使用、轨道检测技术、轨道维修技术 3 个教学项目，其中，项目 1 包含 4 个学习任务，项目 2 包含 10 个学习任务，项目 3 包含 18 个学习任务。项目 1 由湖南高速铁路职业技术学院李波、刘恒、文凯琪和中铁检验认证中心有限公司樊志华编写，项目 2 由湖南高速铁路职业技术学院郭丽丹、秦立朝、王泽坤、曾锟编写，项目 3 由湖南高速铁路职业技术学院甄相国、张同文、金能龙、广州铁路局集团有限公司广州工务段李军、中国铁路广州局集团有限公司株洲职工职业技能培训基地涂志成、中国铁路广州局集团有限公司怀化工务段宋谋福编写。全书由郭丽丹统稿。

本书由湖南高速铁路职业技术学院郭丽丹、张同文、甄相国担任主编，湖南高速铁路职业技术学院李建平、中国铁道科学院集团有限公司国家铁道试验中心晋杰担任主审。另外，本书在编写过程中还得到了广州铁路局集团有限公司衡阳工务段技术科、衡阳线路车间、长沙高铁工务段衡阳东线路车间等现场技术人员的大力支持，在此表示衷心感谢。

本书内容丰富、实用性强，可作为铁路高职院校与中等职业学校铁路线路维修专业教学用书，也可作为各铁路局职工的岗位培训材，还可作为相关工程技术人员的学习参考书。

由于编者学术水平、教学经历和写作能力有限，书中难免存在不足之处，敬请读者批评指正。

编　者

2023 年 5 月

目录
CONTENTS

项目 1 工机具及防护备品的使用

项目描述

铁路工务作业中用到的常用工具、量具、机具和安全防护备品种类虽多，但构造相对简单且使用方便，对做好铁路线路检查和维修工作意义和作用巨大。工务作业人员应熟悉常用的工具、量具、机具的构造及正确使用方法，同时能正确识别和使用工务作业中常用的防护备品。

本项目内容包括铁路工务作业中常用工具的使用、常用量具的使用、防护备品的使用以及小型养路机械的使用等。通过本项目的学习，学生应能按规定要求熟练地使用常用工、量、机具及防护备品并能进行日常保养，为做好工务工作打好坚实的基础。

教学目标

1. 知识目标

- 掌握常用工具的构造和功用；
- 掌握常用量具的构造和功用；
- 掌握常用防护备品的构造和功用；
- 掌握常用小型养路机械的构造和功用。

2. 能力目标

- 会正确使用常用工具并进行保养；
- 会正确使用常用量具并进行保养；
- 会正确使用常用防护备品并进行保养；
- 会正确使用小型养路机械并进行保养。

3. 素质目标

- 具有严谨求实的工作作风；
- 具备团结协作精神；
- 具备安全环保意识；
- 具备劳动精神和劳模品质。

任务 1.1　常用工具的使用

子任务 1.1.1　扳手类工具的使用

一、手动扳手

手动扳手是一种常用的安装与拆卸工具。手动扳手又叫普通扳手，主要应用于工务普通作业中，它的使用比较简单，主要分为单头呆扳手、双头呆扳手、活扳手、梅花扳手等。扭矩扳手分为指针扳手、数显扳手等。

开口扳手	
	开口扳手即呆口扳手，是最常见的一种扳手。其开口的中心平面和本体中心平面成 15°角，这样既能适应人手的操作方向，又可降低对操作空间的要求。其规格以两端开口的宽度 S（mm）来表示，通常用 45、50 钢锻造，并经热处理。
梅花扳手	
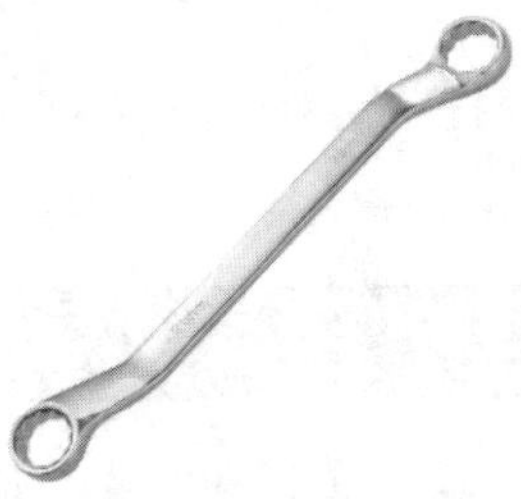	梅花扳手的两端是环状的，环的内孔由 2 个正六边形互相同心错转 30°而成。使用时，扳动 30°后，即可换位再套，因而适用于狭窄场合下操作。与开口扳手相比，梅花扳手强度高，使用时不易滑脱，但套上、取下不方便。其规格以闭口尺寸 S（mm）来表示，通常用 45 或 40Cr 钢锻造，并经热处理。
活口扳手	
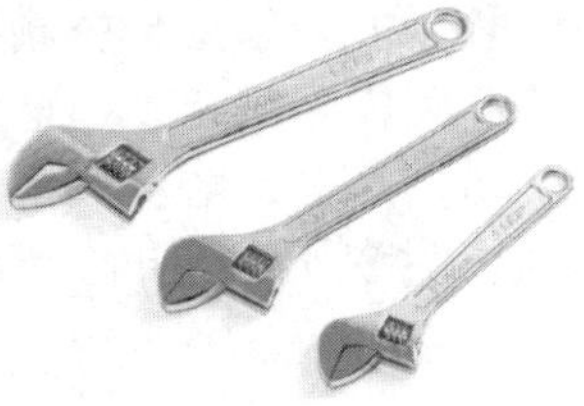	活口扳手的开口宽度可在一定尺寸范围内调节，能拧转不同规格的螺栓或螺母。该扳手的结构特点是固定钳口制成带有细齿的平钳口；活动钳口一端制成平钳口，另一端制成带有细齿的凹钳口；转动蜗杆来调换钳口位置。其规格是以最大开口宽度（mm）来表示的，常用的有 150 mm、300 mm、450 mm、600 mm 等。

续表

<table>
<tr><th colspan="2">钩形扳手</th></tr>
<tr><td>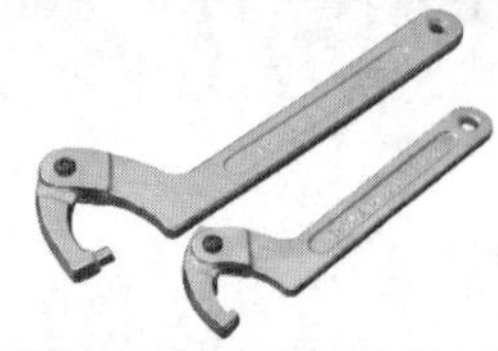</td><td>钩形扳手又称月牙形扳手，用于拧转厚度受限制的扁螺母等。目前常见的有两种类型：一种是固定头圆头钩形扳手，另一种是活动头钩形扳手。前者常见规格为20～50 mm，后者常见规格为19～170 mm。</td></tr>
<tr><th colspan="2">套筒扳手</th></tr>
<tr><td>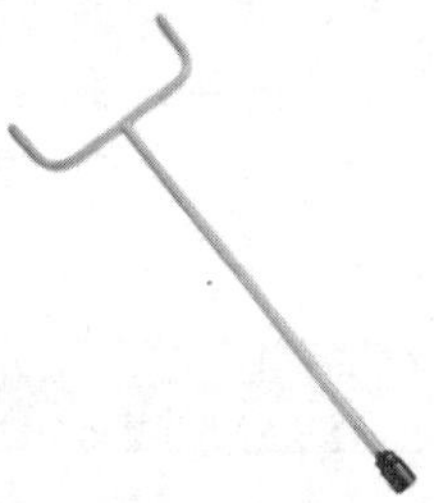</td><td>套筒扳手俗称套筒，它由多个带六角孔或十二角孔的套筒和配套的手柄、接杆等多种附件组成，特别适用于拧转部位十分狭小或凹陷很深处的螺栓或螺母。套筒扳手主要由套筒头、手柄、棘轮手柄、快速摇柄、接头和接杆等组成，各种手柄适用于不同的场合，以操作方便或提高效率为原则。常用套筒扳手的规格是10～32 mm。</td></tr>
<tr><th colspan="2">扭力扳手</th></tr>
<tr><td></td><td>扭力扳手在拧转螺栓或螺母时，能显示出所施加的扭矩，或者当施加的扭矩到达规定值后，会发出光或声响信号。扭力扳手适用于对扭矩大小有明确规定的情况。扭力扳手是一种可读出所施扭矩大小的专用工具，其规格是以最大可测扭矩来划分的，铁路上常用的有300 N・m、500 N・m、1500 N・m三种。</td></tr>
</table>

二、电动扳手的使用

电动扳手是指拧紧和旋松螺栓及螺母的电动工具，是一种拧紧高强度螺栓的工具。电动扳手有安全离合器式和冲击式两种结构形式。

<table>
<tr><th colspan="2">电动扳手</th></tr>
<tr><td></td><td>（1）安全离合器式是一种采用达到一定力矩时就脱扣的安全离合器机构，来完成装拆螺纹件的结构形式；冲击式则是采用冲击机构，以其冲击力矩完成装拆螺纹件的结构形式。
（2）冲击式电动扳手由电动机、行星齿轮减速器、滚珠螺旋槽冲击机构、正反转电源开关、电源连接装置件和机动套筒等组成。冲击式电动扳手按选用电动机的类型有单相电动扳手和三相电动扳手。</td></tr>
</table>

续表

电动扳手使用方法及注意事项
1. 使用方法 电动扳手的操作手柄上装有两只开关：一只为工作开关，是操纵启动和停止的；另一只是专门为改变电枢正反转而设置的，两只开关不可接反。 2. 注意事项 （1）在工具接通电源前，需要检查开关处于断开状态才能插入。 （2）确认现场所接电源与电动扳手所需要电压是否相符，是否接有漏电保护器。 （3）根据螺母大小选择匹配的套筒，并妥善安装。 （4）电压过高或过低均不宜使用。 （5）不要将筒体当作锤击工具使用。 （6）不要在手摇杆上增加套杆或撬棒后加力。 （7）电动扳手的金属外壳需要可靠接地。 （8）检查电动扳手机身安装螺钉紧固情况，如果发现螺钉松了，需要立即重新扭紧。 （9）检查手持电动扳手两侧手柄是否完好，安装是否牢固。 （10）站在梯子上工作或高处作业应做好防止高处坠落措施。 （11）如果作业场所在远离电源的地点，需延伸线缆时，需要使用容量足够、安装合格的延伸线缆。

三、气动扳手的使用

气动扳手	
	气动扳手是一种以高压气泵为动力源的扭矩扳手，主要是一种以最小的消耗提供高扭矩输出的工具。 气动扳手一般分为两类：一类是常规性也就是普通的冲击扳手，一类是脉冲气动扳手。两者的区别是：前者不能定扭矩，而后者可以。气动扭矩扳手就是属于后者。
气动扳手使用方法及注意事项	
1. 使用方法 气动扭矩扳手是一种手持式旋转气动工具，可以精确设定扭矩，用于完成螺母和螺栓的锁紧或拆卸工作。 2. 注意事项 （1）在操作前注意换向开关的位置，以便在操作进气阀时了解旋转方向。务必保证进入扳手气动电机的压缩空气满足要求。 （2）确保所有的软管及其他连接装置尺寸正确、安装牢固；切勿使用已损坏的、磨损的或老化的空气软管及其他连接装置。 （3）在操作机器前，务必检查油杯里是否有足够的润滑油，在缺少或没有润滑的情况下，会加快气动电机叶片磨损速度，导致工具性能降低、维护工作量增加。	

续表

气动扳手使用方法及注意事项
（4）操作者身体必须保持平衡和稳定，在操作本工具时不要幅度过大。在开启和操作工具的过程中，请预防和警惕运动中扭矩和力量的突然变化。 （5）不可以任意拆除工具中的零件后操作。 （6）工具出现故障，不能达到原有功能时，不能再继续使用，应立刻检查。 （7）定期检查、保养工具，添加润滑油。

子任务 1.1.2　撬棍类工具的使用

撬棍作为一种作业工具，广泛用于铁路轨道维修作业中。它是利用杠杆原理，将重物从地面掀起，并发生位移的工具。工务常用的有羊角起钉撬棍、六棱撬棍等。

六棱撬棍	
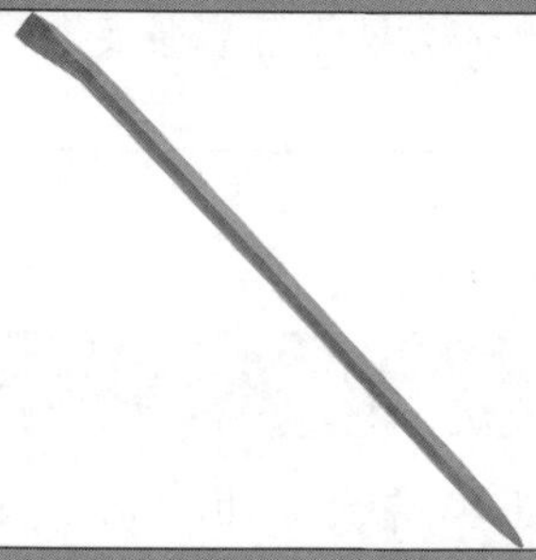	六棱撬棍，由撬头和撬柄连接而成，撬头一头圆一头扁平上撬，撬头与撬柄为垂直连接。采用轨道钢制造，硬度高、韧性好、坚固耐用；头部尖锐，固定牢靠；中部六棱设计不易折断；尾部扁平向上翘起成30°角，不易伤手。 六棱撬棍的长度为 1.2～1.4 m，质量约 3.2～4.05 kg。
羊角起钉撬棍	
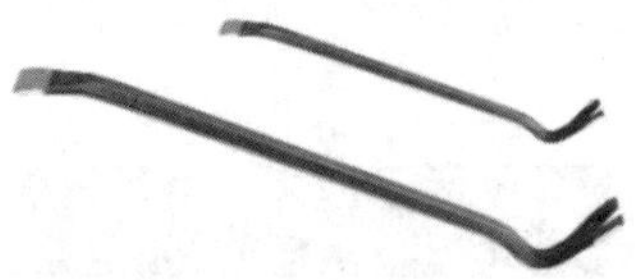	羊角起钉撬棍广泛应用于普通木枕线路和木枕道岔上，在维护操作过程中无须使用起钉垫，起道钉效果良好。它通过模具锻造而成，提高了作业工效，达到了安全、省时、省力和高效的目的。 羊角起钉撬棍的长度为 1200～1550 mm，质量约 8～9.5 kg。
FG 型翻轨器（龙头撬棍）	
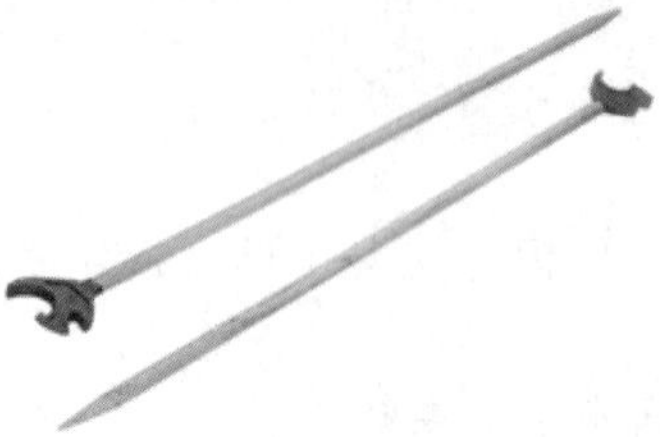	FG 型翻轨器由铸钢翻轨器头、优质碳素结构钢杆尖和无缝钢管焊接而成，是翻转钢轨时使用的一种手动钳式工具。它重量轻，强度高，操作简便、省力，工作效率高，劳动强度小，携带方便，是铁路部门常备的专用工具。 FG 型翻轨器质量为 4.5 kg（P60 钢轨），无缝钢管长为 1.55 m，直径为 30 mm。

任务 1.2　常用量具的使用

子任务 1.2.1　一般量具的使用

铁路轨距尺	
 （a）标尺类轨距尺  （b）数显类轨距尺	轨距尺通常用来检测铁路线路两股钢轨间的轨距、水平（超高）和查照间隔、护背距离等尺寸。轨距尺的准确度分为 0 级、1 级和 2 级三个等级。0 级轨距尺用于测量允许速度不大于 350 km/h 的线路，1 级轨距尺用于测量允许速度不大于 250 km/h 的线路，2 级轨距尺用于测量允许速度不大于 160 km/h 的线路。按其显示方式分为标尺类轨距尺和数显类轨距尺。 （a）标尺类轨距尺：由活动端测座、活动测头、标尺、水准泡、超高显示装置、拉手、尺身、固定测头、固定端测座组成。其标准轨距测量范围为 1428～1470 mm；水平（超高）测量范围为 −150～+150 mm，其中长水泡式显示类为 −20～+150 mm，0 级和 1 级按数显类要求执行。标尺类轨距尺具有结构简单、生产安装容易、重量轻、携带方便、绝缘可靠、便于维护和使用等优点。 （b）数显类轨距尺：由活动端测座、活动测头、界面、超高显示装置、拉手、尺身、固定测头、固定端测座组成。其标准轨距测量范围 1407～1470 mm，水平（超高）测量范围为 −185～+185 mm。数显类轨距尺具有菜单提示清晰直观，测量方式灵活，具备最小轨距判断功能，测量更快捷、准确，检定、校准过程自动快捷，操作简单等优点。
支距尺	
	支距尺主要用于测量铁路道岔的导曲线支距尺寸等。其支距测量范围为 100～1290 mm 和 100～1800 mm。

续表

铁路方尺	
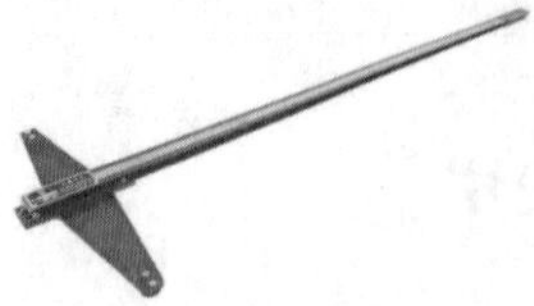	铁路方尺主要用于测量铁路线路轨排直角错位、轨枕位置偏斜量、两钢轨接头直角错位、道岔尖轨爬行量等尺寸。
钢卷尺	
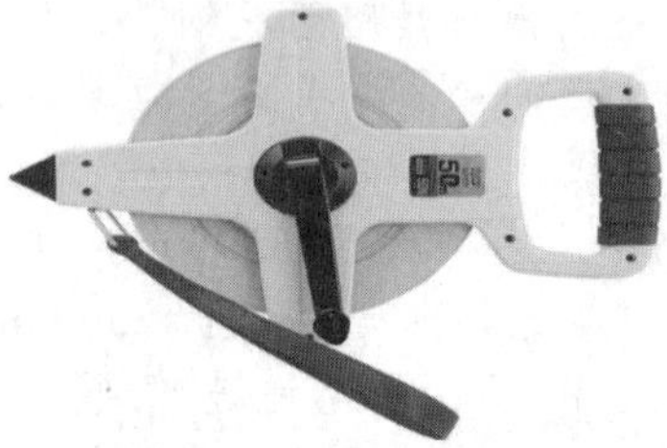	钢卷尺是测量长度的量具，主要用于测量钢轨、辙叉、尖轨、护轨等长度尺寸。
钢轨平直尺	
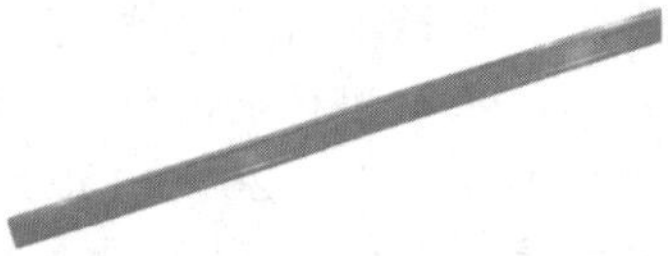	钢轨平直尺主要用于检测钢轨铝热焊接时钢轨端头的水平对正、垂直对正及尖点的调节、钢轨硬弯、钢轨接头轨面或内侧错牙等尺寸。
钢直尺	
	钢直尺主要用于测量道岔、道口各个轮缘槽宽度及一些零配件的长度等，也可以配合弦线测量矢度。
铁路辙叉磨耗测量仪	
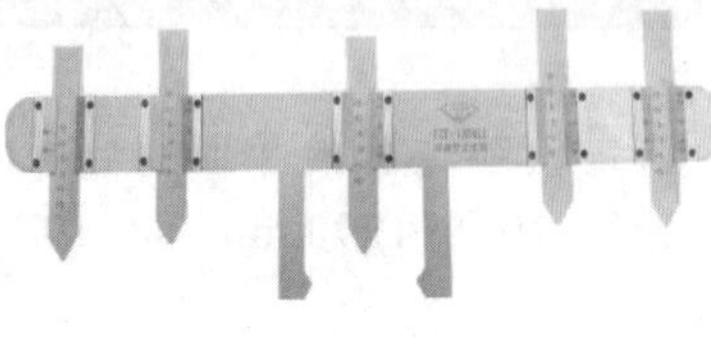	铁路辙叉磨耗测量仪是用于测量铁路固定式辙叉的心轨及两侧翼轨垂直磨耗量与堆高量的铁路专用计量器具。

续表

钢轨磨耗测量仪	
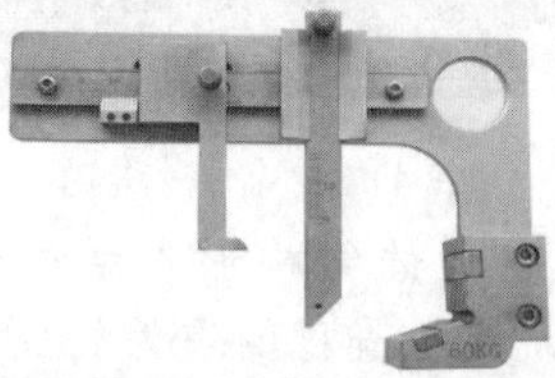	钢轨磨耗测量仪是用来测量钢轨垂直磨耗和侧面磨耗数值的专用计量器具，根据其结构可分为游标尺式和数字式。根据钢轨类型，钢轨磨耗测量仪有 50 kg、60 kg、75 kg 等规格。
塞尺	
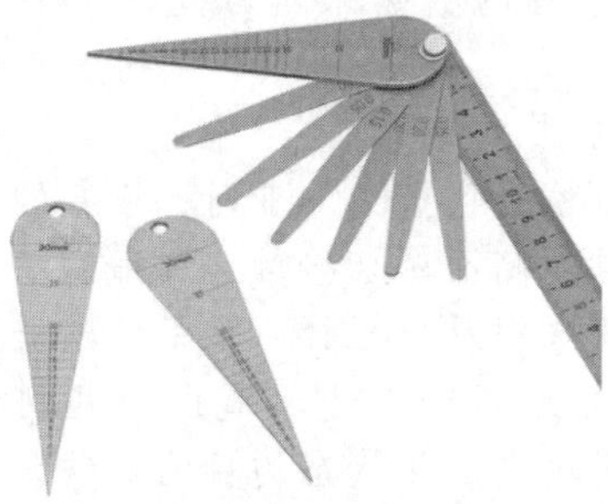	塞尺是由一组具有不同厚度级差的薄钢片组成的量规。塞尺一般由不锈钢制造，测量范围为 0.02 ~ 3 mm。自 0.02 ~ 0.1 mm，各钢片厚度级差为 0.01 mm；自 0.1 ~ 1 mm，各钢片厚度级差一般为 0.05 mm；自 1 mm 以上，钢片厚度级差为 1 mm。除了公制以外，也有英制的塞尺。 塞尺配合钢板尺可测量钢轨表面平直度，或测量离缝，如轨道板和砂浆层间、弹条中肢前端与轨距挡板间缝隙，以及测量接头轨缝等（检查位置为钢轨接头外侧非工作边）。
弦线	
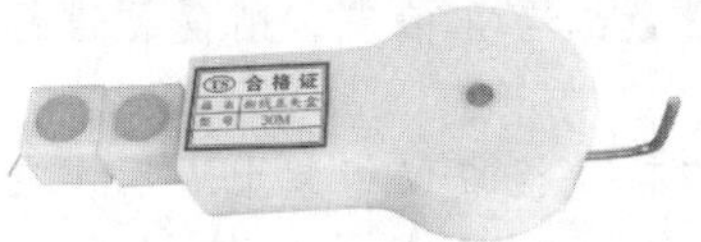	弦线主要用于检查线路高低、方向以及曲线正矢等，与 30 cm 钢直尺配合使用。
轨温计	
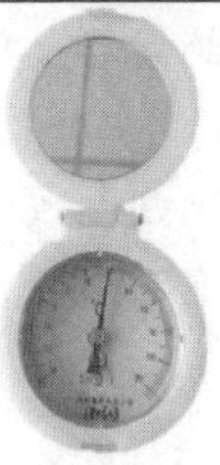 （a） 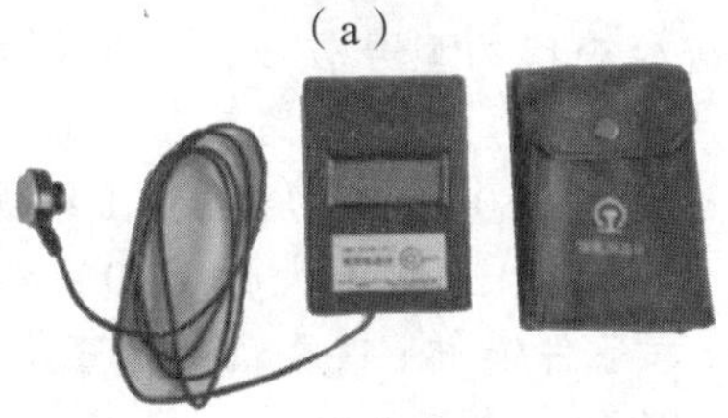 （b）	轨温一般用轨温计进行测量。现场实地测量钢轨温度，目前多用金属式钢轨测温计或数字式钢轨测温计。轨温计的温度测量范围为 −40 ~ +70 °C，允许基本误差为全量程的 ±1.0%（轨温计全量程是指其测量上限和测量下限之差）。 钢轨的温度，在晴天阳光直射与背阴面不同，轨底与轨头不同，钢轨内部与表面也不同。为了测得准确的轨温值，应在钢轨的全断面上选定多点进行测量，然后取其平均值。

子任务 1.2.2　专项检查工具的使用

轨道检查仪

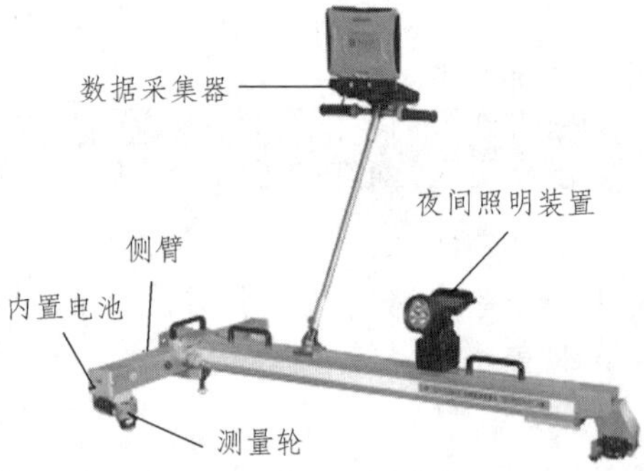

1. 系统组成

铁路轨道检查仪的结构形式主要为 T 形。各型号铁路轨道检查仪的硬件构成基本相同，其组成部分为：可拆卸纵横梁、轨距传感器、里程传感器、倾角传感器、陀螺仪、电源及三防笔记本电脑。各型号铁路轨道检查仪都配有相应的数据采集与处理专业软件。

2. 检测方法

铁路轨道检查仪上线作业时，设备的工形结构与轨道内侧面密切接触，利用高精度陀螺仪的测角原理及里程计、轨距传感器所获取的数据，计算出上述轨道内部几何参数，达到检测轨道几何状态的目的。铁路轨道检查仪的工作步骤如下：

（1）在上道作业前，需确认铁路轨道检查仪的轨距传感器、陀螺仪的工作状态是否正常，如测量数据存在偏差，则需要进行传感器标定。

（2）铁路轨道检查仪组装上道后，在开始测量前需在通电状态下保持静止状态 20～30 s，以便陀螺仪进行校正并获取零点，然后按正常步行速度（3～4 km/h）在轨道上推行，软件系统会自动记录检测数据并存盘。

（3）外业测量完成后，经内业数据处理，即可得到各项轨道内部几何参数的检测结果。

3. 主要技术参数

铁路轨道检查仪的型号较多，从测量精度上分为 0 级和 1 级。0 级铁路轨道检查仪适用于速度不大于 350 km/h 的铁路，1 级铁路轨道检查仪适用于速度不大于 200 km/h 的铁路，其技术条件遵循《铁路轨道检查仪》（TB/T 3147—2020）的要求。

续表

<table>
<tr><th colspan="2">钢轨外形测量仪</th></tr>
<tr><td>
</td><td>1. 构造与原理
接触式轨廓测量通过机械接触的方式来测量钢轨的廓形。接触式轨廓测量传感器通过通用串行总线（USB）插口与便携式计算机相连，应用专用的测量分析软件，快速、精确记录钢轨轨头外形数据。分析软件具有钢轨轨头外形的裁剪、显示、斜率计算、轨头垂磨和侧磨计算、与其他钢轨轨头外形进行比较等多种分析功能。其测量装置由定位架、测量转臂、传感器、控制按钮和吸铁等组成。
2. 测量方法
（1）测量前用干净的抹布将被测量钢轨表面、检测仪测试部件擦拭干净，测量时应将测量装置正确地安装在被测量钢轨轨头位置上。
（2）利用定位架上的内侧磁性材料和定位条将测量装置固定，测量臂经过的平面为被测截面。要求两个圆的侧面磁性定位面与轨头侧面紧密贴靠，同时下部的磁性条与钢轨轨头下颚接触。
（3）开始测量时要求测量臂处于零位，这时两个转臂上各自的定位点与各自的两个小磁铁块同时相接触。</td></tr>
</table>

续表

钢轨平直度检测仪	
 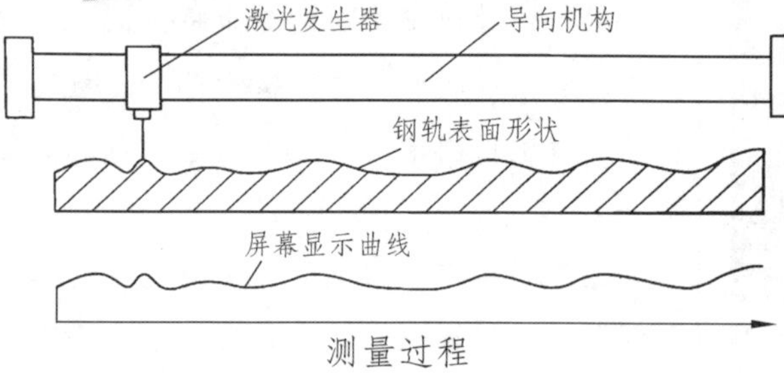 	钢轨平直度检测仪由横梁、导向机构、激光位移传感器、电机、旋转编码器、计算机等部件组成。钢轨平直度检测仪采用非接触式激光传感器测量方式，与可编程控制器、显示系统和存储系统及机械主体结构组成一个动平直度检测系统。完成在线平直度自动测量之后，测试结果以彩色二维曲线方式直接显示在显示屏上，也可以数据形式保存在计算机内供需要时查看。 钢轨平直度检测仪器机体是一横梁，横梁安装了高精度的直线导轨，导轨的滑块连接测量组件，当测量组件在导轨上作直线运动时，其轨迹形成了相对测量的模拟理想直线。测量组件上安装了水平和垂直两个方向的激光位移传感器，这样就可分别测量出相对被测钢轨的垂直和水平两个工作面的变量，通过计算机组件生成二维曲线以及相应的数据以便保存。

续表

尖轨降低值测量尺

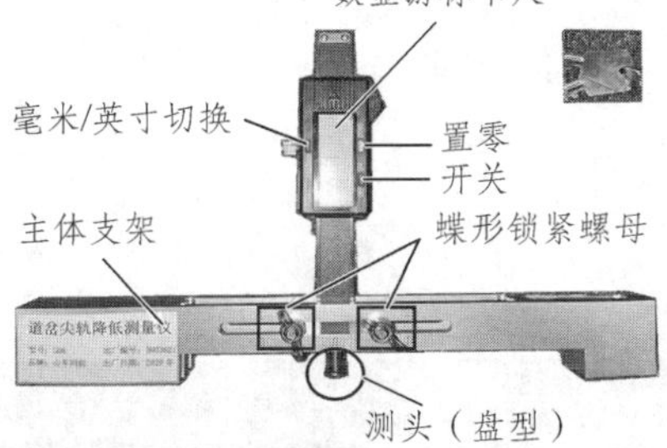

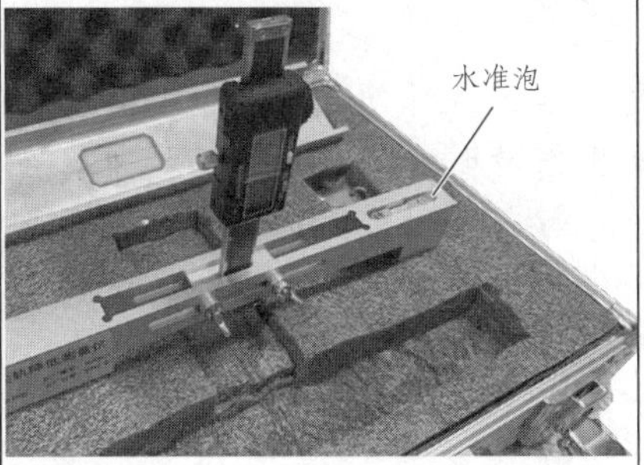

1. 构造与原理

尖轨降低值测量尺主要是用来测量尖轨相对于基本轨的降低值、心轨相对于翼轨的降低值。其结构分为主体支架和可滑动游标卡尺两个部分。通过调节蝶形螺母松紧，可以实现不同位置的测量，实现多工况的检测。主体支架上设有水准泡，可以检测被测面（滑床板）等是否倾斜，避免因滑床板倾斜造成的辊轮高度检测误差。主体支架上设位置标记，能直观反映测头测针位置。

2. 测量方法

第一步，打开数显卡尺上红色开关键，将卡尺滑动到主体支架中间标记位，使用盘型测头进行测量。

第二步，将测量尺放在水平尺上，用手按住主体支架，使测头与支架底面处在同一平面上，按下“zero”键置零。

（1）尖轨降低值测量：把测量尺一端放在所要测量尖轨上方的基准轨平面上，另一端用手端平并使水准泡保持居中，移动游标卡尺，把盘型测头放在尖轨顶端，此时数显游标卡尺上的示值即为该段尖轨的降低值。

（2）心轨降低值测量：把测量尺一端放置在翼轨上，测量尺下部凹槽在道岔心轨上方居中，盘型测头在心轨最高处正上方，放下盘型测头进行测量，此时数显游标卡尺上的示值即为该段心轨相对于翼轨的降低值。

（3）道岔辊轮高度测量：把测量尺一端放置在滑床板上，尺子下部凹槽在道岔辊轮及支架上方居中，放下盘型测头进行测量。

（4）护轨高度测量：把测量尺一端放置在护轨上，尺子下部凹槽在道岔及护轨上方居中，盘型测头在基本轨最高处正上方，使水准泡保持居中，放下盘型测头进行测量。

3. 注意事项

（1）使用过程中应轻拿轻放，避免磕碰。

（2）完成测量后，及时关闭电源。

（3）仪器不使用时，放在安全的地方，并远离热源和潮湿的环境。

（4）本产品使用电池供电，低温可能影响电池性能，造成无法开机，此时应更换电池。

任务 1.3　常用防护备品的使用

子任务 1.3.1　防护用品的使用

<table>
<tr><th colspan="2">对讲机</th></tr>
<tr><td>
</td><td>对讲机是作业负责人、防护员、道口工、巡守工使用的通信设备。</td></tr>
<tr><th colspan="2">喇叭</th></tr>
<tr><td>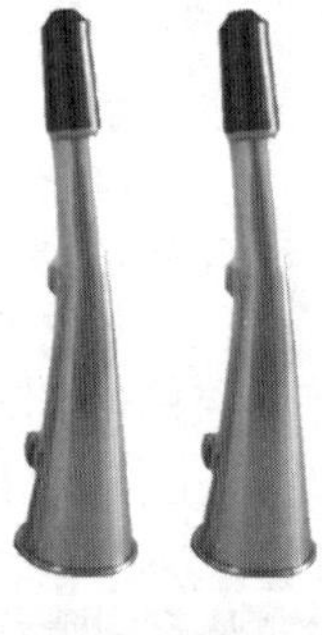</td><td>喇叭是铁路工务部门常用的一种听觉信号。号角发出信号时，必须清晰、准确。在天气不良及防护距离较远时应加强复示与确认，以防发生差错，造成不良后果。吹出音响的标准时间是一长声：3 s；一短声：1 s；音响间隔：1 s；重复鸣示：间隔 5 s 以上。</td></tr>
<tr><th colspan="2">短路铜线</th></tr>
<tr><td>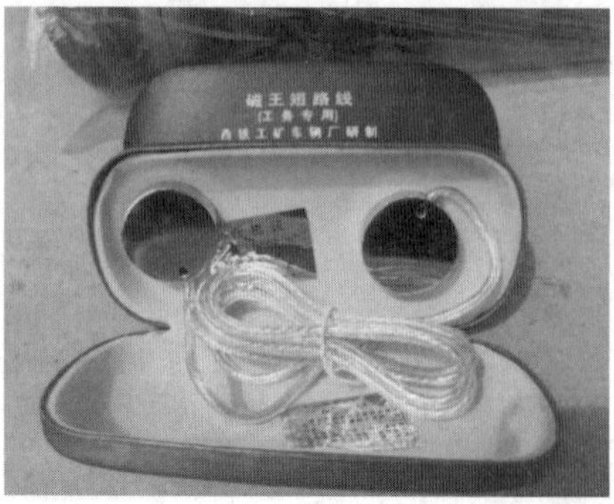</td><td>短路铜线主要是用作线路突发紧急情况时短接铁路轨道电路，人为形成红光带，阻止其他机车进入此段线路。</td></tr>
</table>

续表

<table>
<tr><th colspan="2">GSM-R 手机</th></tr>
<tr><td></td><td>铁路全球移动通信系统（GSM-R）包括交换机、基站、机车综合通信设备、手机等。GSM-R 手机具有通话距离长、信号好、通过个人计算机端编辑并导入铁路电话等优点，是铁路通信专用、铁路紧急呼叫的工具。</td></tr>
<tr><th colspan="2">红色信号旗</th></tr>
<tr><td></td><td>红色信号旗表示要求列车停车。昼间为展开的红色信号旗，夜间为红色灯光。</td></tr>
<tr><th colspan="2">黄色信号旗</th></tr>
<tr><td>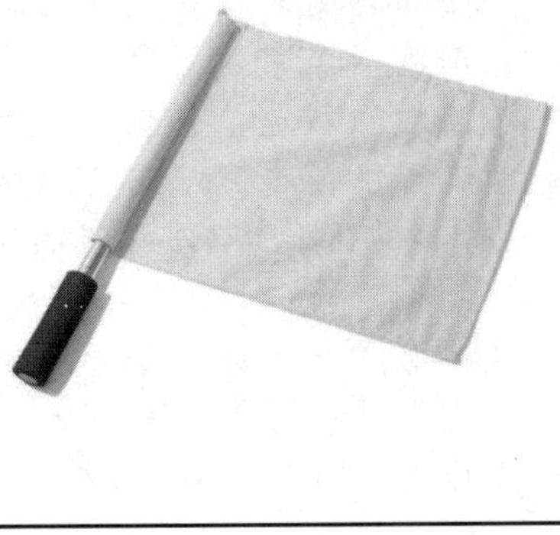</td><td>黄色信号旗表示注意或要求列车降低到要求的速度。昼间为展开的黄色信号旗，夜间为黄色灯光。</td></tr>
</table>

子任务 1.3.2　信号牌的使用

<table>
<tr><th colspan="2">移动停车信号牌</th></tr>
<tr><td>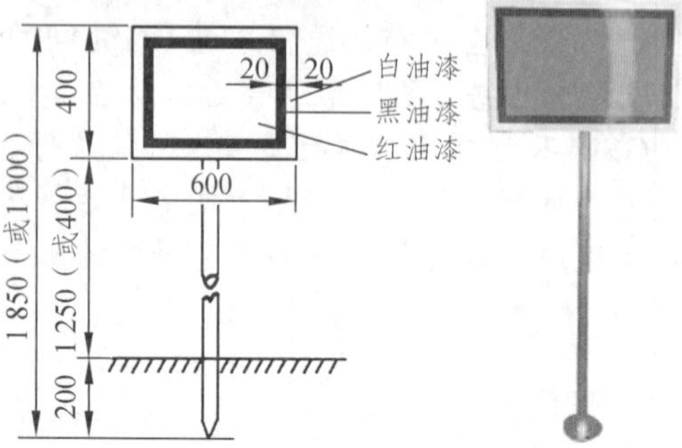

单位：mm</td><td>移动停车信号牌为表面有反光材料的红色方牌，设在施工地点两端各 20 m 或 50 m 的线路中心处，区间高度为 1.85 m，站内高度为 1 m。</td></tr>
<tr><th colspan="2">移动减速信号牌</th></tr>
<tr><td>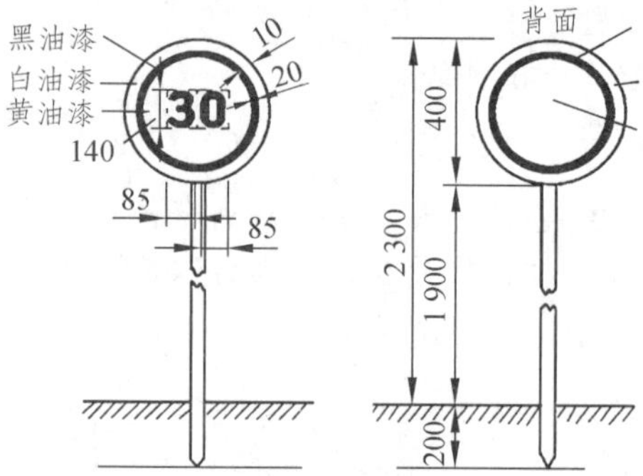

单位：mm</td><td>移动减速信号牌为表面有反光材料的黄底黑字圆牌，标明列车限制速度；设在施工地点两端各 800 m 处的列车运行左侧路肩上。</td></tr>
<tr><th colspan="2">减速防护地段终端信号</th></tr>
<tr><td>
</td><td>减速防护地段终端信号昼间与夜间均为表面有反光材料的绿色圆牌。在单线区段，司机应看线路右侧减速信号牌背面的绿色圆牌。在有 1 万吨或 2 万吨（含 1.5 万吨）货物列车运行的线路增设的 1 万吨、2 万吨（含 1.5 万吨）减速防护地段终端信号牌为表面有反光材料的绿底黑“W”字（1 万吨）或黑“L”字（1.5 万吨和 2 万吨）圆牌。</td></tr>
</table>

续表

作业标	
	作业标设在施工线路及其邻线距施工地点两端 500～1000 m 处，司机见此标志须长声鸣笛，注意瞭望。
减速地点标	
 正面  背面	减速地点标设在需要减速地点的两端各 20 m 处。正面表示列车应按规定限速通过地段的始点，背面表示列车应按规定限速通过地段的终点。
T 字减速信号	
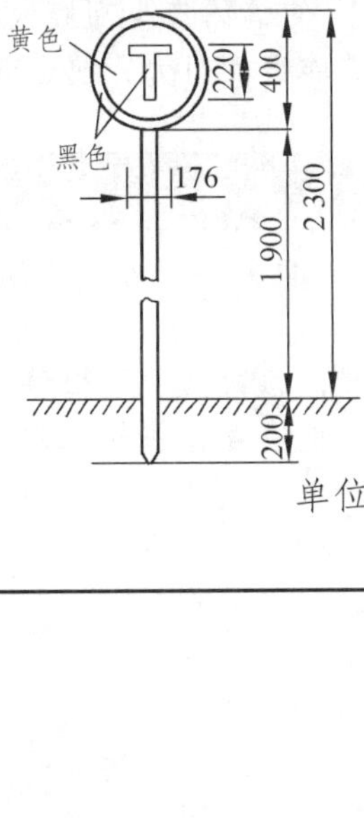 单位：mm 	120 km/h<允许速度 v<200 km/h 的线路，施工及其限速区段，按不同速度等级列车的紧急制动距离，在移动减速信号牌外方增设带 T 字的移动减速信号牌，昼间与夜间均为表面有反光材料的黄底黑 T 字圆牌。

任务 1.4　常用小型养路机械的使用

子任务 1.4.1　捣固机械的使用

一、电动捣固镐

电动捣固镐以电机为动力，俗称“电镐”，是用于铁路线路道床道砟捣固的专用工具。目前，主要使用的电动捣固镐型号有 D5、DG3.5B 等。

电动捣固镐

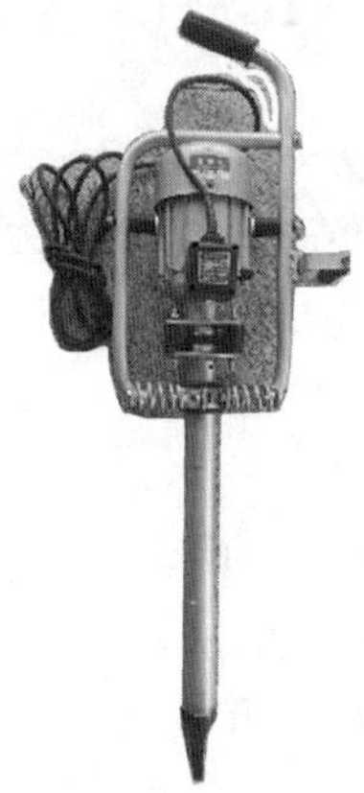

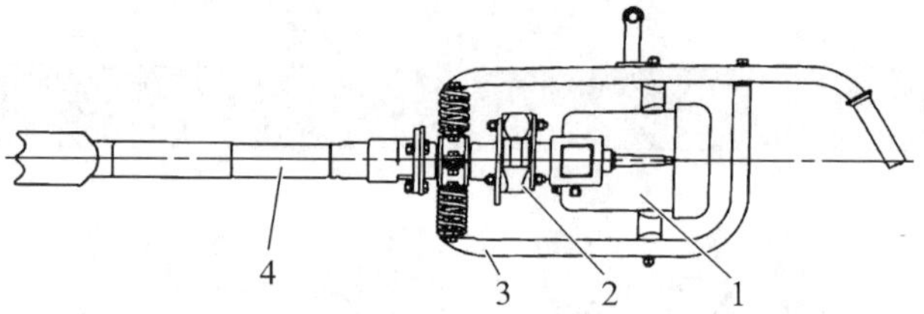

1—电机；2—橡胶减振球；3—减振手把；
4—捣镐总成。

DG3.5B 电动捣固镐结构示意

1. 功能特点

（1）具有轻便灵活特点，不受作业线路的区域限制。

（2）一人一机，随机捣固，便于上下道。

（3）需要配置发电机组或外部电源作业。

2. 工作原理

当电机轴旋转时，带动滚锥旋转，滚锥沿滚道作纯滚动的行星运动。由于滚道作用于滚锥产生反向扭力，在扭力作用下迫使滚锥跳跃撞击滚道，使镐体产生高频振动。当镐头与道砟接触后，镐头带动周围道砟产生振动，减小了道砟运动阻力，使道砟重新排列、密实。

电动捣固镐使用注意事项

（1）电动捣固镐在使用前应测量绝缘电阻，电气装置的绝缘电阻应不小于 7 MΩ。

（2）在工作前检查电缆不应损坏漏电，机壳接地可靠。

（3）作业中操作人员要随时观察，确保捣固镐的响声正常，各紧固件无松动。

（4）捣固镐发生故障时，应立即停机，拔下电源插头，下道检查并修复。

（5）在捣固作业中，捣镐头不应刮碰钢轨或轨枕。

（6）下道后，将捣固镐放到建筑限界以外的安全位置。

二、内燃捣固镐

内燃捣镐以内燃机作为动力，是用于铁路线路道床道砟捣固作业的专用机具，按振动方式和传动方式分为冲击式、振动式内燃捣固镐和软轴传动的软轴捣固机。

冲击式内燃捣固镐

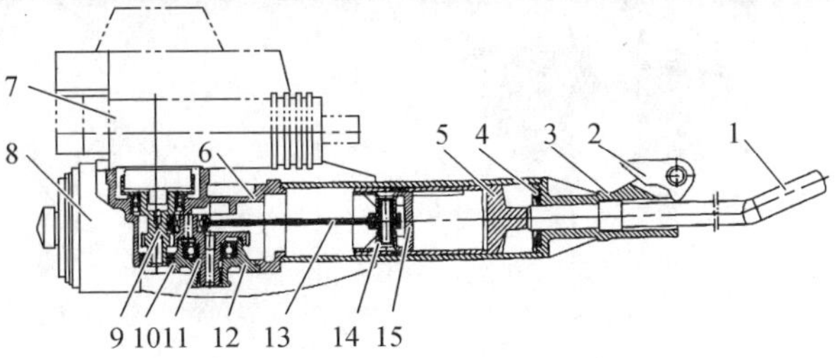

1—镐头；2—定位卡；3—镐库；4—缓冲垫；5—冲击锤；6—减速机外壳；7—内燃机；8—汽油箱；9—齿轮轴；10—支撑盖；11—曲柄齿轮；12—轴承座；13—连杆；14—活塞销；15—冲击活塞。

ND-1 内燃捣固镐主要结构示意

1. 功能特点

（1）冲击力较大，更适用于“板结”道床线路及道岔区捣固作业。

（2）一人一机，随机捣固，便于上下道。

（3）更换镐头后可用作破碎镐使用。

2. 工作原理

内燃机的动力经离合器传递到减速箱，经齿轮减速后，通过曲柄齿轮的转动，带动连杆、活塞在内筒上下运动，撞击捣固镐，产生冲击能，将能量传给捣固镐头，捣固镐头对道砟进行高频率、高能量的冲击，实现对线路道砟的捣固密实。

振动式内燃捣固镐

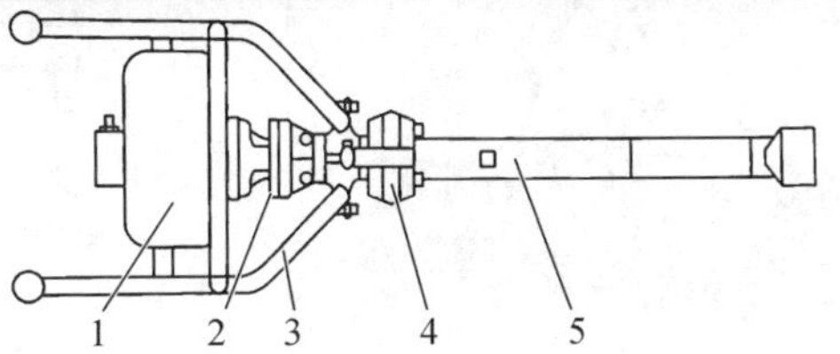

1—内燃机；2—离合器及减速器总成；3—手把；4—减振球；5—捣镐总成。

ND-5.0 内燃捣固镐主要结构示意

1. 功能特点

（1）重量较轻，便于携带。

（2）一人一机，随机捣固，可随捣固手随时上下道。

2. 工作原理

内燃捣固镐设有一内啮合减速器和离合器，将内燃机输出的高转速减速为适合行星振动机构正常工作的转速。

续表

偏心振动式内燃捣固镐

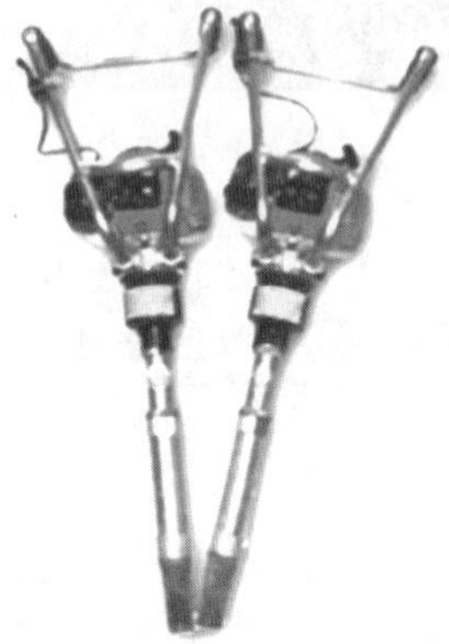

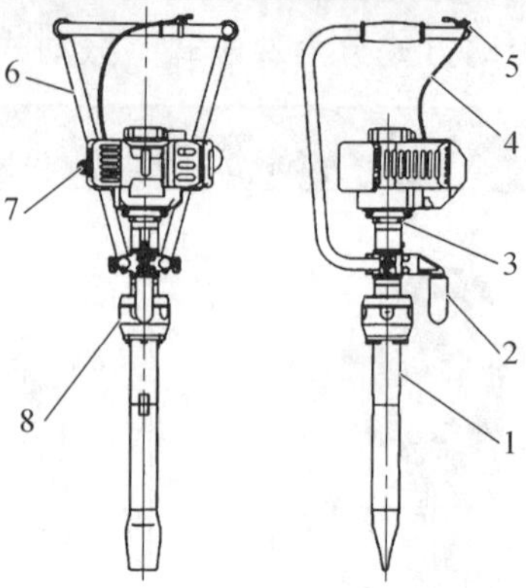

1—振捣装置；2—提手；3—传动装置；4—油门线；5—油门开关；6—扶手；7—内燃机；8—减振装置。

ZCD-300 内燃捣固镐主要结构示意

1. 功能特点

（1）重量较轻，便于携带。

（2）一人一机，随机捣固，可随捣固手随时上下道。

2. 工作原理

通过偏心振动体高速旋转产生的离心力，驱动镐体输出高频振动，并结合操作外力使道砟在作相对运动中重新排列，从而使轨枕下道砟捣固密实。

软轴捣固机

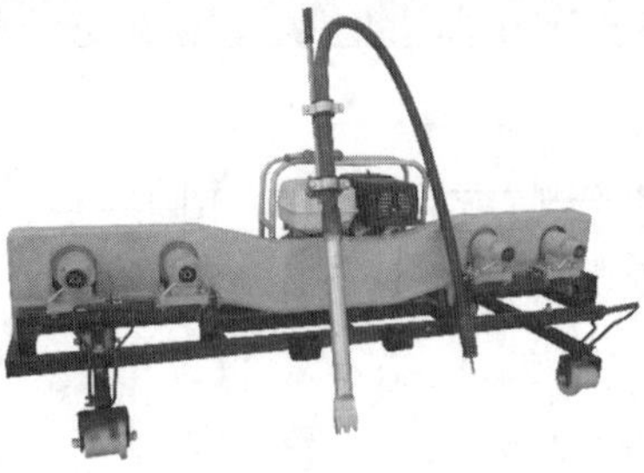

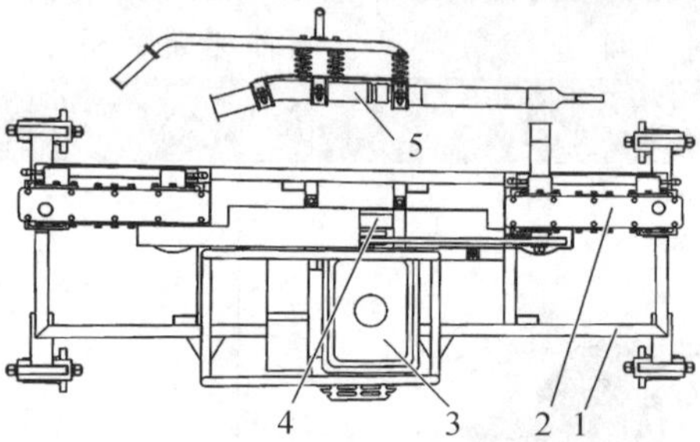

1—机架；2—右（左）分动齿轮箱；3—内燃机；4—离合器总成；5—软轴捣镐总成。

ND450 软轴捣固机主要结构示意

1. 功能特点

（1）采用动力与捣镐分离方式，可根据作业需要组合捣镐的数量。

（2）软轴捣固器安放在走行小车上，可在轨道上推行。

2. 工作原理

内燃机的动力经离合器和皮带传动至两侧的分动齿轮箱，使分动齿轮箱 4 根输出轴同速同向旋转，输出轴通过与之联结的软轴驱动行星振动机构运动而产生行星振动。

续表

内燃捣固镐使用注意事项
1. 作业前 （1）检查燃油、润滑油应符合规定要求，二冲程汽油机应使用混合油作为燃料。 （2）检查各连接件、紧固件、传动部件状态是否良好，绝缘电阻值是否符合要求。 （3）汽油机启动后和停机前需低速运转 3～5 min，严禁空载高速运转和急速停机。 2. 作业中 （1）镐头不得刮碰钢轨或轨枕。 （2）加注燃料时，必须停机下道，并且远离火源。 （3）机具若有异常，应立即停机下道，置于建筑限界之外检修，严禁带病作业。 （4）消音器和汽缸体外表面温度高，运转时或刚停机时切勿用手触摸。 3. 作业后 作业后将机具置于建筑限界以外。

三、小型液压捣固机

小型液压捣固机（简称液压捣固机）通过对枕下道砟振动夹实作业，使轨枕下道砟重新排列、密实，是在线路上作业并可以随时撤出的小型养路机械，俗称“小液捣”，按其用途分为捣固线路的液压捣固机和捣固道岔的液压道岔捣固机，按动力形式分为电动液压捣固机和内燃液压捣固机。

<table>
<tr><th colspan="2">液压捣固机</th></tr>
<tr><td>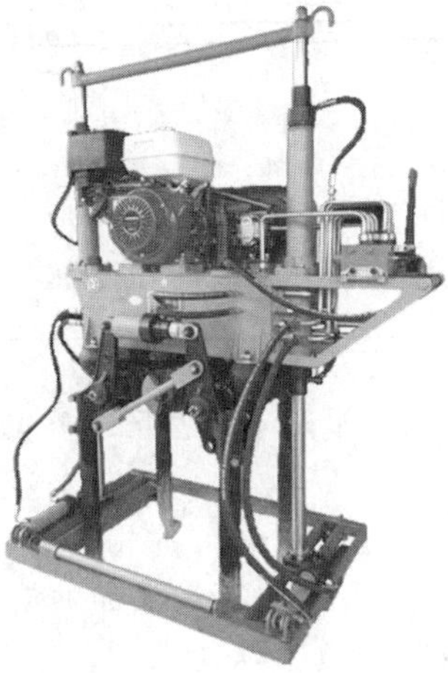</td><td>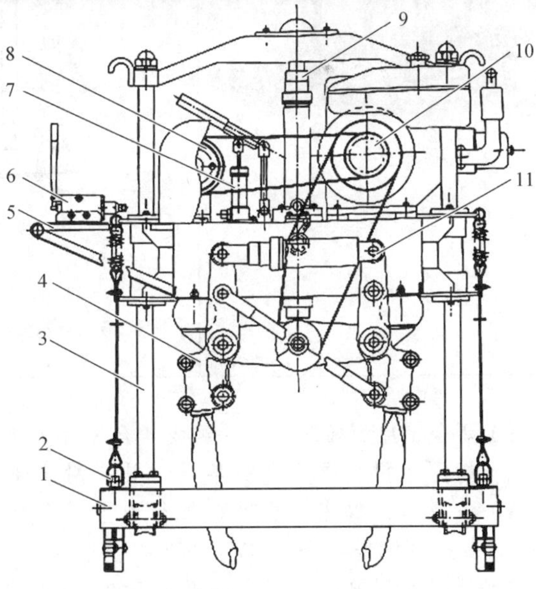

1—底架总成；2—夹轨钳总成；3—导柱总成；4—捣固装置；5—油箱总成；6—液压系统；7—手压泵；8—传动装置；9—升降油缸；10—动力系统；11—夹实油缸。
XYD-2AⅢ液压捣固机主要结构示意</td></tr>
</table>

续表

1. 功能特点

（1）两台捣固主机为一组，同时捣固钢轨两侧的道砟，并可在线路上推行。

（2）捣固主机可借助下道架快速上下道，下道后满足不侵入建筑限界的要求。

（3）作业中若出现夹轨钳咬死钢轨时，用手压把撬出夹轨钳安全销，夹轨钳可快速脱开。

（4）设置手压泵，当机器出现故障时，可以手动提镐。

2. 工作原理

液压捣固机采用偏心块振动、油缸夹持方式，在捣镐的振动力和夹实力的共同作用下，使道砟运动至轨枕底部以填满枕底的空隙，达到捣固密实的目的。

液压道岔捣固机

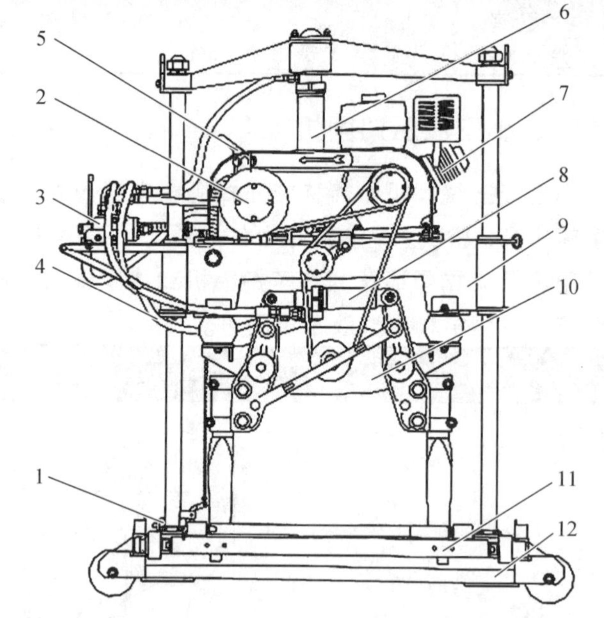

1—横移定位装置；2—油管；3—多路换向阀；4—传动装置；5—手压泵；6—升降油缸；7—汽油机；8—夹实油缸；9—油箱；10—振动架；11—底架；12—走行架。

YCD-32 液压道岔捣固机主要结构示意

1. 功能特点

（1）两台（片）捣固主机一组或 4 台（片）捣固主机一组，适用于道岔区道砟捣固。

（2）捣固主机放置于走行架上，具有沿轨道推行功能。

（3）作业时，捣固主机可在走行架上横向移动，满足道岔不同部位的捣固需要。

（4）捣固主机借助下道架可快速安全下道，并满足下道后不侵入建筑限界的要求。

（5）设置手压泵，当机器出现故障时，可以手动提镐，下道予以处理。

2. 工作原理

液压道岔捣固机的工作原理与液压捣固机基本相同，也是利用捣镐的振动力和夹实力的共同作用对道砟进行捣固。不同之处是为满足道岔捣固的需要，液压道岔捣固机还必须具备捣固主机横移功能。

续表

小型液压捣固机使用注意事项
1. 作业前 （1）检查各零部件应齐全、链接螺栓牢固、皮带的技术状况和松紧度良好。 （2）检查液压系统各元件和各元件连接处应无漏油和渗油，液压油油量充足。 （3）检查走行架走行轮与走行架的绝缘电阻应不小于 1 MΩ。 （4）检查并试验手压泵、夹轨脱开装置作用应良好，夹轨钳及走行、下道架完好。 （5）将下道架放置到要求的位置，安放平稳牢固并不得侵入建筑限界。 （6）启动前检查内燃机机油及燃油油量。 （7）启动发动机怠速运转了 3～5 min 后，提速至额定转速，检查各运动部件及液压系统应正常。 （8）电动捣固机启动前检查电源线、电气开关应完好，连接可靠；电动机启动时应确认电动机旋转方向正确。 2. 作业中 （1）两操纵司机应密切配合，注意机器的运转状态和线路状况，力求动作协调一致。 （2）作业时应注意避开防爬器、轨距拉杆、支撑木等障碍物。 （3）如夹轨钳咬死钢轨，可用手压泵压把杆有缺口的一端将安全销撬出。 （4）作业中若发生异响、油泵及振动轴承温升过高等故障应立即停机。 （5）捣固作业发生故障时，应用手压泵急速提镐下道进行处理，严禁在线路上停机排除故障。 （6）不得随意调整液压系统压力。 （7）需加注燃料时，必须停机、下道，并且远离火源。 3. 作业后 （1）下道时用挂钩组件钩住轨底与下道架，捣固主机下道后应插上定位销并固定。 （2）将捣镐降到最低位，防止捣固主机滑移。 （3）机器下道后应牢固地停靠在距本线钢轨轨头外侧 2 m 以外，并不得侵入邻线建筑限界。

子任务 1.4.2　起、拨道机械的使用

起道和拨道机械是用于铁路线路起道、拨道作业的专用机具。校正纵断面的位置称为起道，校正线路平面位置称为拨道。

一、液压起道器、液压拨道器、液压起拨道器

目前常用的有 YQD 系列液压起道器、YBD 系列液压拨道器和 YQBD 系列液压起拨道器。

续表

液压起道器、液压拨道器、液压起拨道器		
 液压起道器	 液压拨道器	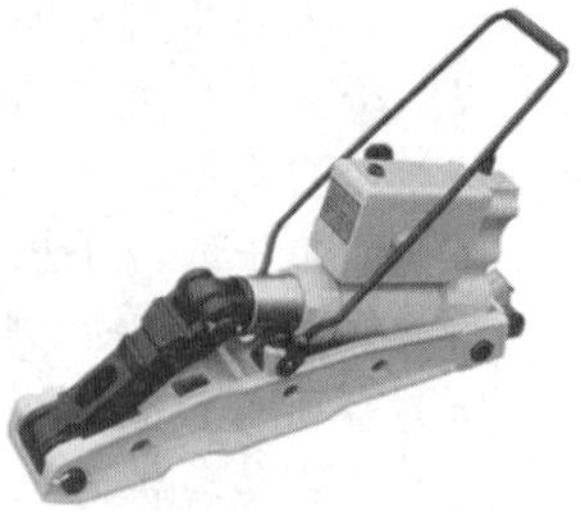 液压起拨道器
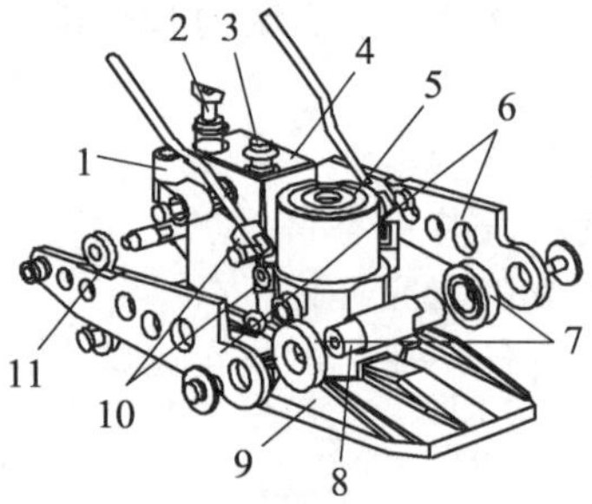 1—摇把；2—回油阀；3—加油螺塞；4—油箱；5—支架套；6—起道臂；7—起道轮；8—起道轮轴；9—底板；10—提把及提把座；11—拉杆。 YQD-245 液压起道器外形与结构示意	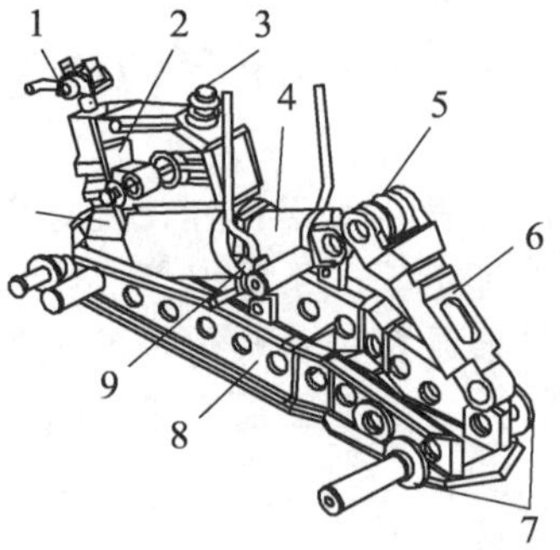 1—回油阀；2—摇把；3—加油螺塞；4—提把；5—拨道油缸活塞；6—拨道杆；7—长连杆；8—短连杆；9—走行轮；10—底板；11—缸座。 YBD-245A 液压拨道器外形与结构示意	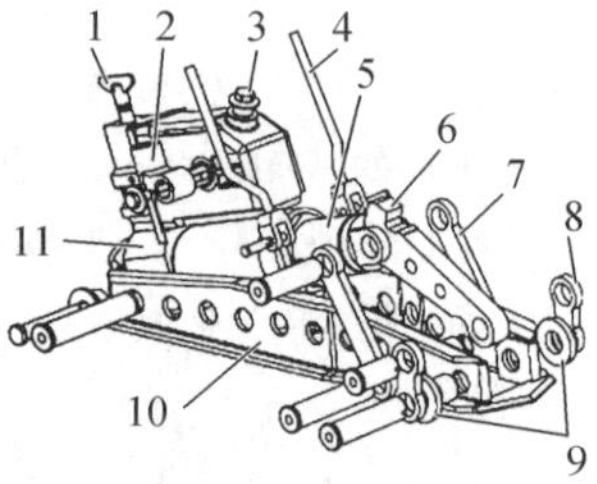 1—回油阀；2—摇把；3—加油螺塞；4—起拨道油缸活塞；5—起道轮；6—拨道杆；7—走行轮；8—底板；9—提把；10—缸座。 YQBD-245 液压起拨道器结构示意

1. 功能特点

（1）液压起道器和液压拨道器分别用于线路起道和拨道作业。

（2）液压起拨道器既能用于起道作业，又能用于拨道作业。

（3）具有细调起道量和拨道量的功能。

（4）操作省力，一人一机，便于上下道。

（5）具有超载卸荷功能。

2. 工作原理

该类机具为手动液压机械，利用液压传动原理，将操作人员摇动手柄的操作力转换为油液的压力，产生较大吨位的垂直力或水平力，顶升或推动轨排，完成线路起道和拨道作业。

续表

液压起道器、液压拨道器、液压起拨道器使用注意事项
1. 作业前 （1）检查起道轮转动无卡滞。 （2）检查机具各部件及操作手把绝缘套应完好，提把应能自行倒下。 （3）检查液压系统无渗涌，溢流阀、回油阀、柱塞泵工作正常。 2. 作业中 （1）起、拨道器作业中要求人不离机，手不离把，以确保行车安全。 （2）遇有轨道绝缘接头时，不得在轨面上推行机具，以免连电。 （3）起道作业时，起道轮中心线必须进入轨底边缘。 （4）拨道作业时不允许使用单台机具拨道，一般使用两台，每股钢轨一台。 （5）应手动操作回油阀，不得用硬物敲击。 3. 作业后 （1）应将起拨道活塞压到底，以保护活塞杆。 （2）下道后，将机器置于线路建筑限界以外。

二、液压起道机、液压起拨道机

液压起道机、液压起拨道机主要用于铁路线路大修的起、拨道作业，比较典型的是 YQ-4C 液压起道机，YQB6、YQB-6.5 液压起拨道机。

<table>
<tr><th colspan="3">液压起道机、液压起拨道机</th></tr>
<tr><td colspan="3"> </td></tr>
<tr>
<td>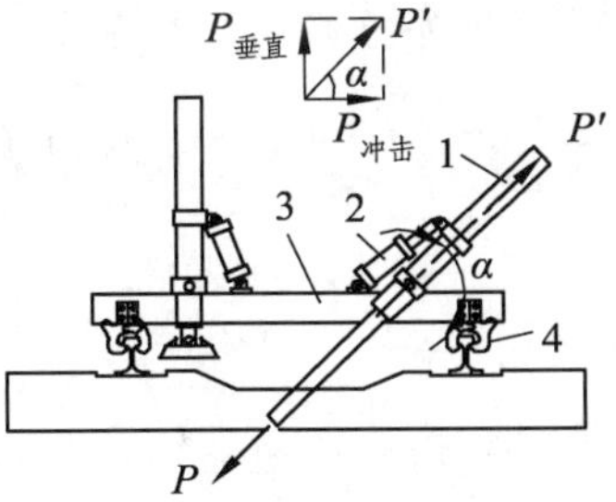
1—起拨道油缸；2—倾斜油缸；3—机架；4—轨钩。
拨道示意</td>
<td>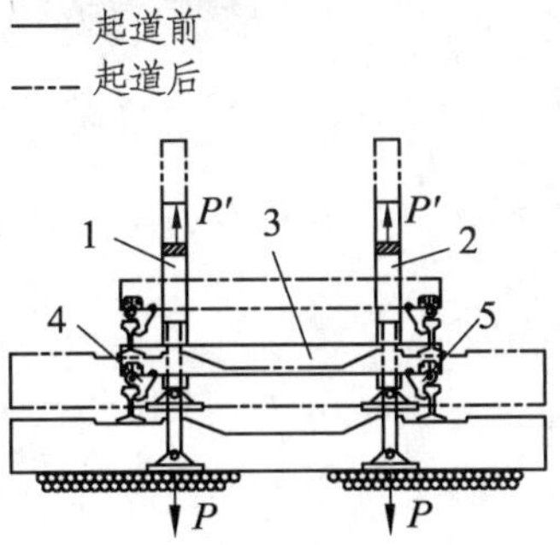
1、2—起道油缸；3—机架；4、5—轨钩。
起道示意</td>
<td>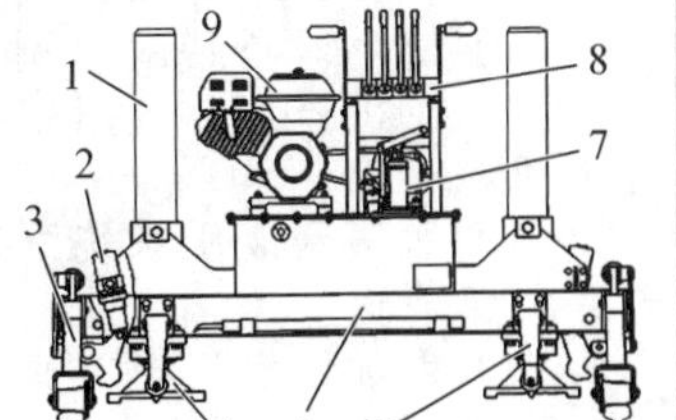
1—起道油缸；2—勾轨机构；3—走行机构；4—支座；5—机架；6—下道轮支架；7—机械传动系统；8—液压传动系统；9—汽油机。
YQ-4C 液压起道机主要结构示意</td>
</tr>
</table>

续表

1. 功能特点 （1）具有大起道量、大拨道量作业能力。 （2）起道油缸设置双向液压锁，液压系统漏油时可防止油缸脱落。 （3）设置可升降走行机构和下道轮，满足在轨道上推行和下道需要。 （4）借助下道架可快速下道，并满足下道后置于建筑限界以外的要求。 （5）设置手压泵，当机器故障时，可恢复到下道状态。 2. 工作原理 （1）起道工作原理：起道用的工作油缸共有两个，铰接在机架上，另有两个轨钩与机架铰接。起道时，轨钩钩住钢轨，工作油缸处在垂直于道床的位置。当油缸内进入高压油后，活塞杆垂直向下伸出，使支座顶紧在道砟上。当油缸内继续进入高压油后，油缸连同机架并通过轨钩将整个轨排抬起，从而达到起道的目的。 （2）拨道工作原理：起拨道机比起道机多两个倾斜油缸，倾斜油缸缸体一端铰接在机架上，活塞杆端铰接在工作油缸上。拨道时，根据线路拨动方向的要求作业，若要向左拨动，则操作将左侧倾斜油缸使活塞杆伸出，带动左侧工作油缸向左倾转一个角度，另一侧的工作油缸保持垂直位置。当倾斜的工作油缸进入压力油后，活塞杆伸出，并使支座顶紧道砟不能再继续推进时，工作油缸便连同机器和轨排向相反的方向运动。工作油缸活塞杆继续伸出，直至机器连同轨排一起移动到所需要的位置。
液压起道机、液压起拨道机使用注意事项
1. 作业前 （1）检查各零部件应齐全、连接螺栓牢固，工作装置技术状况和作用良好。 （2）检查液压系统多路换向阀、各油缸性能及手压泵作用应良好，液压油油量充足。 （3）检查机架与各走行轮间、轨钩与机架间、过轨导杆两端间的绝缘电阻应不小于 1 MΩ。 2. 作业中 （1）作业时应确认两侧的轨钩都钩住钢轨。 （2）作业时应避开鱼尾板、防爬器、轨距杆、支撑木等障碍物。 （3）作业中不得操作勾轨油缸及走行油缸，避免轨钩脱钩。 （4）拨道量较大时，应分多次进行，切勿强行一次性拨道到位。 （5）转移到下一工作点前，应先确认轨钩脱离钢轨，起拨道油缸锁紧。 （6）使用时不得随意调整溢流阀压力。 （7）在机器作业过程中如有异常，应立即下道推出建筑限界外检修，严禁在线路上修理。 （8）如遇到液压系统故障或轨钩不能松脱，应立即打开卸荷阀，用撬棍将轨钩拨开并立即下道。 （9）需加注燃料时，必须停机、下道，并且远离火源。 3. 作业后 （1）下道架安放必须平稳、牢固，严防溜坡、歪倒。 （2）接过轨导杆时，应确认插接到位，未绝缘部分不得同时接触两侧钢轨，以防连电。 （3）起、拨道机除在作业地段衔接性转移外，不准在线路上进行长距离走行转移。 （4）起、拨道机下道后应牢固地停靠在距本线钢轨头部外侧 2 m 以外，并不得侵入邻线建筑限界。

三、液压道岔起道机、液压道岔起拨道机

液压道岔起道机、液压道岔起拨道机用于整组道岔整体起道、拨道作业，配合以手动或液压横向牵引车、单边轮纵向走行台车、双边轮横向走行台车、辅助走行钢轨等辅助工装，可完成整组道岔的铺换作业。

液压道岔起道机、液压道岔起拨道机

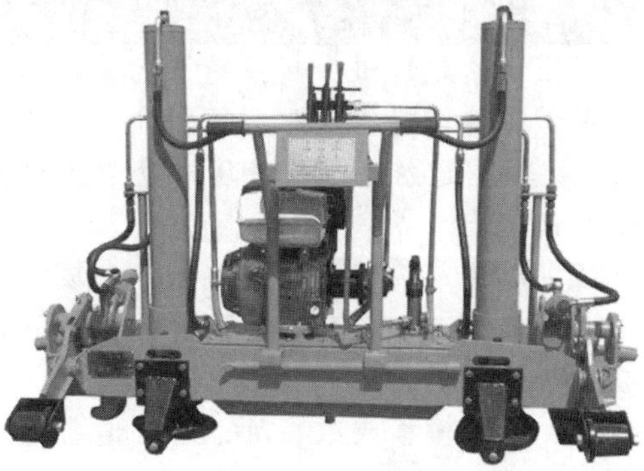

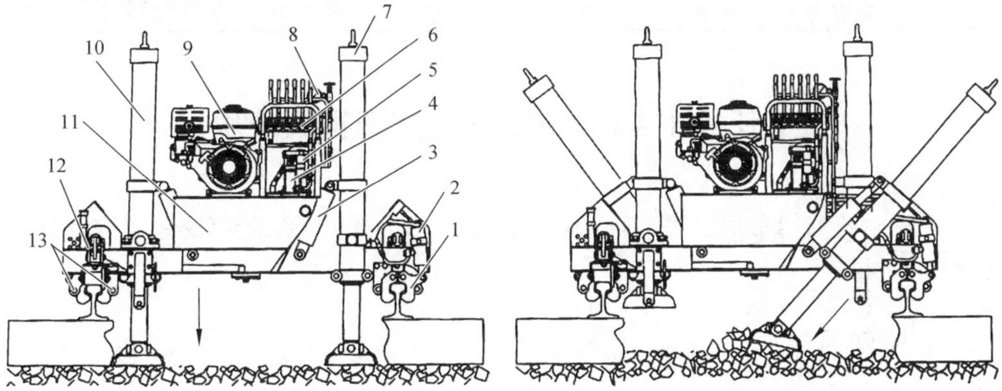

（a）起道状态　　　　（b）拨道状态

1—夹轨钳；2—夹轨钳油缸；3—倾斜油缸；4—手压泵；5—齿轮油泵；6—多路换向阀；7—液压锁；8—压力表；9—汽油机；10—起拨道油缸；11—机架（油箱）；12—走行支架；13—夹轨钳安全销。

YQBJ-250×110 液压起拨道机（Ⅳ号机）主要结构示意

1. 功能特点

液压道岔起道机、液压道岔起拨道机除具有液压起道机、液压起拨道机的功能特点外，还具备以下特点：

（1）对各种类型道岔不同部位进行夹轨，完成起道、拨道作业

（2）夹轨装置轨钩具有可靠的锁定机构，防止道岔脱落。

（3）主要用于单开道岔、复式交分道岔、交叉渡线道岔等道岔整体起落、铺换作业。

续表

2. 工作原理 作业时，将若干台液压道岔起道机或起拨道机（根据不同类型道岔配置）按要求摆放于道岔的钢轨上，启动每台液压道岔起道机（或起拨道机）发动机并带动油泵旋转，同时操纵换向阀手柄，使每台液压道岔起、拨道机下降至最低位，夹轨钳将道岔钢轨钩紧并锁定轨钩，起道油缸活塞杆带动支座伸出并顶紧道砟，在起道、拨道油缸作用下，对道岔进行整体起道或拨道。
液压道岔起道机、液压道岔起拨道机使用注意事项
液压道岔起道机、起拨道机的使用注意事项与液压起道机、起拨道机基本相同，只是用于道岔铺换作业时，还需注意以下方面： （1）根据道岔型号将液压道岔起道机或液压道岔起拨道机按功能布置于铺好的整体道岔钢轨上。 （2）起道前将起道油缸底脚下垫实，夹轨钳夹紧钢轨后插入夹轨钳安全销。 （3）整体道岔起升或落下时，保证同起、同落，除指挥和操纵者外，其他人员不得在道岔区内。 （4）道岔横移或纵移时，液压道岔起道机或起拨道机起道油缸应收回，夹轨钳夹紧钢轨。 （5）拨道作业时，拨道油缸活塞杆不应伸出过长，防止油缸活塞杆弯曲。

子任务 1.4.3　小型钢轨打磨机的使用

小型钢轨打磨机是用于对钢轨轨头及道岔（包括焊缝）进行打磨，以恢复其表面轮廓的小型机械。

一、钢轨打磨机

目前使用得较为广泛的是仿形打磨机，按其钢轨打磨方式分为直立式和侧翻式两种，主要代表是 NMG-4.9 直立式钢轨打磨机和 NMG-4.0 Ⅱ 侧翻式钢轨打磨机。

小型钢轨打磨机	
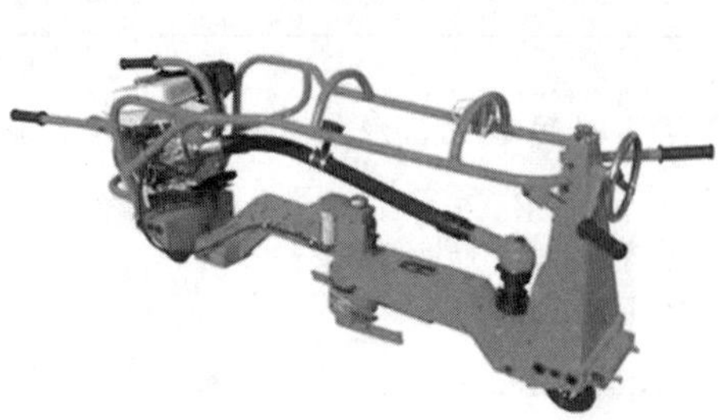 （a）NMG-4.9 直立式钢轨打磨机	 （b）NMG-4.0 Ⅱ 侧翻式钢轨打磨机

续表

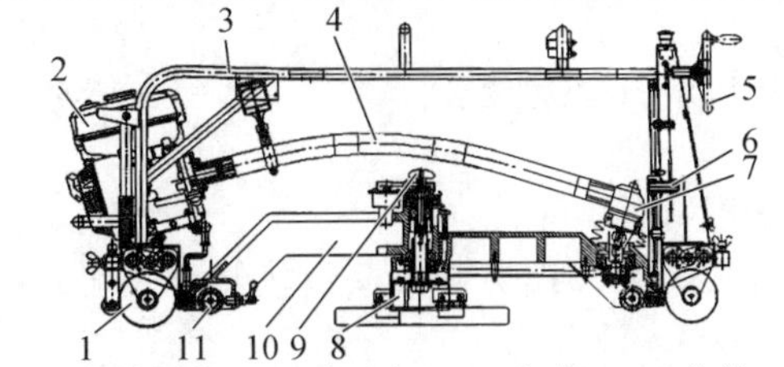

1—夹紧机构；2—汽油机；3—机架；4—软轴；5—操纵手柄；6—偏斜机构；7—齿轮传动装置；8—砂轮；9—进给装置；10—偏轨机架；11—仿形轮。

钢轨打磨机（软油传动）主要结构示意

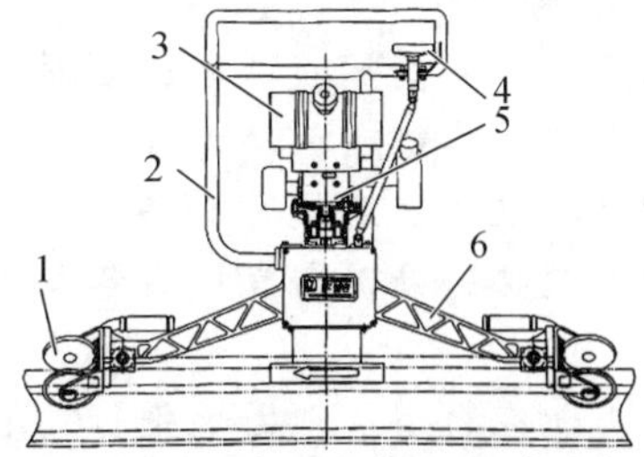

1—靠轮组；2—汽油机保护架；3—汽油机；4—进给手轮；5—传动机构；6—横梁。

NMG-4.0Ⅱ钢轨打磨机主要结构示意

1. 功能特点

（1）具有各型钢轨顶面、侧面及圆弧部分仿形打磨功能。

（2）采用内燃机为动力，机动性好。

（3）直立式打磨机可对偏转角度进行精确控制。

（4）能在轨道及地面上推行，上下道方便。

2. 工作原理

（a）NMG-4.9：NMC-4.9 钢轨打磨机以汽油机作为动力，通过软轴（或皮带）传动系统带动砂轮旋转对钢轨轨头进行打磨作业。砂轮安装在独立的偏转机架上，可以通过电机或者手动方式调整砂轮进给量；当需要调整打磨角度时，通过调整偏转机架使砂轮左右偏转，整机不用倾斜，此时夹紧机构将仿形轮靠紧钢轨，沿钢轨纵向推动打磨机进行打磨作业。

（b）NMG-4.0Ⅱ：NMG-4.0Ⅱ打磨机采用汽油机直接带动砂轮旋转进行打磨作业。它与 NMG-4.9 钢轨打磨机的不同之处是在调整打磨角度时，需通过人力使整机偏转，完成钢轨的仿形打磨。

二、道岔打磨机

典型的道岔打磨机为 NCM-4.9 和 NCM-4.0，下面以 NCM-4.0 为例介绍。

道岔打磨机

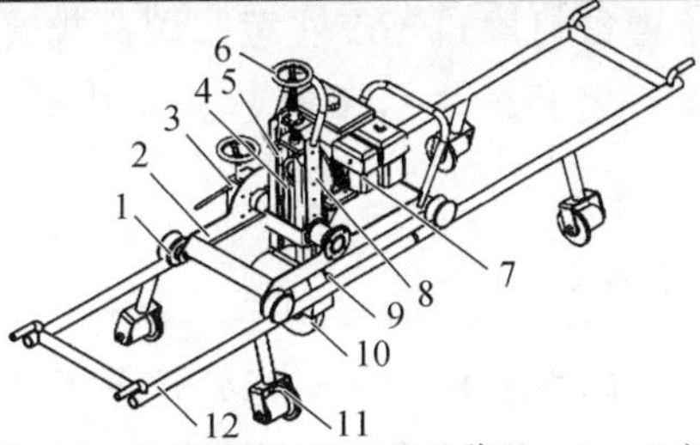

1—台车轮；2—台车框架；3—偏转装置；4—三角带；5—内导架；6—进给总成；7—汽油机；8—外导架；9—磨削装置；10—砂轮；11—走行轮；12—主机架。

NCM-4.0 道岔打磨机主要结构示意

续表

1. 功能特点 （1）具有各型钢轨顶面、侧面及圆弧部分仿形打磨功能。 （2）采用内燃机为动力，机动性好。 （3）直立式打磨机可对偏转角度进行精确控制。 （4）道岔打磨机具有打磨各型道岔的尖轨、辙岔、护轨顶面及钢轨侧面、肥边的功能。 （5）能在轨道及地面上推行，上下道方便。 2. 工作原理 NCM-4.0 道岔打磨机主要以汽油机作为动力，通过皮带传动系统带动砂轮旋转进行打磨作业。打磨装置安装在可以横移的滑移机架上，可实现砂轮进给、偏转、切削角设定、打磨加载等动作。打磨加载具有杠杆加力功能，砂轮进给通过摇动手轮实现，能在任意位置锁定。砂轮偏转通过偏斜装置实现，当偏转角度到位时，扳动手柄即可锁定。打磨机具有一个可横向移动的小台车，因此不用调头就可打磨双轨，作业更加方便。

三、打磨机使用注意事项

1. 作业前

（1）检查确认砂轮许用转速不得低于砂轮轴工作转速。

（2）检查各紧固件和连接螺栓应牢固，三角皮带的技术状况和松紧度良好。

（3）检查与钢轨接触的仿形轮或支撑轮与机体的绝缘电阻应不小于 1 MΩ。

（4）检查砂轮的状况，如砂轮表面有裂纹、磨损过度的情况时应及时更换。

（5）机器置于钢轨上时，应保证砂轮与钢轨间至少有 3 mm 间隙，才能启动汽油机。

2. 作业中

（1）操作人员必须戴防护镜和耳罩，注意作业区域内不得有可燃物。

（2）砂轮每次进给量要适中，一般在 0.10 ~ 0.30 mm，并要和打磨走行速度相配合。

（3）严禁在打磨作业中用人体重量给机器加载。

（4）道岔打磨机还应注意，调头或转换打磨道岔时，应关闭发动机。

（5）打磨机发生故障时，应将机器撤出建筑限界以外，严禁在线路上停机排除故障。

3. 作业后

（1）关闭汽油机前，应将砂轮置于离钢轨 3 mm 以上。

（2）机器应下道后放置到建筑限界以外的安全位置。

子任务 1.4.4　钢轨钻孔机的使用

钢轨钻孔机主要用于铁路线路维修和施工中钢轨的钻孔作业，按动力形式分为内燃钻孔机和电动钻孔机，即 NZG-31 内燃钻孔机和 ZC-31 电动钻孔机，其结构形式主要分为同轴直线导轨进给式和非同轴主轴直接进给式两种。内燃钻孔机主要有 NZG-31、NZG-31Ⅱ、NZC-31Ⅳ等型号，电动钻孔机主要有 ZG-31、ZG-31Ⅱ等型号。

钢轨钻孔机

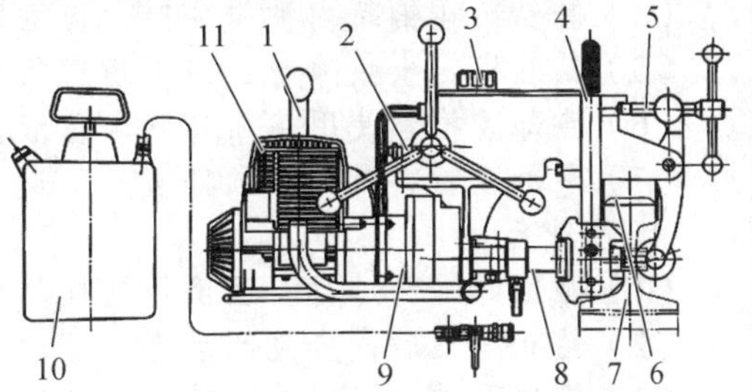

1—机架；2—进给装置；3—油箱；4—立板与定位块；5—夹轨装置；6—孔距定位板；7—钢轨；8—主轴；9—减速器；10—冷却系统；11—汽油机。

NZG-31 内燃钻孔机主要结构示意

1. 功能特点

（1）可用于对各型钢轨和道岔接头夹板（钢轨接头夹板）螺栓孔的钻孔作业，亦可用于导电销孔钻孔作业。

（2）作业时卡装牢固、安装准确、装拆迅速。

（3）采用高速合金钢空心钻头或麻花钻头，钻孔精度高，孔面粗糙度好。

（4）配有自动冷却装置，可以有效冷却、润滑钻头。

（5）配有专用钻孔定位板，可保证孔距符合铁路标准要求。

（6）电动钻孔机的功能特点基本相同，更适合在道岔组装基地和敷设养路用电的线路上使用。

2. 工作原理

钢轨钻孔机以汽油机（或以电动机）为动力，经过减速器减速，带动钻头旋转，产生切削力；采用手柄驱动螺杆实现进给，当切削过载或钻头卡止时，由离合器自动切断动力（或自动切断电源），起到过载保护作用；夹紧机构能方便快捷地将钻孔机牢固地卡在钢轨上；设有孔位定位装置，即孔距定位尺和孔高定位板，一次定位准确；另设有冷却装置以对钻头进行降温、润滑，保证了钢轨钻孔作业质量，提高了钻头寿命。

续表

钢轨钻孔机使用注意事项
1. 作业前
（1）检查机器状态是否完好，固定钻头的螺钉是否牢固、无松动。
（2）检查主轴支承轴承、导轨等传动及进给部件的润滑状况。
（3）电动钻孔机检查电源线、插头、开关、指示灯应完好无损，绝缘性能可靠。
（4）确认钻孔高度定位块及定位尺与作业钢轨轨型的一致性。
2. 作业中
（1）操作人员要戴防护眼镜。
（2）确认夹轨装置夹轨牢固可靠。
（3）钻孔作业时，应均匀用力扳动进刀手把，切勿加载过猛。
（4）若钻头在钢轨内被卡住时，应立即关闭动力，左右转动主轴退出钻头。
（5）钻孔机发生故障时，应下道进行处理，严禁在线路上停机排除故障。
（6）冷却液推荐使用优质切削乳化液，严禁使用清水替代。
（7）需加注燃料时，必须停机、下道，并且远离火源。
3. 作业后
（1）对钻好的孔进行双面倒棱处理。
（2）钻孔结束后，应关闭动力，清理机器上的灰尘、铁屑及空气滤清器。
（3）机器下道后应摆放在建筑限界以外的位置。

子任务 1.4.5　切轨机的使用

切轨机主要用于铁路线路维修和施工中对各型钢轨的切割作业，是铁路工务维修及抢修作业的必备工具。切轨机按其结构形式分为便携式切轨机和移动式切轨机，按其动力形式分为内燃切轨机和电动切轨机。其中，便携式切轨机的动力以内燃为主，移动式切轨机动力分内燃和电动两种。比较典型的切轨机是 NQG-5Ⅱ便携式切轨机及 NQG-4.8、QG-3Ⅱ移动式切轨机。

一、便携式切轨机

<table>
<tr><th colspan="2">便携式切轨机</th></tr>
<tr><td></td><td>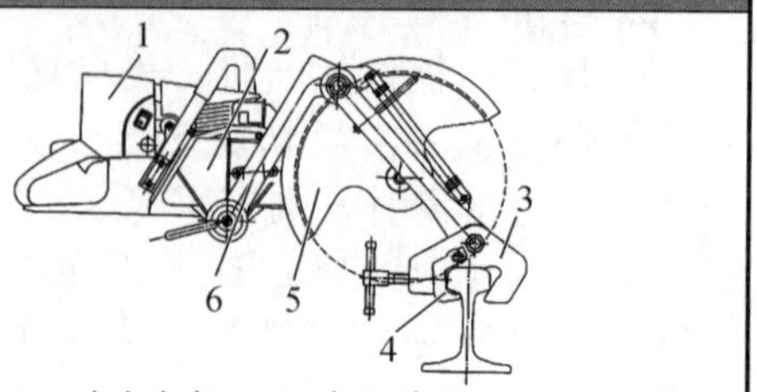

1—汽油机；2—动力支架；3—夹轨装置；4—防脱装置；5—砂轮罩；6—摇臂支架。
NQG-5Ⅱ　内燃切轨机主要结构示意</td></tr>
</table>

续表

1. 功能特点 （1）对各型钢轨的断面进行切割作业。 （2）作业时卡装牢固、准确安装、装拆迅速。 （3）采用高速切割砂轮片为切削刃，切割时间短，断面精度高。 （4）设有角度可调式防护罩，以防止砂轮片破裂伤人。 （5）配有定位装置，可保证切割位置符合作业要求。 （6）设有卡轨防脱装置。 2. 工作原理 砂轮片在动力支架、摆臂支架所组成的“三节臂”的作用下，可以绕钢轨两侧和上方自由摆动。切割作业时，动力由发动机通过皮带轮输出，经三角带传递给砂轮轴，砂轮轴另一端安装切割砂轮片，切割砂轮片高速旋转对钢轨进行切割作业。

二、移动式切轨机

移动式切轨机

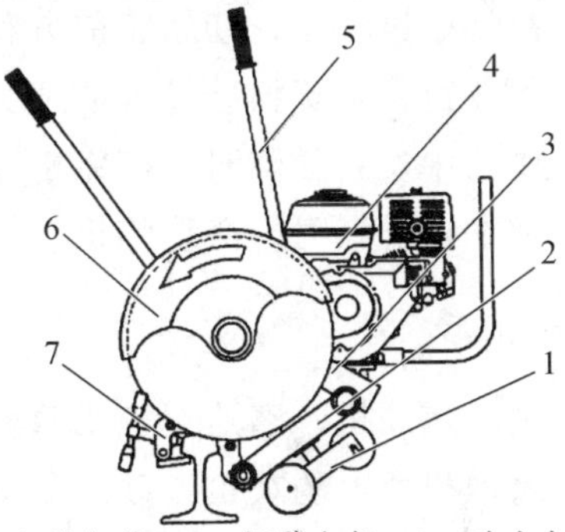

1—走行轮组件；2—摆臂支架；3—动力支架；4—汽油机；5—操纵杆；6—砂轮片及防护罩；7—夹轨装置。

NQG-4.8 内燃切轨机主要结构示意

1. 功能特点

（1）对各型钢轨的断面进行切割作业。

（2）作业时卡装牢固、准确安装、装拆迅速。

（3）采用高速切割砂轮片为切削刃，切割时间短，断面精度高。

（4）设有角度可调式防护罩，以防止砂轮片破裂伤人。

（5）配有定位装置，可保证切割位置符合作业要求。

（6）设有卡轨防脱装置。

2. 工作原理

汽油机或电动机的动力通过皮带、皮带轮驱动切割砂轮片高速旋转，利用摆动机构使砂轮片往复摆动，完成钢轨切割作业。

三、切轨机使用注意事项

1. 作业前

（1）检查电动切轨机改变电源相序后，砂轮片不得反转。

（2）确认砂轮片无裂纹、变形等缺陷，其工作线速度应小于砂轮片最大许用线速度。

（3）检查机器状态完好，砂轮片固定牢固，三角皮带的松紧度适宜。

（4）检查电动切轨机电源线、插头、开关、指示灯完好无损，绝缘性能可靠。

（5）检查移动式切轨机走行轮与钢轨的绝缘电阻应不小于 1 MΩ。

（6）汽油机应预先在怠速状态下空转 3 min，观察机器运转正常后方可作业。

2. 作业中

（1）操作人员要穿好防护服，戴防护眼镜、头盔及手套。

（2）确认夹轨装置锁定可靠，防脱装置安放到位。

（3）切轨作业时，切勿对砂轮片猛然加力，且砂轮罩尽可能接近切割位置。

（4）在切轨过程中，切轨正前方和正后方严禁站人，以免砂轮片破碎伤人。

（5）作业过程中更换砂轮片必须关闭汽油机，不允许怠速状态下移动切轨机。

（6）作业中发生故障时，应将机器撤出建筑限界以外，严禁在线路上排除故障。

（7）需加注燃料时，必须停机、下道，并且远离火源。

3. 作业后

（1）关闭汽油机，清洁空气滤清器；如果工作环境非常恶劣，则要清洁多次。

（2）清理机器上的灰尘、砂轮罩里的沙粒、铁屑。

（3）砂轮片应存储在干燥、通风的库房中，使用和搬运时，切勿碰撞砂轮片。

（4）机器下道后应摆放在建筑限界以外的位置。

子任务 1.4.6　轨枕作业机械的使用

轨枕作业机械是用于轨枕及其扣件作业的轨道作业机械，主要是指机动螺栓扳手、方枕器。机动螺栓扳手分为轨枕扣件螺栓机动扳手和钢轨接头螺母机动扳手两种，本任务仅介绍轨枕扣件螺栓机动扳手。

一、扣件螺栓机动扳手

扣件螺栓机动扳手主要用于轨枕扣件螺母的拧紧或松开，按螺母套筒数量分单头螺栓扳手和双头螺栓扳手，依据动力分内燃螺栓扳手和电动螺栓扳手，根据动力的传递形式分机械传动螺栓扳手和液压传动螺栓扳手。

扣件螺栓机动扳手	
	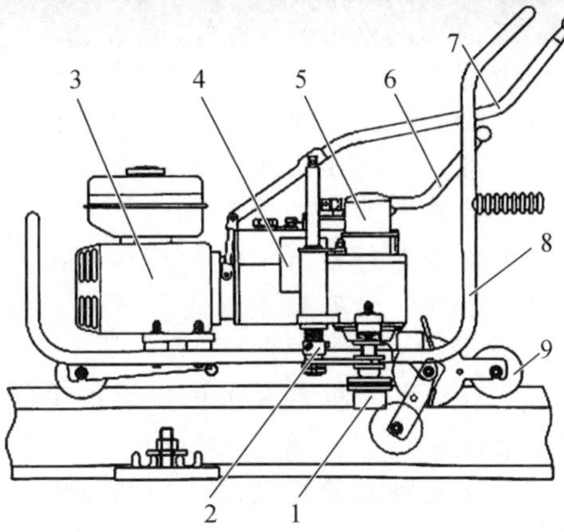 1—万向螺母套筒；2—快卸安全装置；3—汽油机；4—找向减速箱；5—扭矩调节装置；6—换向杆；7—套筒操纵压杆装置；8—车架；9—走行轮调整装置。 NLB-600 内燃螺栓机动扳手主要结构示意

1. 功能特点

（1）具有拧紧或松开扣件螺母（螺钉）功能，拧紧时可满足定扭矩的要求。

（2）具有拧紧扭矩显示功能，拧紧扭矩方便调节并能锁定。

（3）螺栓机动扳手通过走行轮可在轨道上推行，平衡杆用于防止走行或作业时扳手倾斜。

（4）设置快卸安全装置，遇紧急情况时，可使套筒与主轴快速分离，恢复到下道状态。

2. 工作原理

（1）机械传动扣件螺栓机动扳手：由汽油机直接驱动减速箱输入轴，通过减速箱减速并传递至换向机构，换向花键轴带动齿轮减速并同时传递给两套牙嵌式弹簧离合结构，经过输出花键轴将扭力矩传递给螺母套筒，实现扣件螺母（或螺钉）的拧紧或松开。拧紧作业开始时螺母的阻力矩小，上、下限力套在弹簧作用下处于斜面啮合状态，当继续拧紧，螺母的阻力矩达到设定的扭矩值时，上限力套克服弹簧弹力沿着牙嵌的斜面向上滑动并将扭矩弹簧压缩，使上、下限力套脱开，套筒停止转动，从而使拧紧扭矩恒定在一定范围内。拧紧扭矩大小是靠调整扭矩调整螺母和弹簧压缩量来实现的。双头机械传动扣件螺栓机动扳手由两套牙嵌式弹簧离合器组成，达到设定的拧紧扭矩时两套牙嵌式弹簧离合结构中的上、下限力套可同时脱开，也可单独脱开；松开螺母时，牙嵌式弹簧离合上、下限力套垂直面啮合，以最大旋松扭矩松开螺母（或螺钉）。

（2）液压传动扣件螺栓机动扳手：由汽油机通过离合器带动液压油泵，油泵将液压油通过手动换向阀、扭矩调压阀供给液压电机旋转，电机通过减速机构或直接传给输出轴，将恒定的扭力矩传递给螺母套筒。扭力的大小是通过扭矩调压阀调整系统压力，从而控制电机的输出扭矩。螺母套筒换向是通过手动换向阀改变液压油供油方向，使液压电机正转或反转，实现扣件螺母拧紧或松开。

续表

扣件螺栓机动扳手使用注意事项
1. 作业前 （1）检查紧固件是否松动，减速齿轮箱有无漏油、缺油等情况。 （2）检查液压传动扳手的液压泵、阀、电机、管路接头有无漏油情况。 （3）检查汽油机燃油、机油、变速箱机械油油量及液压油油位。 （4）检查走行轮与钢轨的绝缘电阻应不小于 1 MΩ。 （5）检查快卸安全装置是否可靠，扭矩表调整是否准确。 2. 作业中 （1）启动汽油机前，机械传动扳手的换向手把处于空挡位，液压传动扳手的换向阀置于中位。 （2）作业时应使用精度为 1%的扭力扳手检查拧紧扭矩大小，如不合格应及时进行调整。 （3）松卸作业时如螺母过紧，不要强行使用机器作业，应采用其他方法处理。 （4）机械传动扳手转换套筒转向时，应将发动机置于怠速状态下进行。 （5）需加注燃料时，必须停机、下道，并且远离火源。 （6）当套筒与螺母（或螺钉）卡死时，应停机并开启快卸安全装置，使套筒与螺母快速脱开。 （7）机器发生故障时，应下道进行处理，严禁在线路上停机排除故障。 3. 作业后 （1）关闭汽油机前，机械传动扳手换向手把处于空挡位，液压传动扳手的换向阀置于中位。 （2）下道后，将机械置于建筑限界以外的位置。

二、液压方枕器

液压方枕器用于对产生爬行的轨枕角度进行方正，调整线路轨枕间距，使轨枕处于正确位置。液压方枕器的型号主要有 YFZ-147。

液压方枕器	
	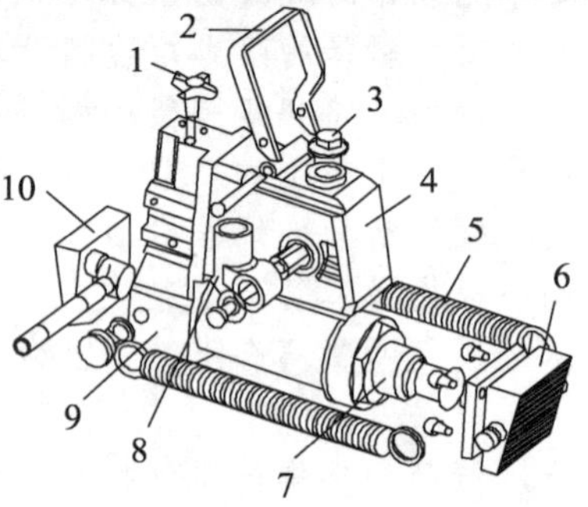 1—回油阀；2—提把；3—架油螺塞；4—油箱； 5—复位弹簧；6—活络顶头；7—主油缸活塞杆； 8—摇把；9—缸座；10—手座垫块。 液压方枕器的主要结构示意

续表

1. 功能特点 （1）方正轨枕位置。 （2）调整线路轨枕的间距。 （3）一人一机，便于上下道。 2. 工作原理 作业时将方枕器安放于轨枕中间，先拧紧回油阀，然后往复摇动手柄摇把，通过两个柱塞泵吸取油箱中的液压油，产生高压油送入主油缸，推动活塞伸出，并带动活络顶头，从而顶移轨枕，完成方枕作业。作业完成后，拧松回油阀，在复位弹簧作用下，活塞回缩复位。
液压方枕器使用注意事项
（1）作业前检查机具，状态应良好，液压油充足，操作手柄把套的绝缘电阻应不小于 1 MΩ。 （2）回油阀应用手拧紧和旋松，不可用硬物敲击。 （3）使用时避免抛扔、摔碰，注意保持活络顶头灵活。 （4）作业后应立即松开回油阀，使活塞杆自行复位并放置在建筑限界以外的位置。

子任务 1.4.7　钢轨拉伸机械的使用

钢轨拉伸机械是用于调整有缝线路钢轨轨缝大小，放散和调整无缝线路钢轨内应力的专用机具，按照作业功能和方式分为钢轨拉伸机和轨缝调整器。

一、钢轨拉伸机

钢轨拉伸机主要用于无缝线路作业，当无缝线路轨温与设计的锁定轨温不符时，对钢轨施加一定的拉力（或压力），使钢轨伸长（或压缩）到预定的长度，在人为的“模拟”设计轨温下进行锁定。20 世纪 80 年代初期，我国研制了 LG-600 液压钢轨拉伸机。近几年，随着超长和跨区间无缝线路的出现，我国又研发了 YLS-1000、YLS-900 大拉力的钢轨拉伸机。

钢轨拉伸机

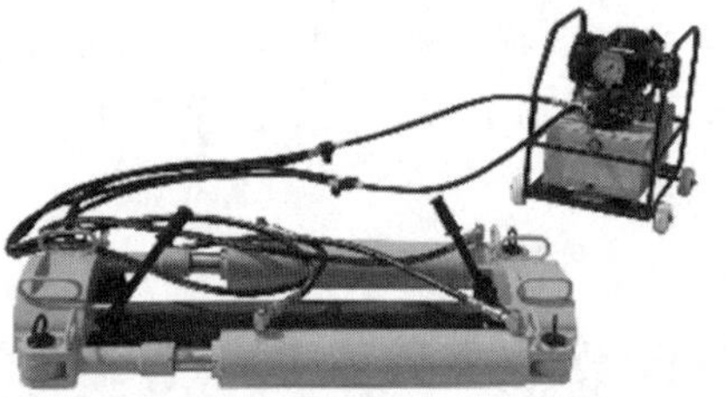

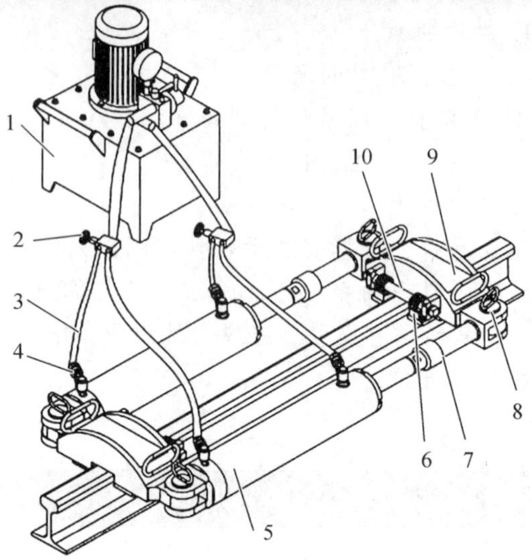

1—液压泵站；2—三通阀总成；3—高压油管；
4—快速接头；5—油缸总成；6—夹紧楔铁；
7—短联结杆；8—连接销轴；9—夹具体；
10—齿轮轴。

YLS-1000 钢轨拉伸机主要结构示意

1. 功能特点

（1）对无缝线路钢轨进行拉伸作业。

（2）对无缝线路钢轨进行压缩作业。

（3）在钢轨拉伸机保压状态下，可实施钢轨铝热焊；

（4）设有安全阀紧急卸荷。

2. 工作原理

（1）拉伸工作原理：由内燃机或电动机驱动高压柱塞泵，柱塞泵排出的高压油通过手动换向阀经高压油管及三通阀分别进入钢轨拉伸机的两个油缸的有杆腔，推动活塞使活塞杆缩回，带动与活塞杆端铰接的夹具体向内移动，待两个夹具体的楔铁同时锁紧钢轨后，实施对钢轨的拉伸作业；同时无杆腔中的液压油经另两条油管及三通阀、换向阀流回油箱。

（2）压缩工作原理：液压钢轨拉伸机还可实现钢轨压缩作业，即将两个夹具体转动 180°后重新安装。在此作业工况下，由柱塞泵排出的高压油分别进入拉伸机的两个油缸的无杆腔，推动活塞使活塞杆伸出，带动与活塞杆端铰接的夹具体向外移动，待两个夹具体的楔铁同时锁紧钢轨后，实施对钢轨的压缩作业；同时有杆腔中的液压油流回油箱。

续表

钢轨拉伸机使用注意事项
1. 作业前
（1）液压系统各密封处不应有漏油现象，液压油油量适宜。
（2）排净液压系统中的空气。
（3）检查机具各部完好无损，高压油管连接可靠。
（4）未加液压油前，严禁启动内燃机或电动机，防止“吸真空”现象发生。
2. 作业中
（1）工作油缸与夹具体保持垂直。
（2）拉伸钢轨作业时严禁超载，不得随意调整溢流阀的压力。
（3）压缩钢轨作业时严禁超过最大推力，活塞杆行程不得大于最大行程的50%。
（4）换向阀供油要均匀，不得对油路有冲击现象。
（5）不得在有压力情况下加注液压油。
（6）操作人员应远离高压油管作业。
3. 作业后
（1）操纵换向阀手柄使液压油卸荷，待工作油缸的活塞杆完全缩回后再拆卸高压油管。
（2）松开楔铁同步夹紧机构，拔出销轴，拆卸钢轨拉伸机。
（3）将机具撤出线路，放置在线路建筑限界以外。

二、液压轨缝调整器

液压轨缝调整器是一种用于调整钢轨接头轨缝尺寸的小型养路机具。目前常用的液压轨缝调整器有 CFT-40、YTP-400Ⅱ等。

液压轨缝调整器	
	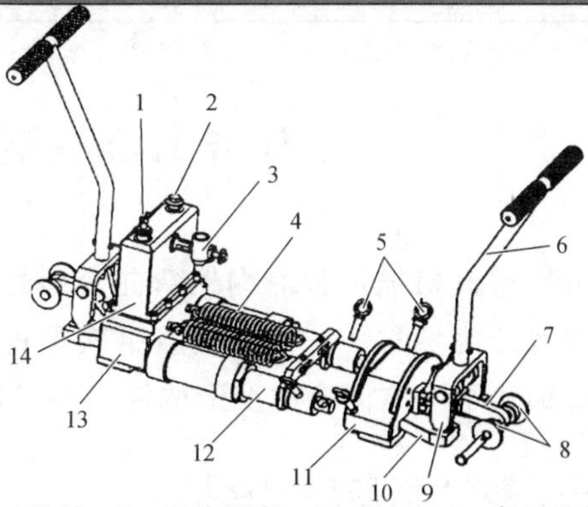 1—回油阀；2—加油螺塞；3—摇把；4—复位弹簧；5—连接销；6—把手；7—走行轮杆；8—走行轮；9—拨叉组件；10—齿条；11—后夹体；12—油缸；13—前夹体；14—油箱。 GFT-40 液压轨缝调整器主要结构示意

续表

1. 功能特点 （1）将轨缝两端的钢轨向外侧推，加大轨缝。 （2）将轨缝两端的钢轨向内侧拉，减小轨缝。 （3）能在轨道及地面上推行，上下道方便。 （4）设有安全阀紧急卸荷，保证作业安全。 2. 工作原理 液压轨缝调整器利用液压油缸对轨缝两端钢轨进行推或拉，调整轨缝大小。作业时，先将机具安放至待调整的轨缝处，压下把手夹住钢轨，拧紧回油阀，往复摇动手柄摇把，通过两个柱塞泵将高压油送入油缸，推动活塞并带动前后夹体反向移动，从而完成轨缝由小到大（推轨）的调整。拔出连接销将前后夹体组件分解开，倒向安装于拉力框架附件上，改装后即可实现轨缝由大到小（拉轨）的调整。
液压轨缝调整器使用注意事项
1. 作业前 （1）检查机具各连接件和紧固件状态应良好，各运动件灵活。 （2）检查楔铁齿面磨损情况应正常。 （3）液压系统各密封处不应有漏油现象，油箱内油量适宜。 （4）检查走行轮与机体的绝缘电阻应不小于 1 MΩ。 2. 作业中 （1）确认楔铁完全夹紧钢轨后方可进行正常作业。 （2）严禁超载作业，作业中不得随意调整溢流阀的压力。 （3）回油阀应手动操作，不得用硬物敲击。 （4）轨缝调整量一次不宜过大，当总调整量较大时可分次作业。 3. 作业后 （1）松开回油阀，使活塞杆在复位弹簧的作用下自行复位。 （2）将机具撤出线路，放置在线路建筑限界以外。

子任务 1.4.8　钢轨矫直机械的使用

钢轨矫直机械是整治钢轨弯曲变形的专用机具。钢轨矫直机械按照整治钢轨弯曲的方向可分为两种：一种是调直钢轨垂直方向弯曲变形的钢轨低接头调直机，另一种是调直钢轨水平方向弯曲变形的液压直轨器。

一、钢轨低接头调直机

钢轨低接头调直机用于整治线路钢轨低接头病害，主要型号有 YDT-900。

钢轨低接头调直机	
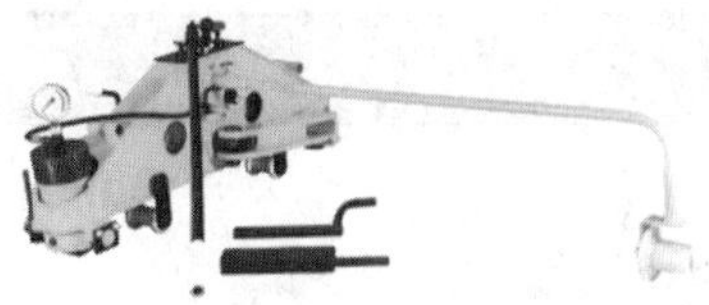	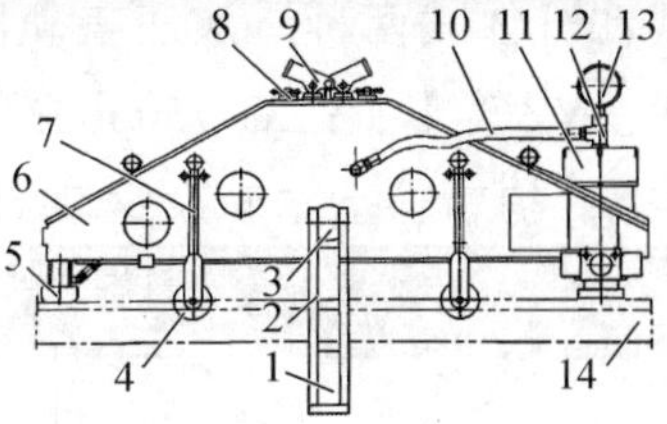 1—矫直杠；2—钩体；3—主轴；4—走行轮；5—支撑铁；6—机架；7—走行轮控制手柄；8—回油阀；9—手压泵；10—高压油管；11—液压油缸；12—铰接头；13—压力表；14—钢轨。 钢轨低接头调直机主要结构示意

1. 功能特点

（1）对钢轨垂直方向弯曲变形进行调平。

（2）对无缝线路的焊接接头进行调平。

（3）对有缝线路接头低塌进行调平。

（4）能在钢轨和地面上推行。

（5）设有安全阀紧急卸荷。

2. 工作原理

钢轨低接头调直机是利用杠杆的原理进行作业的。液压油缸和铰支座分别置于机架两端，钩体位于机架中部，作业时将矫直杠穿入钩体与轨底之间。当手压泵向液压油缸无杆腔供油时，液压油缸活塞伸出，机架绕铰支点旋转，同时带动钩体向上移动，使矫直杠作用于钢轨底部，钢轨低塌部位被抬起。根据杠杆作用原理，矫直杠所产生的矫直力为液压油缸作用力的 2 倍。随着液压泵压力的提高，平轨力不断加大，当加大到超过钢轨的屈服极限时，钢轨低塌部分得到平直，平直力的大小由液压系统压力控制阀控制。

钢轨低接头调直机使用注意事项

1. 作业前

（1）检查钩体、矫直杠应无变形及裂纹，主轴及钩体销轴转动灵活。

（2）检查液压系统状态应良好，确认油箱内液压油位应满足要求。

（3）检查机架、辅助侧支架走行轮与机体的绝缘电阻应不小于 1 MΩ。

（4）松开矫直作业点相邻两根轨枕的扣件。

（5）矫直作业前检查轨温应在 20°C 及以上。

2. 作业中

（1）严禁操作人员在钩体、矫直杠两侧作业。

（2）作业时调整到预定压力值后应保压 3 min，以达到调直效果。

（3）发生紧急情况，应打开紧急排油阀，抽出矫直杠，旋上钩体，迅速抬起机具下道。

（4）机器发生故障时，应下道进行处理，严禁在线路上停机排除故障。

3. 作业后

（1）拧紧扣件，对作业处道砟进行捣固。

（2）下道后，将机器置于线路建筑限界以外。

二、液压直轨器

液压直轨器用于矫正钢轨（或尖轨）水平变形，按其机体与轨钩的组合结构形式分为整体式和分体式两种。液压直轨器主要型号有 YZG-Ⅱ、YZG-750Ⅲ、YZ-650、YZ-650A 等。YZG-Ⅰ、YZG-750Ⅱ主要用于普通钢轨的矫正，YZ-650 液压直轨器用于道岔 AT 尖轨、护轨、基本轨及钢轨的矫正。

液压直轨器

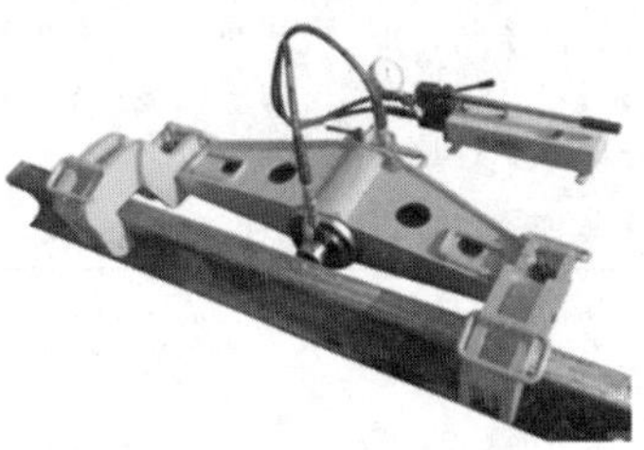

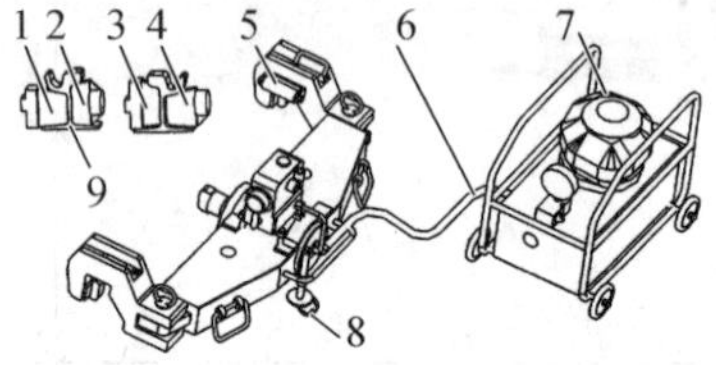

1—垫块Ⅰ；2—顶头Ⅰ；3—垫块Ⅱ；4—顶头Ⅱ；5—钢轨走行轮；6—高压胶管；7—液压泵站；8—地面走行轮；9—槽形钢轨。

YZG-650A 液压直轨器主要结构示意

1. 功能特点

（1）各型普通钢轨的矫正。

（2）道岔 AT 尖轨、护轨、基本轨的矫正。

（3）设置安全溢流阀，防止机械损坏。

（4）设置紧急放油阀。

2. 工作原理

利用杠杆原理对钢轨（或尖轨）进行矫正。作业时回油阀关闭，压动手压泵，液压油推动油缸活塞杆及顶头伸出，并作用于钢轨（或尖轨）上产生推力，实现钢轨（或尖轨）的水平变形的矫正，达到直轨的目的。矫正作业结束后，开启回油阀，活塞杆及顶头在复位弹簧作用下收回。作业时系统压力超过最大工作压力时安全溢流阀开启，防止机械变形损坏。

液压直轨器使用注意事项

1. 作业前

（1）检查机体、轨钩应无变形及裂纹，偏心夹紧装置转动灵活。

（2）检查液压系统状态应良好，确认液压油箱油位应满足要求。

（3）检查走行轮与机体的绝缘电阻应不小于 1 MΩ。

2. 作业中

（1）将液压直轨器放置于钢轨或尖轨需要矫正部位，放平后方可作业。

（2）无垫块结构的液压直轨器，须旋转偏心轮将液压直轨器锁紧在钢轨上，保持轨钩和顶头与钢轨轨头侧面接触良好。

（3）带垫块结构的液压直轨器，根据轨型选装垫块及顶头，并保持顶头和垫块与轨腰侧面接触良好。

续表

（4）加载时动作不宜过快，随时检查变形量，在未达到规定的变形量之前应重复加压、卸压，直至达到规定的要求，防止反弯。 （5）矫正道岔尖轨需要在钢轨自由状态下进行。 （6）矫正作业时，环境温度一般应大于 10°C （7）严禁操作人员在轨钩侧作业，并远离高压软管。 （8）作业时，如出现“卡死”情况，应开启紧急放油阀，将机具安全下道。 3. 作业后 （1）拧紧扣件等，恢复线路作业前的正常状态。 （2）下道后，将机器置于线路建筑限界以外。

项目 2 轨道检测技术

项目描述

轨道检测是指导线路养护维修、保持线路质量均衡的有效手段，是获取轨道几何状态和轨道设备状态变化的重要环节，是铁路轨道质量状态评估并科学合理地制订维护计划的关键，可为新建线路设计、线路病害原因分析及维护标准制定等提供重要的实测数据来源。

轨道检测从内容上主要分为轨道几何状态检测、轨道设备状态检测和行车平稳性检测，从检测方式上分为轨道静态检测和轨道动态检测。轨道静态检测主要用来检测轨道质量状态，及时发现轨道病害，消灭安全隐患，为轨道病害整治和质量评价提供技术依据。

本项目内容包括铁路轨道几何状态和轨道设备状态静态检测的一般项目，要求能熟练地使用常用工量具或轨道检查仪，按规定的方法和流程进行检测作业，在坚持“安全第一、预防为主、防治结合、严检慎修”的原则下，提高检测质量和效率，为编制作业计划提供合理可靠的依据。

教学目标

1. 知识目标

- 掌握轨道静态检测的内容、标准及流程；
- 掌握常用检测工具的种类、构造和要求。

2. 能力目标

- 会使用常用的检测工具；
- 会对轨道几何状态和轨道设备状态进行检测；
- 能正确分析轨道检测数据，判定几何尺寸超限、设备状态不良和伤损状态。

3. **素质目标**

- 具有严谨求实的工作作风；
- 具有精益求精的工匠精神；
- 具备团结协作的团队意识；
- 具备安全环保意识。

任务 2.1 线路检查标准化作业

铁路线路设备是铁路运输业的基础设备。新建铁路线路经验收合格投入运营后，在列车荷载和外界各种因素的作用下，组成轨道的各种设备及几何形位会发生变化。为保持轨道状态良好，保证列车能以规定的速度安全平稳和不间断地运行，必须经常对线路进行检测。

轨道检测是获取轨道几何状态和轨道设备状态变化的重要手段，是铁路轨道质量状态评估并科学合理地制订维护计划的关键，可为新建线路设计、线路病害原因分析及维护标准制定等提供重要的实测数据来源。

一、线路设备的检测方式

1. 静态检查

线路静态检查是指在无列车动荷载的情况下对线路进行的检查。目前静态检查采用的主要手段有两种：一种是用轨距尺、支距尺等传统量具进行检查；另一种是用轨道检查仪进行的检查。

工务段段长、副段长、指导主任、检测监控车间主任、线路车间主任和线路工长应定期检测线路、道岔和其他线路设备，并重点检测薄弱处所。

线路静态检查的内容主要包括轨距、水平、前后高低、方向、空吊板、钢轨接头、防爬设备、联结零件、轨枕及道口设备、线路标志标识等。

线路静态检查是各工区、车间对线路进行检查的主要方式之一。

2. 动态检测

线路动态检测是在列车车轮荷载作用下通过添乘仪、车载式线路检查仪、轨道检查车等设备对线路进行的检测。

线路动态检测是提速和高速铁路线路的主要检测方式，也是我国线路检测技术发展的主要方向。

二、线路设备的检查周期

检查工区应有计划地对线路车间管辖线路设备进行月度周期性检查和重点病害的调查、复核，线路工区参加月度周期性检查。轨道几何尺寸以仪器检查为主，人工主要进行轨道结构检查。应积极采用先进的线路检查设备，提高线路检查质量，加强线路设备状态分析，指导线路维修作业。

线路设备周期性检查内容及周期：

1. 正线线路检查

轨道检查车每月检查的正线：无砟轨道、混凝土枕线路轨道结构及几何状态每季检查不少于 1 次（轨道结构未检查的月份，当月设备巡检不少于 1 次）。轨道检查车未检查的月份，线路轨道结构及几何状态当月检查不少于 1 次。木枕线路轨道结构及几何状态每月检查不少于 1 次，轨道结构薄弱地段、重点地段应增加检查次数。

轨道检查车每季检查的正线：线路轨道结构及几何状态每月检查不少于 1 次。

2. 正线道岔、调节器检查

正线混凝土枕道岔、混凝土枕或明桥面调节器轨道结构及几何状态每月检查不少于 1 次，正线木枕道岔、有砟木枕调节器轨道结构及几何状态每月检查不少于 2 次。

3. 站线线路和道岔检查

站线线路和道岔检查一般每 6 个月不少于 1 次，其中到发线、客车径路道岔检查比照正线道岔检查周期，具体由铁路局集团公司规定。

4. 曲线正矢检查

正线、到发线、客车径路曲线及岔后连接曲线正矢检查每季不少于 1 次，其他线路曲线正矢检查每 6 个月不少于 1 次。

5. 无缝线路位移观测

无缝线路位移观测每 6 个月不少于 1 次，原则上春、秋季各 1 次。进行影响无缝线路稳定的作业后，应及时进行观测。

对严重线路病害地段和薄弱处所，应加强检查。

三、线路检查标准化作业流程

线路检查标准化作业是现场检查作业安全控制的重要保障，是提高作业标准，增强作业人员的安全意识、责任意识和防范意识，避免发生人身伤害及行车事故的有力手段。线路检查作业的标准化，应按铁路局的有关规定执行。

1. 工具、材料准备

当日作业所需工机具、材料。

2. 作业条件

当日作业规定的作业条件，按规定设置作业防护，同时按规定指定专人担任作业负责人。

3. 作业流程

作业流程	作业内容	图　例
准备阶段	检查工区集合点名，做到5确认： （1）人员到位确认：受检工区工长、小补修人员必须到位；重点地段车间副主任及以上干部带班检查。 （2）作业计划确认：由工长根据系统派工单中的作业项目、地点进行人员分工。 （3）资料齐全确认：由工长与资料分析员对近一个月内动态分析资料，动轨检车、晃车仪、添乘仪资料，段指令性计划，受检工区近一个月内所有销号作业撬明细进行共同确认。 （4）工具状态确认：由材料管理员对出库工具材料进行确认。 （5）安全事项确认：由工长根据作业项目进行安全预想。车间主任带班检查时，由车间主任对重点事项进行提醒。	
检查阶段	（1）由现场防护员与工长共同确认后方可上道。 （2）上道后首先对轨距尺和支距尺等量具进行校核，确保量具性能良好。 （3）听从工班长统一指挥，按岗位责任制和操作规则及时上道检查作业，做到不漏项、不漏设备，按规定检查程序和方法完成任务，检查记录填写规范。 （4）随时注意瞭望列车，听从防护员、安全员指挥，带好工具及时按规定下道避车。 （5）复线地段作业时，应面向来车方向。复线及站场内作业，邻线来车本线也应下道。	 
分析阶段	（1）撤除防护，按规定乘车办法或列队行走返回。 （2）整理工量具入库，对号定位，堆码整齐。 （3）根据当日检查结果，对照标准判定设备伤损和几何尺寸超限，统计超限处所，为编制维修计划提供依据。	

4. 作业质量要求

（1）检查顺序合理、项目完整、位置准确。

（2）记录的线别、里程、曲线要素、钢轨编号、站名、道岔编号和型号、检查日期齐全清晰。

（3）检查数据记录清晰、准确无误、无涂改、无黑斑。

（4）检查数据正确，测量误差不超过 ± 1 mm。

（5）设备伤损、状态不良和几何尺寸超限处所分析时对照标准，无差错、无漏项、判断正确。

（6）曲线地段检查时，要对照曲线的几何要素，将轨距尺放在曲线各点上进行检查，将曲线的主点桩位用“△”标记，并用汉语拼音大写字母 ZH、HY、YH、HZ 标示，曲线半径、超高及顺坡率填写在记录本右上方。

（7）检查水平时，直线地段单线以里程前进方向、双线以列车运行方向的左股为标准股，标准股高为“+”，标准股低为“−”。曲线地段以曲上股为标准股。道岔在检查水平时，直股以直外股为标准股，导曲线以外股（上股）为标准股。标准股较高时记为“+”号，反之为“−”号。

（8）正确使用工量具，严禁损坏工量具。

5. 安全注意事项

（1）作业人员上道作业或横越线路时，必须执行“眼看、手比、口呼”安全确认，做到“一站、二看、三通过”，严禁来车时抢越。

（2）防护时若联络中断，工地防护员必须立即组织作业人员下道避车；待恢复联络，并确认无车后方可上道作业。

（3）在天窗时间内完成作业项目，严禁超范围作业和擅自改变作业计划。

（4）作业结束后，人员、工量具必须撤至限界以外，确认放行列车条件。

（5）在瞭望困难或通信盲区地段，须增设中间联络员。

（6）上下班途中使用交通工具，要遵守交通安全规则。

（7）作业人员班前必须充分休息，严禁饮酒。点名时按规定着装，正确使用和佩戴劳动保护用品、安全防护用品。

（8）驻站联络员因特殊原因需离开防护岗位时，须事先向作业负责人请假，征得同意后，告知各岗位防护员，在确认现场作业人员已停止作业、下道避车后方可离开。

（9）驻站联络员上岗时，携带专用通信工具，严禁携带私人手机，禁止从事与防护无关的其他工作。

任务 2.2 铁路线路轨距、水平检查作业

一、实训任务

单人使用轨距尺完成 100 m 线路轨距、水平检查作业，主要任务要求如下：

轨距、水平、三角坑概念

（1）制订工作计划并完成任务工单，任务工单见本任务附表 1。

（2）根据任务工单，完成 100 m 线路轨道轨距、水平检查作业，记录数据填入线路轨距、水平检查记录表（本任务附表 2），根据《普速铁路线路修理规则》对检查数据进行勾画并进行超限处所统计。

（3）根据线路轨距、水平检查作业评分表（本任务附表 3），进行自我测评，达到合格要求。

二、任务分析

线路轨距、水平检查是为了掌握线路轨距、水平的偏差及变化规律，分析判断轨距、水平是否超限，及时发现线路病害和有计划地安排修理工作。

通过本实训任务，学员应掌握轨距、水平检查方法和流程，能熟练开展线路轨距、水平检查作业，并进行数据分析和超限统计。

三、工具、材料准备

名称	单位	数量	图例
轨距尺	把	1	
石笔	根	1	
检查记录表	张	1	
记录板	个	1	
签字笔	支	1	

四、任务实施条件

（1）线路轨距、水平检查可与“维修天窗”“施工天窗”时间共用或利用列车间隔时间检查。

（2）车站设驻站联络员，工地设现场防护员，使用对讲机联络、移动停车手信号防护。防护设好后方可进行检查。

五、作业程序

作业流程	作业内容	图　例
1. 校核轨距尺水平误差	（1）在作业范围起点附近选一处将轨距尺垂直放置在钢轨上，用石笔画线标记位置，调整水平转盘使气泡居中，读取水平刻度盘指针读数。 （2）将轨距尺调头在画线标记位置放下，用同样的操作测水平，读取水平刻度盘指针读数；两次水平读数绝对值相减得出轨距尺水平误差。 （3）误差在 1 mm 以内，轨距尺方可使用，否则需要更换轨距尺。	
2. 检查轨距	（1）在规定的检查点上按“先轨距后水平”的顺序检查。 （2）检查位置及数量：一般情况下，25 m 钢轨检查 8 处，12.5 m 钢轨检查 4 处。每根钢轨（12.5 m）分别检查接头（距端部第 1 个螺栓孔）、前小腰、大腰、后小腰 4 处。重点动态病害或工作量调查时，可逐枕检查。 （3）将轨距尺活动端对准标准股，垂直放置在检查位置的钢轨上。先放固定端，再前后移动活动端，找到轨距读数最小值。	 
3. 检查水平	（1）在轨距检查的位置，同时检查水平。检查水平时，直线地段单线以里程前进方向、双线以列车运行方向的左股为标准股，标准股高为“+”，标准股低为“-”。曲线地段以曲上股为标准股。 （2）调整水平刻度盘，将水准管气泡调至居中，读取水平数值。	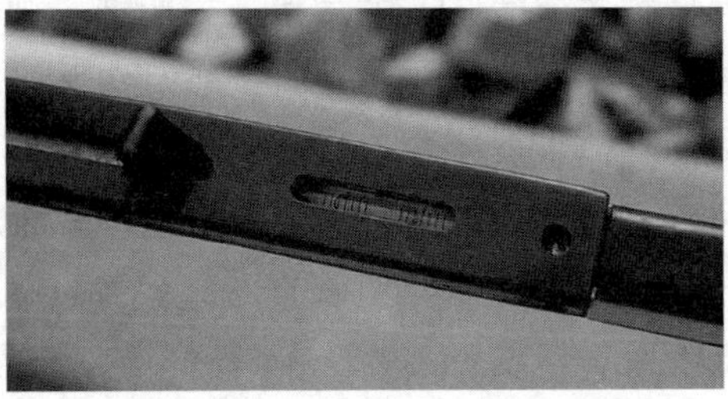

续表

<table>
<tr><th>作业流程</th><th>作业内容</th><th>图　例</th></tr>
<tr><td>4. 记录数据</td><td>（1）记录轨距偏差，轨距偏差=实测轨距－标准轨距。直线段标准轨距为 1435 mm，曲线段标准轨距为 1435 mm 加上加宽值。
（2）记录水平偏差。直线段水平偏差=实测水平；曲线段水平偏差=实测超高－理论超高。
（3）检查数据能够准确填到数据记录表中，数据记录为读数与标准的偏差数。如+2，－3，即轨距+2，水平－3。记录无涂抹现象。</td><td>
线路轨距、水平检查记录表
学员班组：第一班组　学员姓名：****　得分______
正线 K 0 ＋0 至 K 0＋100　曲线半径 200 m　超高 30 mm　顺坡率 1 ‰
<table>
<tr><td rowspan="3">检查日期</td><td rowspan="3">检查项目</td><td colspan="16">钢轨编号</td></tr>
<tr><td colspan="4">1</td><td colspan="4">2</td><td colspan="4">3</td><td colspan="4">4</td></tr>
<tr><td>接头</td><td>小腰</td><td>中间</td><td>小腰</td><td>接头</td><td>小腰</td><td>中间</td><td>小腰</td><td>接头</td><td>小腰</td><td>中间</td><td>小腰</td><td>接头</td><td>小腰</td><td>中间</td><td>小腰</td></tr>
<tr><td rowspan="3">2022年9月6日</td><td>轨距</td><td>+3</td><td>+2</td><td>−1</td><td>0</td><td>+1</td><td>+1</td><td>−3</td><td>0</td><td>−5</td><td>0</td><td>+1</td><td>0</td><td>−2</td><td>0</td><td>+1</td><td>+1</td></tr>
<tr><td>水平、三角坑</td><td>−1</td><td>−1</td><td>+3</td><td>0</td><td>−4</td><td>+2</td><td>+1</td><td>+2</td><td>+2</td><td>+1</td><td>0</td><td>+1</td><td>0</td><td>+1</td><td>+1</td><td>+1</td></tr>
<tr><td>超限处所统计</td><td colspan="16">轨距超计划维修标准______处；　三角坑超计划维修标准______处；
轨距超临时补修标准______处；　三角坑超临时补修标准______处；
轨距超限速标准______处；　三角坑超限速标准______处。
轨距变化率超限______处；
水平超计划维修标准______处；
水平超临时补修标准______处；
水平超限速标准______处；</td></tr>
</table>
</td></tr>
<tr><td>5. 数据分析</td><td>（1）检查完成后，应该根据“线路轨道静态几何尺寸容许偏差管理值”规定对轨距、水平超限进行判定勾画，并进行超限处所统计（超限速标准的在数据下方打“×”，超临时补修的在数据下方打“√”，超计划维修的在数据下方打“～～”）。
（2）统计出轨距（含轨距变化率）、水平、三角坑超计划维修、临时补修和限速处所的数量。</td><td>
线路轨距、水平检查记录表
学员班组：第一班组　学员姓名：****　得分______
正线 K 0 ＋0 至 K 0＋100　曲线半径 200 m　超高 30 mm　顺坡率 1 ‰
<table>
<tr><td rowspan="3">检查日期</td><td rowspan="3">检查项目</td><td colspan="16">钢轨编号</td></tr>
<tr><td colspan="4">1</td><td colspan="4">2</td><td colspan="4">3</td><td colspan="4">4</td></tr>
<tr><td>接头</td><td>小腰</td><td>中间</td><td>小腰</td><td>接头</td><td>小腰</td><td>中间</td><td>小腰</td><td>接头</td><td>小腰</td><td>中间</td><td>小腰</td><td>接头</td><td>小腰</td><td>中间</td><td>小腰</td></tr>
<tr><td rowspan="3">2022年9月6日</td><td>轨距</td><td>+3</td><td>+2</td><td>−1</td><td>0</td><td>+1</td><td>+1</td><td>−3</td><td>0</td><td>−5</td><td>0</td><td>+1</td><td>0</td><td>−2</td><td>0</td><td>+1</td><td>+1</td></tr>
<tr><td>水平、三角坑</td><td>−1</td><td>−1</td><td>+3</td><td>0</td><td>−4</td><td>+2</td><td>+1</td><td>+2</td><td>+2</td><td>+1</td><td>0</td><td>+1</td><td>+7</td><td>+1</td><td>+1</td><td>+1</td></tr>
<tr><td>超限处所统计</td><td colspan="16">轨距超计划维修标准 1 处；　三角坑超计划维修标准 1 处；
轨距超临时补修标准 0 处；　三角坑超临时补修标准 0 处；
轨距超限速标准 0 处；　三角坑超限速标准 0 处。
轨距变化率超限 0 处；
水平超计划维修标准 1 处；
水平超临时补修标准 0 处；
水平超限速标准 0 处；</td></tr>
</table>
</td></tr>
</table>

六、质量要求

（1）检查顺序合理、项目完整、位置准确。

（2）记录的线别、里程、检查日期、钢轨编号、曲线要素齐全清晰。

（3）检查数据记录清晰、准确无误、无涂改、无黑斑。

（4）检查数据值正确，测量误差不超过 ± 1 mm。

（5）几何尺寸超限处所分析时对照标准（见附录 3 的“线路轨道静态几何尺寸容许偏差管理值”），无差错、无漏项、判断正确。

（6）曲线地段检查时，要对照曲线的几何要素，将轨距尺放在曲线各点进行检查，将曲线的主点桩位用“△”标记，并用汉语拼音大写字母 ZH、HY、YH、HZ 标示，曲线半径、超高及顺坡率填写在记录本右上方。

（7）检查水平时，直线地段单线以里程前进方向、双线以列车运行方向的左股为标准股，标准股高为“＋”，标准股低为“－”。曲线地段以曲上股为标准股。

（8）正确使用工量具，严禁损坏工量具。

七、安全注意事项

（1）上道前检查量具状态，禁止使用状态不良或超过有效期的量具上道检查。

（2）来车时，按规定及时下道避车。

（3）发现危及行车安全的超限处所，及时处理。

八、任务评价

任务实施完成后，从职业素养与规范、作业过程及质量、结束工作、安全及其他等方面进行评价，评价标准见本任务附表3。

附表1　线路轨距、水平检查作业任务工单

学员班组____________________　　　　　　　　学员姓名______________

<table>
<tr><td>作业项目</td><td colspan="5"></td></tr>
<tr><td>作业范围
（0.5分）</td><td>K0+___ ~ K0+___</td><td>作业
日期</td><td>____年___月___日</td><td>天窗时间</td><td>__:__ ~ __:__</td></tr>
<tr><td>作业人员
（0.5分）</td><td>_____人</td><td>防护
人员</td><td>_____人</td><td>配合人员</td><td>_____人</td></tr>
<tr><td>计划工作
（0.5分）</td><td colspan="5"></td></tr>
<tr><td>主要工量具
名称及数量
（1分）</td><td colspan="5"></td></tr>
<tr><td>作业所需的
材料及数量
（0.5分）</td><td colspan="5"></td></tr>
<tr><td rowspan="3">作业流程
（3分）</td><td>作业前
（1分）</td><td colspan="4"></td></tr>
<tr><td>作业中
（1分）</td><td colspan="4"></td></tr>
<tr><td>作业后
（1分）</td><td colspan="4"></td></tr>
<tr><td>行车安全及
注意事项
（1分）</td><td colspan="5"></td></tr>
<tr><td>人身安全注
意事项
（1分）</td><td colspan="5"></td></tr>
<tr><td>防护设置
（2分）</td><td colspan="5"></td></tr>
</table>

附表 2　线路轨距、水平检查作业记录表

学员班组____________　　学员姓名____________　　得分____________

正线 K__ +___至 K___+____ 曲线半径_____ m　　超高____ mm

顺坡率______‰

检查日期	检查项目	钢轨编号															
		接头		中间		接头		中间		接头		中间		接头		中间	
	轨距																
	水平、三角坑																
	超限处所统计	轨距超计划维修标准_______处；三角坑超计划维修标准________处； 轨距超临时补修标准_______处；三角坑超临时补修标准_________处； 轨距超限速标准__________处；三角坑超限速标准____________处。 轨距变化率超限__________处； 水平超计划维修标准__________处； 水平超临时补修标准__________处； 水平超限速标准_____________处；															
		钢轨编号															
	检查项目																
		接头		中间		接头		中间		接头		中间		接头		中间	
	轨距																
	水平、三角坑																
	超限处所统计	轨距超计划维修标准______处；三角坑超计划维修标准________处； 轨距超临时补修标准______处；三角坑超临时补修标准________处； 轨距超限速标准__________处；三角坑超限速标准___________处。 轨距变化率超限______________处； 水平超计划维修标准____________处； 水平超临时补修标准____________处； 水平超限速标准______________处；															

评分人：　　　　年　　月　　日　　　核分人：　　　年　　　月　　　日

附表 3　线路轨距、水平检查作业评分表

学员班组________________　学员姓名______________　得分________

项目及配分	考核内容及评分标准	标准分	扣分因素及扣分	得分
职业素养与规范（20分）	1. 按要求填写任务工单内容，扣分标准详见任务工单。本项配分 10 分。	10		
	2. 按规定着装，穿戴劳保用品，未按规定着装或穿戴劳保用品扣 2 分。从工务实训室领取轨距尺，备好记录板、记录表和笔，少 1 件扣 1 分。本项配分 5 分。	5		
	3. 检查工量具是否状态良好，未检查或者检查不正确扣 5 分。本项配分 5 分。	5		
作业过程及质量（60分）	1. 上道前应确认防护已经设好，上道时要“眼看、手比、口呼”，未确认设好防护扣 2 分，未执行“眼看、手比、口呼”扣 3 分。本项配分 5 分。	5		
	2. 确定标准股，在规定的检查点上按“先轨距后水平”的顺序检查。检查数据能够准确填到数据记录表中，数据记录为读数与标准的偏差数。如+2，−3，即轨距+2，水平−3。记录无涂抹现象，涂抹一处扣 1 分；检查顺序有错，每处扣 2 分。本项配分 20 分。	20		
	3. 检查数据准确可靠，检查误差应在 2 mm 以内。超过 2 mm，每处扣 2 分。本项配分 25 分。	25		
	4. 检查完成后，应该根据“线路轨道静态几何尺寸容许偏差管理值”（混凝土枕线路，mm）规定对轨距、水平超限进行判定勾画并进行超限处所统计（超限速标准的在数据下方打“×”，超临时补修的在数据下方打“√”，超计划维修的在数据下方打“～～”）。未判定勾画或判定勾画错误，每处扣 2 分；统计错误每项扣 1 分。本项配分 10 分。	10		
结束工作（10分）	1. 作业完毕后将工量具撤到限界以外，按要求撤除防护。未按照要求撤除防护，扣 2 分；工量具未撤到限界以外或工量具未下道，每件扣 5 分。本项配分 5 分。	5		
	2. 清点工量具并将其按规定摆放，未完成扣 5 分。本项配分 5 分。	5		
安全及其他（10分）	1. 不按规定使用工量具，作业中有不安全因素每次扣 2 分。作业过程中应注意来车情况，及时下道，未及时下道或跨越线路时未执行“一站、二看、三通过”和“眼看、手比、口呼”扣 5 分。作业人员应精神状态良好，不符合要求扣 5 分。本项配分 5 分。	5		
	2. 时间：每超时 1 min 扣 1 分，超时 5 min 停止考核。本项配分 5 分。	5		
合　计		100		

评分人：　　年　　月　　日　　　核分人：　　年　　月　　日

任务 2.3　直线线路轨向、高低检查作业

一、实训任务

3 名作业人员为一组，使用工具完成 50 m 直线轨道轨向、高低超限部位检查作业，主要任务要求如下：

轨向、高低概念

（1）小组讨论制订工作计划并完成任务工单，任务工单见本任务附表 1。

（2）根据任务工单，完成 50 m 直线轨道轨向、高低超限部位检查作业，记录数据填入直线线路轨向、高低检查记录表（本任务附表 2），根据《普速铁路线路修理规则》对检查数据进行勾画并进行超限处所统计。

（3）根据直线线路轨向、高低检查作业评分表（本任务附表 3），进行自我测评，达到合格要求。

二、任务分析

线路轨向、高低检查是为了掌握线路轨向、高低的矢度及变化规律，分析判断轨向、高低是否超限，及时发现线路病害和有计划地安排修理工作。

通过本实训任务，学员应掌握轨向、高低检查方法和流程，能熟练开展线路轨向、高低检查作业，并进行数据分析和超限统计。

三、工具、材料准备

名称	单位	数量	图例
钢直尺	把	1	 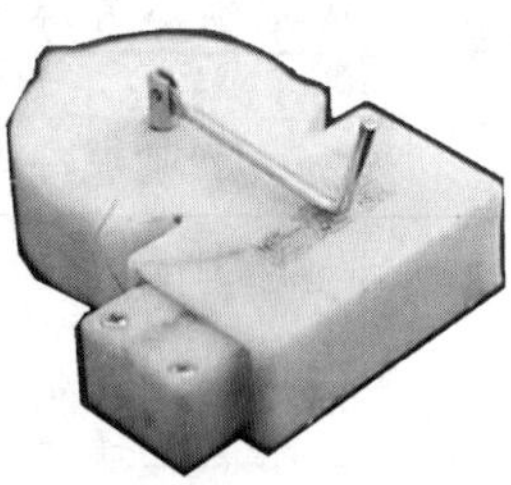
弦线	套	1	
石笔	根	1	
检查记录表	本	1	
记录板	个	1	
签字笔	支	1	

四、任务实施条件

（1）线路静态检查可与“维修天窗”“施工天窗”时间共用或利用列车间隔时间检查。

（2）车站设驻站联络员，工地设现场防护员，使用对讲机联络、移动停车手信号

防护。防护设好后方可进行检查。

五、作业程序

作业流程	作业内容	图　例
1. 检查轨向	（1）目视轨向。 检查者跨站在钢轨两侧，目视前方（查看轨向不少于 20 m，查看大轨向不少于 50 m），1 人配合点撬，找出两股钢轨的轨向不良处，用石笔作出不良处所始终点标记。 （2）10 m 弦测量矢度。 根据超限处所标记，将 10 m 弦线拉紧，两端贴靠在钢轨内侧踏面下 16 mm 处，测量弦线至轨向不良处钢轨作用边的最大矢度值。 若轨向是向轨道内侧凹入时，则应在 10 m 弦线的两端垫以同样高度的垫块，使弦线两端垫离轨头内侧，量取弦线至轨向不良处钢轨作用边的最小矢度值。用量取的最小矢度减去垫块高度，即为该处轨向的最大凹矢度值。	 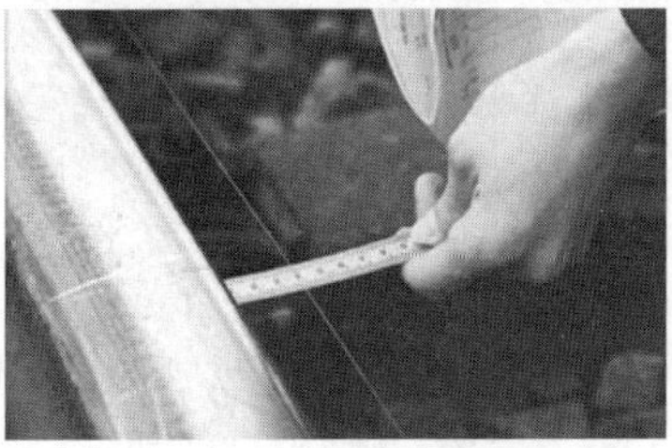
2. 检查高低	（1）目视高低。 先俯身在钢轨上目测轨头下颚的延长线，1 人配合点撬，从纵向上找出线路高低不良的位置，用石笔在始终点做出标记。目测查看高低不少于 20 m，查看大高低不少于 50 m。 （2）10 m 弦测量矢度。 根据超限处所标记，将 10 m 弦线拉紧，两端贴靠在钢轨顶面中心，用钢直尺测量弦线与钢轨顶面的最大矢度。 若轨道是向上凸起，则应在钢轨顶面垫以同样高度的垫块，将 10 m 弦线拉紧后两端紧贴垫块上表面，量取弦线至轨顶面的最小矢度。用垫块高度减去量取的最小矢度，即为该处高低的偏差。	  

续表

<table>
<tr>
<td>3. 记录数据</td>
<td>（1）轨向向轨道外侧凸出记为“+”号，向轨道内侧凹入记为“–”号。
（2）高低检查用垫块高度减去量取的矢度之差，即为该处线路的高低偏差值。偏差值大于零，符号为“+”，线路向上凸起；偏差值小于零，符号为“-”，线路向下凹陷。</td>
<td>
直线线路轨向、高低检查记录表
学员班组 第一班组 学员姓名 *** 得分
直线位置： k 0 + 0 ~k 0 + 200
<table>
<tr><td>检查日期</td><td colspan="2">2022. 9. 10</td><td>检查里程</td><td>k 0 +100 ~k 0 +150</td></tr>
<tr><td colspan="3">钢轨编号区间</td><td>5</td><td>6</td></tr>
<tr><td rowspan="4">检查项目</td><td rowspan="2">轨向</td><td>左股</td><td>轨向良好</td><td>大腰 +8mm</td></tr>
<tr><td>右股</td><td>轨向良好</td><td>轨向良好</td></tr>
<tr><td rowspan="2">高低</td><td>左股</td><td>接头处 -6mm</td><td>高低良好</td></tr>
<tr><td>右股</td><td>高低良好</td><td>高低良好</td></tr>
</table>
</td>
</tr>
<tr>
<td>4. 数据分析</td>
<td>（1）检查完成后，应该根据“线路轨道静态几何尺寸容许偏差管理值”规定对轨向、高低超限进行判定勾画，并进行超限处所统计（超限速标准的在数据下方打“×”，超临时补修的在数据下方打“√”，超计划维修的在数据下方打“～～”）。
（2）统计出轨向、高低超计划维修、临时补修和限速处所的数量。</td>
<td>
直线线路轨向、高低检查记录表
学员班组 第一班组 学员姓名 *** 得分
直线位置： k 0 + 0 ~k 0 + 200
<table>
<tr><td>检查日期</td><td colspan="2">2022. 9. 10</td><td>检查里程</td><td>k 0 +100 ~k 0 +150</td></tr>
<tr><td colspan="3">钢轨编号区间</td><td>5</td><td>6</td></tr>
<tr><td rowspan="4">检查项目</td><td rowspan="2">轨向</td><td>左股</td><td>轨向良好</td><td>大腰 +8mm ～～</td></tr>
<tr><td>右股</td><td>轨向良好</td><td>轨向良好</td></tr>
<tr><td rowspan="2">高低</td><td>左股</td><td>接头处 -7mm ～～</td><td>高低良好</td></tr>
<tr><td>右股</td><td>高低良好</td><td>高低良好</td></tr>
</table>
</td>
</tr>
</table>

六、质量要求

（1）检查顺序合理、项目完整、位置准确。

（2）记录的线别、里程、检查日期、钢轨编号、曲线要素齐全清晰。

（3）检查数据记录清晰、准确无误、无涂改、无黑斑。

（4）检查数据值正确，测量误差不超过 ± 1 mm。

（5）几何尺寸超限处所分析时对照标准（见附录 3 的“线路轨道静态几何尺寸容许偏差管理值”），无差错、无漏项、判断正确。

（6）使用弦线测轨向时，弦线拉紧贴在钢轨工作边轨顶面下 16 mm 处，弦线、钢直尺和视线要做到“三垂直”。

（7）正确使用工量具，严禁损坏工量具。

七、安全注意事项

（1）上道前检查量具状态，禁止使用状态不良或超过使用有效期的量具上道检查。

（2）来车时，按规定及时下道避车。

（3）发现危及行车安全的超限处所，及时处理。

八、任务评价

任务实施完成后，从职业素养与规范、作业过程及质量、结束工作安全及其他等方面进行评价，评价标准见本任务附表 3。

附表 1　直线线路轨向高低检查作业任务工单

学员班组____________________　　　　　　学员姓名_____________

<table>
<tr><td>作业项目</td><td colspan="6"></td></tr>
<tr><td>作业范围
（0.5 分）</td><td colspan="2">K0+___ ~ K0+___</td><td>作业
日期</td><td>____年___月___日</td><td>天窗时间</td><td>___:___ ~ ___:___</td></tr>
<tr><td>作业人员
（0.5 分）</td><td colspan="2">______人</td><td>防护
人员</td><td>______人</td><td>配合人员</td><td>______人</td></tr>
<tr><td>计划工作
（0.5 分）</td><td colspan="6"></td></tr>
<tr><td>主要工量具
名称及数量
（1 分）</td><td colspan="6"></td></tr>
<tr><td>作业所需的
材料及数量
（0.5 分）</td><td colspan="6"></td></tr>
<tr><td rowspan="3">作业流程
（3 分）</td><td>作业前
（1 分）</td><td colspan="5"></td></tr>
<tr><td>作业中
（1 分）</td><td colspan="5"></td></tr>
<tr><td>作业后
（1 分）</td><td colspan="5"></td></tr>
<tr><td>行车安全及
注意事项
（1 分）</td><td colspan="6"></td></tr>
<tr><td>人身安全注
意事项
（1 分）</td><td colspan="6"></td></tr>
<tr><td>防护设置
（2 分）</td><td colspan="6"></td></tr>
</table>

附表 2　直线线路轨向、高低检查作业记录表

学员班组__________________　　学员姓名_______________　　得分______

直线位置　K_____+______~K______+______

检查日期			检查里程	
区间钢轨编号				
检查项目	轨向	左股		
		右股		
	高低	左股		
		右股		
钢轨编号区间				
检查项目	轨向	左股		
		右股		
	高低	左股		
		右股		
超限处所统计	轨向超计划维修标准______处；高低超计划维修标准__________处； 轨向超临时补修标准______处；高低超临时补修标准__________处； 轨向超限速标准__________处；高低超限速标准______________处。			

评分人：　　　　年　　月　　日　　　　核分人：　　　　年　　月　　日

附表 3　直线线路轨向、高低检查作业评分表

学员班组______________　学员姓名____________　得分________

项目及配分	考核内容及评分标准	标准分	扣分因素及扣分	得分
职业素养与规范（20 分）	1. 按要求填写任务工单内容，扣分标准详见任务工单。本项配分 10 分。	10		
	2. 按规定着装，穿戴劳保用品，未按规定着装或穿戴劳保用品扣 2 分。从工务实训室领取 10 m 弦线、30 cm 小钢尺，备好记录表、笔，少 1 件扣 2 分。本项配分 5 分。	5		
	3. 检查工量具是否状态良好，未检查或者检查不正确扣 5 分。本项配分 5 分。	5		
作业过程及质量（60 分）	1. 上道前应确认防护已经设好，上道时要“眼看、手比、口呼”，未设置或未确认设好防护扣 2 分，未执行“眼看、手比、口呼”扣 3 分。本项配分 5 分。	5		
	2. 先目视轨向、高低。检查者在检查地点外 20～50 m 远处目视左股和右股钢轨的轨向、高低，1 人配合点撬，找到轨向、高低的最不良大致位置并作出标记，然后 2 人配合用弦线和小钢尺分别测出左股和右股的轨向、高低不良值，将检查数据填到数据记录表中，数据记录为弦线的最大矢度。记录无涂抹现象，涂抹一处扣 1 分；检查位置有错，每处扣 2 分，本项配分 15 分。	15		
	3. 检查数据准确可靠，检查误差应在 2 mm 以内。超过 2 mm，每处扣 2 分。本项配分 25 分。	25		
	4. 检查完成后，应该根据“线路轨道静态几何尺寸容许偏差管理值”规定对轨向、高低超限进行判定勾画并进行超限处所统计（超限速标准的在数据下方打“×”，超临时补修的在数据下方打“√”，超计划维修的在数据下方打“～～”）。未判定勾画或判定勾画错误，每处扣 2 分；统计错误每项扣 1 分。本项配分 15 分。	15		
结束工作（10 分）	1. 作业完毕后按要求撤除防护，将工量具撤到限界以外。未按照要求撤除防护，扣 2 分；工量具未撤到限界以外或工量具未下道，每件扣 5 分。本项配分 5 分。	5		
	2. 清点工量具并将其按规定摆放，未完成扣 5 分。本项配分 5 分。	5		
安全及其他（10 分）	1. 不按规定使用工量具，作业中有不安全因素每次扣 2 分。作业过程中应注意来车情况，及时下道，未及时下道或跨越线路时未执行“一站、二看、三通过”和“眼看、手比、口呼”扣 5 分。作业人员应精神状态良好，不符合要求扣 5 分。本项配分 5 分。	5		
	2. 时间：每超时 1 min 扣 1 分，超时 5 min 停止考核。本项配分 5 分。	5		
合　计		100		

评分人：　　　年　　月　　日　　核分人：　　　年　　月　　日

任务 2.4　曲线轨向检查作业

一、实训任务

3 名作业人员为一组，使用工具完成一段完整曲线轨向检查作业，主要任务要求如下：

曲线正矢概念

（1）小组讨论制订工作计划并完成任务工单，任务工单见本任务附表 1。

（2）根据任务工单，完成一段完整曲线轨向检查作业，记录数据填入曲线轨向检查记录表（本任务附表 2），根据《普速铁路线路修理规则》对检查数据进行勾画并进行超限处所统计。

（3）根据曲线轨向检查作业评分表（本任务附表 3），进行自我测评，达到合格要求。

二、任务分析

曲线轨向检查是为了掌握曲线轨道现场正矢及变化规律，分析判断曲线正矢是否超限，及时发现线路病害和有计划地安排修理工作。

通过本实训任务，学员应掌握曲线轨向检查方法和流程，能熟练开展曲线轨向检查作业，并进行数据分析和超限统计。

三、工具、材料准备

名称	单位	数量	图例
钢直尺	把	1	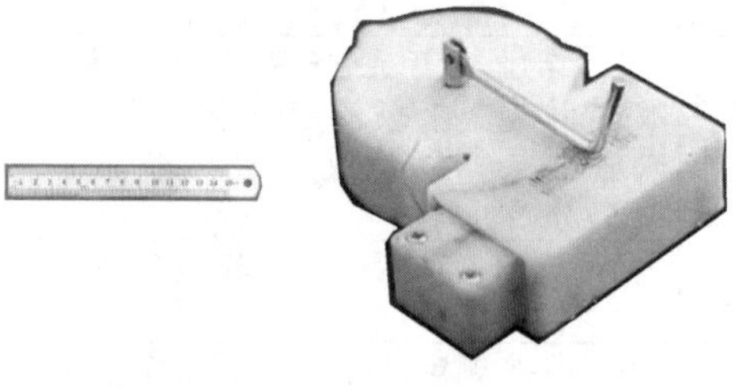
弦线	个	1	
石笔	根	1	
检查记录表	张	1	
记录板	个	1	
签字笔	支	1	

四、任务实施条件

（1）线路静态检查可与“维修天窗”“施工天窗”时间共用或利用列车间隔时间检查。

（2）车站设驻站联络员，工地设现场防护员，使用对讲机防护联络、移动停车手信号防护。防护设好后方可进行检查。

五、作业程序

<table>
<tr><th>作业流程</th><th>作业内容</th><th>图例</th></tr>
<tr><td>1. 检查曲线正矢</td><td>（1）确定曲线检查位置并在规定的检查点上，1人测量，2人配合检查曲线测点正矢，使用 20 m 弦线测量曲线正矢，弦线两端必须对准测点桩号，位置准确。
（2）测量现场正矢时，弦线必须拉紧，弦线的两端贴紧正矢测点外股钢轨顶面下 16 mm 处，量尺测中间测点外股钢轨顶面下 16 mm 处钢轨与弦线间的垂直距离。
（3）测量现场正矢时，尺在下，弦在上，尺不要顶弦也不要离开，有肥边应在肥边处量。读数时，视线、弦线、量尺三者应保持垂直；要读弦线靠钢轨一侧的数。
（4）1号测点正矢检查完成后，依次检查曲线其他测点的正矢。</td><td>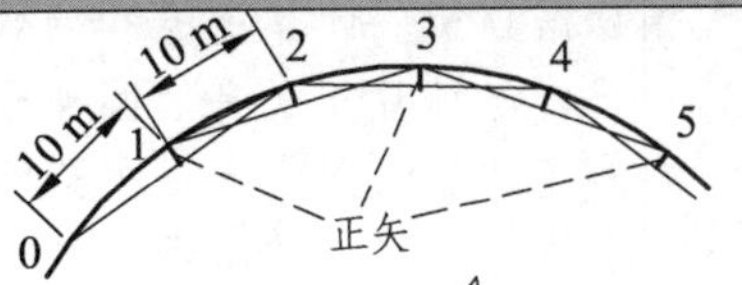

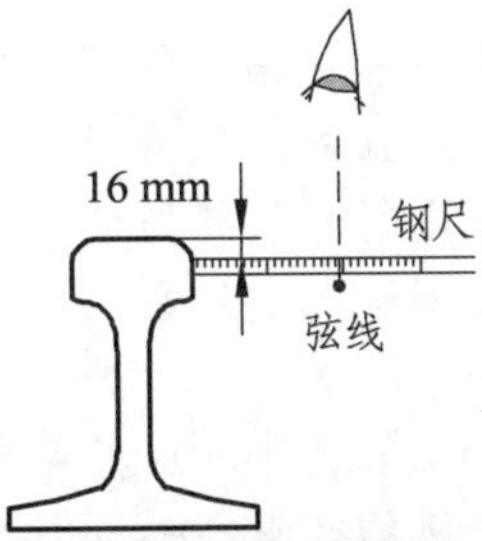

</td></tr>
<tr><td>2. 记录数据</td><td>（1）检查人员用小钢尺在测点处量钢轨工作边至弦线的距离，方法、读数准确，测量3次取平均值。
（2）准确在正矢检查记录表上标记缓和曲线始终点（直缓点、缓圆点）位置。</td><td>
曲线轨道轨向（正矢）检查记录表
学员班组 第一班组　学员姓名 ***　得分 ____
曲线位置：k 0 + 211.116 ~k 0 + 606.516　曲线半径： 200 m
直缓点位置： 2 号测点+ 1.934 m　缓和曲线长： 30 m
曲线全长： 395.4 m　缓直点位置： 5 号测点+ 1.934 m
<table>
<tr><td>检查日期</td><td>测点号</td><td>1</td><td>2</td><td>3</td><td>4</td><td>5</td><td>6</td><td>7</td><td>8</td><td>9</td><td>10</td><td>11</td><td>12</td><td>13</td><td>14</td><td>15</td><td>16</td></tr>
<tr><td rowspan="6">2022.9.12</td><td>计划正矢</td><td>0</td><td>8</td><td>68</td><td>152</td><td>227</td><td>250</td><td>250</td><td>250</td><td>250</td><td>250</td><td>250</td><td>250</td><td>250</td><td>250</td><td>250</td><td>250</td></tr>
<tr><td>现场正矢</td><td>0</td><td>9</td><td>66</td><td>156</td><td>215</td><td>247</td><td>249</td><td>244</td><td>249</td><td>256</td><td>249</td><td>243</td><td>251</td><td>240</td><td>257</td><td>250</td></tr>
<tr><td>现场正矢与计划正矢差</td><td></td><td></td><td></td><td></td><td></td><td></td><td></td><td></td><td></td><td></td><td></td><td></td><td></td><td></td><td></td><td></td></tr>
<tr><td>圆曲线相邻测点正矢差</td><td></td><td></td><td></td><td></td><td></td><td></td><td></td><td></td><td></td><td></td><td></td><td></td><td></td><td></td><td></td><td></td></tr>
<tr><td>圆曲线最大最小正矢差</td><td></td><td></td><td></td><td></td><td></td><td></td><td></td><td></td><td></td><td></td><td></td><td></td><td></td><td></td><td></td><td></td></tr>
<tr><td>是否超限</td><td></td><td></td><td></td><td></td><td></td><td></td><td></td><td></td><td></td><td></td><td></td><td></td><td></td><td></td><td></td><td></td></tr>
</table></td></tr>
</table>

续表

<table>
<tr><th>作业流程</th><th>作业内容</th><th>图　例</th></tr>
<tr><td>3. 数据分析</td><td>（1）检查完成后，下道进行数据分析。计算出缓和曲线的正矢与计算正矢差、圆曲线正矢连续差、圆曲线正矢最大最小值差，根据“曲线正矢计划维修容许偏差管理值”规定对曲线正矢超限进行判定勾画，并进行超限处所统计（超计划维修的在数据下方打“～～”）。
（2）统计出正矢偏差超计划维修的数量。</td><td>曲线轨道轨向（正矢）检查记录表
学员班组　第一班组　　学员姓名　***　　得分＿＿＿
曲线位置：k　0　+　211.116　~k　0　+　606.516　曲线半径：　200　m
直缓点位置：　2　号测点+　1.934　m　　缓和曲线长：　30　m
曲线全长：　395.4　m　　缓直点位置：　5　号测点+　1.934　m
<table>
<tr><td>检查日期</td><td>测点号</td><td>1</td><td>2 ZH</td><td>3</td><td>4</td><td>5 HY</td><td>6</td><td>7</td><td>8</td><td>9</td><td>10</td><td>11</td><td>12</td><td>13</td><td>14</td><td>15</td><td>16</td></tr>
<tr><td rowspan="6">2022.9.12</td><td>计划正矢</td><td>0</td><td>8</td><td>68</td><td>152</td><td>227</td><td>250</td><td>250</td><td>250</td><td>250</td><td>250</td><td>250</td><td>250</td><td>250</td><td>250</td><td>250</td><td>250</td></tr>
<tr><td>现场正矢</td><td>0</td><td>9</td><td>66</td><td>156</td><td>215</td><td>247</td><td>249</td><td>244</td><td>249</td><td>256</td><td>249</td><td>243</td><td>251</td><td>240</td><td>257</td><td>250</td></tr>
<tr><td>现场正矢与计划正矢差</td><td>0</td><td>+1</td><td>-2</td><td>+4</td><td>-12～～</td><td>-3</td><td>-1</td><td>-6</td><td>-1</td><td>-4</td><td>-1</td><td>-7</td><td>+1</td><td>-10～～</td><td>+7</td><td>0</td></tr>
<tr><td>圆曲线相邻测点正矢差</td><td>/</td><td>/</td><td>/</td><td>/</td><td>/</td><td>+2</td><td>-5</td><td>+5</td><td>+7</td><td>-7</td><td>-6</td><td>+6</td><td>-9</td><td>+17～～</td><td>-7</td><td>-2</td></tr>
<tr><td>圆曲线最大最小正矢差</td><td></td><td></td><td></td><td></td><td></td><td></td><td></td><td></td><td></td><td></td><td></td><td></td><td></td><td></td><td></td><td></td></tr>
<tr><td>是否超限</td><td>否</td><td>否</td><td>否</td><td>否</td><td>是</td><td>否</td><td>否</td><td>否</td><td>否</td><td>否</td><td>否</td><td>否</td><td>否</td><td>是</td><td>否</td><td>否</td></tr>
</table></td></tr>
</table>

六、质量要求

（1）检查顺序合理、项目完整、位置准确。

（2）记录的线别、里程、检查日期、钢轨编号、曲线要素齐全清晰。

（3）检查数据记录清晰、准确无误、无涂改、无黑斑。

（4）检查数据值正确，测量误差不超过 ± 1 mm。

（5）几何尺寸超限处所分析时对照标准（见附录 4 的《曲线正矢容许偏差》），无差错、无漏项、判断正确。

（6）测量现场正矢时，尺在下，弦在上，尺不要顶弦也不要离开，有肥边应在肥边处量。读数时，视线、弦线、量尺三者应保持垂直；要读弦线靠钢轨一侧的数。

（7）正确使用工量具，严禁损坏工量具。

七、安全注意事项

（1）上道前检查量具状态，禁止使用状态不良或超过有效期的量具上道检查。

（2）来车时，按规定及时下道避车。

（3）发现危及行车安全的超限处所，及时处理。

八、任务评价

任务实施完成后，从职业素养与规范、作业过程及质量、结束工作安全及其他等方面进行评价，评价标准见本任务附表 3。

附表 1　曲线轨向检查作业任务工单

学员班组__________________　　　　　　　　　学员姓名____________

<table>
<tr><td>作业项目</td><td colspan="5"></td></tr>
<tr><td>作业范围
（0.5 分）</td><td>K0+___～K0+___</td><td>作业
日期</td><td>____年___月___日</td><td>天窗时间</td><td>___:___～___:___</td></tr>
<tr><td>作业人员
（0.5 分）</td><td>_____人</td><td>防护
人员</td><td>_____人</td><td>配合人员</td><td>_____人</td></tr>
<tr><td>计划工作量
（0.5 分）</td><td colspan="5">正矢测点________号至 _______号。</td></tr>
<tr><td>主要工量具
名称及数量
（1 分）</td><td colspan="5">弦线________套、钢直尺_________ 个。</td></tr>
<tr><td>作业所需的
材料及数量
（0.5 分）</td><td colspan="5">记录夹板_______个、曲线轨道轨向（正矢）检查记录表________张、签字笔 ________支。</td></tr>
<tr><td rowspan="3">作业流程
（3 分）</td><td>作业前
（1 分）</td><td colspan="4"></td></tr>
<tr><td>作业中
（1 分）</td><td colspan="4"></td></tr>
<tr><td>作业后
（1 分）</td><td colspan="4"></td></tr>
<tr><td>行车安全及
注意事项
（1 分）</td><td colspan="5"></td></tr>
<tr><td>人身安全注
意事项
（1 分）</td><td colspan="5"></td></tr>
<tr><td>防护设置
（2 分）</td><td colspan="5"></td></tr>
</table>

附表 2　曲线轨向检查作业记录表

学员班组__________　　学员姓名__________　　得分__________

曲线位置 K______+______～K________+________　　曲线半径__________m

直缓点位置________号测点+________m　　缓和曲线长__________

曲线全长__________m　　缓直点位置________号测点+________m

检查日期	测点号	1	2	3	4	5	6	7	8	9	10	11	12	13	14	15	16
	计划正矢																
	现场正矢																
	现场正矢与计划正矢差																
	圆曲线相邻测点正矢差																
	圆曲线最大最小正矢差																
	是否超限																
	测点号	17	18	19	20	21	22	23	24	25	26	27	28	29	30	31	32
	计划正矢																
	现场正矢																
	现场正矢与计划正矢差																
	圆曲线相邻测点正矢差																
	圆曲线最大最小正矢差																
	是否超限																
	超限处所统计	缓和曲线正矢与计算正矢超计划维修容许偏差________处； 圆曲线正矢连续差偏差超计划维修标准________处； 圆曲线最大最小正矢差偏差超计划维修标准________处。															

评分人：　　年　　月　　日　　　　核分人：　　年　　月　　日

附表3　曲线轨向检查作业评分表

学员班组________　学员姓名________　得分________

项目及配分	考核内容及评分标准	标准分	扣分因素及扣分	得分
职业素养与规范（20分）	1. 按要求填写任务工单内容，扣分标准详见任务工单。本项配分10分。	10		
	2. 按规定着装，穿戴劳保用品，未按规定着装或穿戴劳保用品扣2分。从工务实训室领取10 m弦线、30 cm小钢尺，备好记录表、笔，少1件扣2分。本项配分5分。	5		
	3. 检查工量具是否状态良好，未检查或者检查不正确扣5分。本项配分5分。	5		
作业过程及质量（60分）	1. 上道前应确认防护已经设好，上道时要“眼看、手比、口呼”，未设置或未确认设好防护扣2分，未执行“眼看、手比、口呼”扣3分。本项配分5分。	5		
	2. 正确填写线路相关参数，填写错误，每处扣2分。确定曲线检查位置并在规定的检查点上，1人测量，2人配合检查曲线测点正矢，使用20 m弦线测量曲线正矢，弦线两端必须对准测点桩号，位置准确。检查位置有错，每处扣2分。本项配分15分。	15		
	3. 用小钢尺在测点处量钢轨工作边至弦线的距离，方法、读数准确，测量3次取平均值。检查数据准确可靠，检查数据能够准确填到数据记录表中，同时计算各测点正矢的偏差数。记录无涂抹现象，涂抹一处扣1分；检查误差应在2 mm以内，超过2 mm，每处扣2分。本项配分25分。	25		
	4. 检查完成后，应该根据“曲线正矢计划维修容许偏差管理值”对超限数据进行判定勾画并进行超限处所统计（超容许偏差的在数据下方打“～～”）。未判定勾画或判定勾画错误，每处扣2分；统计错误每项扣1分。本项配分15分。	15		
结束工作（10分）	1. 作业完毕后按要求撤除防护，将工量具撤到限界以外。未按照要求撤除防护，扣2分；工量具未撤到限界以外或工量具未下道，每件扣5分。本项配分5分。	5		
	2. 清点工量具并将其按规定摆放，未完成扣5分。本项配分5分。	5		
安全及其他（10分）	1. 不按规定使用工量具，作业中有不安全因素每次扣2分。作业过程中应注意来车情况，及时下道，未及时下道或跨越线路时未执行“一站、二看、三通过”和“眼看、手比、口呼”扣5分。作业人员应精神状态良好，不符合要求扣5分。本项配分5分。	5		
	2. 时间：每超时1 min扣1分，超时5 min停止考核。本项配分5分。	5		
合　计		100		

评分人：　　年　　月　　日　　核分人：　　年　　月　　日

任务 2.5　铁路道岔轨距、水平检查作业

一、实训任务

单人使用轨距尺完成一组单开道岔的轨距、水平检查作业，主要任务要求如下：

辙叉查照间隔与护背距离

（1）制订工作计划并完成任务工单，任务工单见本任务附表 1。

（2）根据任务工单，完成一组单开道岔的轨距、水平检查作业，记录数据填入单开道岔轨距、水平检查记录表（本任务附表 2），根据《普速铁路线路修理规则》对检查数据进行勾画并进行超限处所统计。

（3）根据单开道岔轨距、水平检查作业评分表（本任务附表 3），进行自我测评，达到合格要求。

二、任务分析

铁路道岔轨距、水平检查是为了掌握道岔轨距、水平、查照间隔和护背距离的偏差及变化规律，分析判断轨距、水平、查照间隔和护背距离是否超限，及时发现道岔几何尺寸病害和有计划地安排修理工作。

通过本实训任务，学员应掌握单开道岔轨距、水平、查照间隔和护背距离检查位置、方法、标准和流程，能熟练开展道岔轨距、水平、查照间隔和护背距离检查作业，并进行数据分析和超限统计。

三、工具、材料准备

名称	单位	数量	图例
轨距尺	1	把	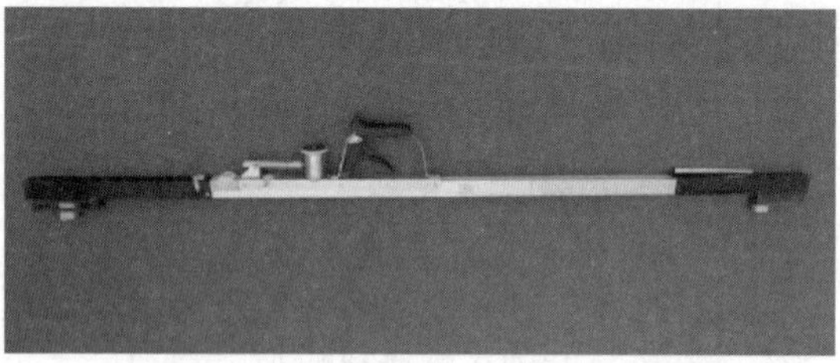
石笔	1	根	
道岔检查记录表	1	个	
记录板	个	1	
签字笔	支	1	

四、任务实施条件

（1）道岔静态检查可与“维修天窗”“施工天窗”时间共用或利用列车间隔时间检查。

（2）车站设驻站联络员，工地设现场防护员，使用对讲机联络、移动停车手信号防护。防护设好后方可进行检查。

五、作业程序

作业流程	作业内容	图　例
1. 校核轨距尺水平误差	（1）上道后，需在道岔外直线地段状态较好的地点进行轨距尺校对。将轨距尺垂直放置在钢轨上，用石笔画线标记位置，调整水平转盘使气泡居中，读取水平刻度盘指针读数。 （2）将轨距尺调头在画线标记位置放下，用同样的操作测水平，读取水平刻度盘指针读数。两次水平读数绝对值相减得出轨距尺水平误差。 （3）误差在 1 mm 以内，轨距尺方可使用，否则需要更换轨距尺。	
2. 检查轨距和水平	（1）用轨距尺在规定的部位，按“先轨距、后水平”的顺序逐处检查，将各部位几何尺寸误差值记录在检查记录簿内。 （2）转辙部分应在读数后将轨距尺拿起后再进行记录。 （3）尖轨中部、辙叉心中部可不检查水平。 （4）检查辙叉中部位时，应使轨距尺固定端位于辙叉心轨一侧，以保证心轨顶面宽 30～50 mm 位置量取的准确性。设计图纸另有规定的，按设计图要求办理。	 道岔检查位置及标准
3. 检查查照间隔和护背距离	（1）使用轨距尺在辙叉心检查查照间隔，将轨距尺垂直摆放于辙叉心顶面宽 30～50 mm 处（设计图纸另有规定的，按设计图要求办理），固定端外侧与辙叉心轨作用边紧贴不动，提起拉手，使活动块内侧与护轨作用边接触，即可量取查照间隔尺寸，记录测量值。 （2）使用轨距尺在辙叉心检查查照间隔的位置，提起拉手，使活动块内侧边与护轨作用边接触，再推动轨距尺，使固定端内侧边与辙叉翼轨作用边接触，即可测量护背距离尺寸，记录测量值。	 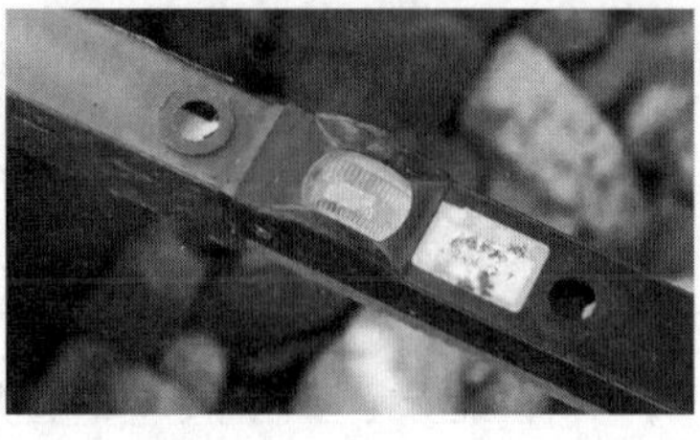

续表

<table>
<tr><th>作业流程</th><th>作业内容</th><th>图　例</th></tr>
<tr><td>4. 记录数据</td><td>（1）检查数据能够准确填到数据记录表中，轨距水平数据记录为读数与标准的误差数，查照间隔和护背距离记录实测值。记录的站名、编号和型号齐全清晰。
（2）检查数据准确可靠，检查误差应在 1 mm 以内。</td><td>
单开道岔检查记录表
学员班组＿第一班组＿　学员姓名＿***＿　得分＿＿＿
站名＿学院站＿　道岔编号＿2#＿　型号＿P60 1/12AT＿
<table>
<tr><td rowspan="3">检查日期</td><td rowspan="3">检查项目</td><td colspan="5">转辙部分</td><td colspan="6">连接部分</td><td colspan="10">辙叉部分</td></tr>
<tr><td rowspan="2">前顺坡终点</td><td rowspan="2">尖轨尖端处</td><td rowspan="2">尖轨中</td><td colspan="2">尖轨跟端</td><td colspan="3">直线</td><td colspan="3">导曲线</td><td colspan="2">叉心前</td><td colspan="2">叉心中</td><td colspan="2">叉心后</td><td colspan="2">查照间隔</td><td colspan="2">护背距离</td></tr>
<tr><td>直</td><td>曲</td><td>前</td><td>中</td><td>后</td><td>前</td><td>中</td><td>后</td><td>直</td><td>曲</td><td>直</td><td>曲</td><td>直</td><td>曲</td><td>直</td><td>曲</td><td>直</td><td>曲</td></tr>
<tr><td rowspan="3">2022/9/15</td><td>轨距</td><td>+1</td><td>+2</td><td>+1</td><td>0</td><td>0</td><td>+1</td><td>+1</td><td>−1</td><td>+1</td><td>+2</td><td>+1</td><td>+1</td><td>0</td><td>+1</td><td>−1</td><td>+1</td><td>0</td><td>91</td><td>92</td><td>49</td><td>47</td></tr>
<tr><td>水平</td><td>0</td><td>−1</td><td>×</td><td>0</td><td>0</td><td>−2</td><td>−1</td><td>0</td><td>+1</td><td>+1</td><td>0</td><td>0</td><td>0</td><td>×</td><td>×</td><td>−2</td><td>−1</td><td>×</td><td>×</td><td>×</td><td>×</td></tr>
<tr><td>超限处所统计</td><td colspan="21">轨距超计划维修＿＿处；　三角坑超计划维修＿＿处；
轨距超临时补修＿＿处；　三角坑超临时补修＿＿处；
水平超计划维修＿＿处；　查照间隔超限＿＿处；
水平超临时补修＿＿处；　护背距离超限＿＿处。</td></tr>
</table>
</td></tr>
<tr><td>5. 数据分析</td><td>（1）检查完成后，应该根据“道岔轨道静态几何尺寸容许偏差管理值”规定对轨距、水平超限进行判定勾画并进行超限处所统计（超临时补修的在数据下方打“√”，超计划维修的在数据下方打“～～”）。
（2）统计出道岔轨距、水平、三角坑超计划维修和临时补修处所的数量。</td><td>
单开道岔检查记录表
学员班组＿第一班组＿　学员姓名＿***＿　得分＿＿＿
站名＿学院站＿　道岔编号＿2#＿　型号＿P60 1/12AT＿
<table>
<tr><td rowspan="3">检查日期</td><td rowspan="3">检查项目</td><td colspan="5">转辙部分</td><td colspan="6">连接部分</td><td colspan="10">辙叉部分</td></tr>
<tr><td rowspan="2">前顺坡终点</td><td rowspan="2">尖轨尖端处</td><td rowspan="2">尖轨中</td><td colspan="2">尖轨跟端</td><td colspan="3">直线</td><td colspan="3">导曲线</td><td colspan="2">叉心前</td><td colspan="2">叉心中</td><td colspan="2">叉心后</td><td colspan="2">查照间隔</td><td colspan="2">护背距离</td></tr>
<tr><td>直</td><td>曲</td><td>前</td><td>中</td><td>后</td><td>前</td><td>中</td><td>后</td><td>直</td><td>曲</td><td>直</td><td>曲</td><td>直</td><td>曲</td><td>直</td><td>曲</td><td>直</td><td>曲</td></tr>
<tr><td rowspan="3">2022/9/15</td><td>轨距</td><td>+1</td><td>+2</td><td>+1</td><td>0</td><td>0</td><td>+1</td><td>+1</td><td>−1</td><td>+1</td><td>+2</td><td>+1</td><td>+1</td><td>0</td><td>+1</td><td>−1</td><td>+1</td><td>0</td><td>91</td><td>92</td><td>49
√</td><td>47</td></tr>
<tr><td>水平</td><td>0</td><td>−1</td><td>×</td><td>0</td><td>0</td><td>−4
×</td><td>−1</td><td>0</td><td>+1</td><td>+1</td><td>0</td><td>0</td><td>0</td><td>×</td><td>×</td><td>−2</td><td>−1</td><td>×</td><td>×</td><td>×</td><td>×</td></tr>
<tr><td>超限处所统计</td><td colspan="21">轨距超计划维修＿0＿处；　三角坑超计划维修＿0＿处；
轨距超临时补修＿0＿处；　三角坑超临时补修＿0＿处；
水平超计划维修＿0＿处；　查照间隔超限＿0＿处；
水平超临时补修＿1＿处；　护背距离超限＿1＿处。</td></tr>
</table>
</td></tr>
</table>

六、质量要求

（1）道岔轨距、水平检查顺序和位置正确，项目完整。

（2）记录的站名、道岔编号和型号齐全、正确、清晰。

（3）检查数据记录清晰、准确无误、无涂改、无黑斑。

（4）检查数据值正确，测量误差不超过 ± 1 mm。

（5）超限处所分析时对照标准（见附录 5 的“道岔检查标准”），勾画准确，记录无涂改。

（6）道岔在检查水平时，直股以直外股为标准股，导曲线以外股（上股）为标准股。标准股较高时记为“+”号，反之为“－”号。

（7）普通断面尖轨按标准高出基本轨 6 mm，辙叉翼轨有堆高，尖轨中和叉心中两处不检查水平。普通道岔尖轨跟端高出基本轨 6 mm，有的混凝土岔枕导曲线上股有 6 mm 的超高，检查时要以此为标准。

（8）正确使用工量具，严禁损坏工量具。

七、安全注意事项

（1）严格执行“调度命令和作业许可号”制度，落实有效的防护措施。

（2）上道前检查量具状态，禁止使用状态不良或超过有效期的量具上道检查。

（3）检查转辙部位时，提前联系驻站联络员，要防止尖轨突然扳动，挤伤手脚、夹坏轨距尺。

（4）轨距尺、钢平尺、钢直尺、钢卷尺等金属工量具在使用时应防止连电。

（5）检查过程中，不得踩踏钢轨、轨距杆及其他杆件，防止摔倒。

（6）遇到大雨、雪、雾等恶劣天气，应停止作业。

八、任务评价

任务实施完成后，从职业素养与规范、作业过程及质量、结束工作安全及其他等方面进行评价，评价标准见本任务附表 3。

附表 1　单开道岔轨距、水平检查作业任务工单

学员班组____________　　学员姓名____________

<table>
<tr><td>作业项目</td><td colspan="6"></td></tr>
<tr><td>作业范围
（0.5 分）</td><td colspan="2">道岔编号______</td><td>作业日期</td><td>____年___月___日</td><td>天窗时间</td><td>__:__ ~ __:__</td></tr>
<tr><td>作业人员
（0.5 分）</td><td colspan="2">_____人</td><td>防护人员</td><td>_____人</td><td>配合人员</td><td>_____人</td></tr>
<tr><td>计划工作量
（0.5 分）</td><td colspan="6">单开道岔________组。</td></tr>
<tr><td>主要工量具名称及数量
（1 分）</td><td colspan="6">轨距尺______把。</td></tr>
<tr><td>作业所需的材料及数量
（0.5 分）</td><td colspan="6">记录夹板______个、道岔检查记录表_____张、签字笔 _____支。</td></tr>
<tr><td rowspan="3">作业流程
（3 分）</td><td>作业前
（1 分）</td><td colspan="5"></td></tr>
<tr><td>作业中
（1 分）</td><td colspan="5"></td></tr>
<tr><td>作业后
（1 分）</td><td colspan="5"></td></tr>
<tr><td>行车安全及注意事项
（1 分）</td><td colspan="6"></td></tr>
<tr><td>人身安全注意事项
（1 分）</td><td colspan="6"></td></tr>
<tr><td>防护设置
（2 分）</td><td colspan="6"></td></tr>
</table>

附表 2　单开道岔轨距、水平检查作业记录表

学员班组______________　　学员姓名______________　　得分__________

站名__________________　　道岔编号______________　　型号__________

<table>
<tr><th rowspan="3">检查日期</th><th rowspan="3">检查项目</th><th colspan="5">转辙部分</th><th colspan="6">连接部分</th><th colspan="10">辙叉部分</th></tr>
<tr><th rowspan="2">前顺坡终点</th><th rowspan="2">尖轨尖端处</th><th rowspan="2">尖轨中</th><th colspan="2">尖轨跟端</th><th colspan="3">直线</th><th colspan="3">导曲线</th><th colspan="2">叉心前</th><th colspan="2">叉心中</th><th colspan="2">叉心后</th><th colspan="2">查照间隔</th><th colspan="2">护背距离</th></tr>
<tr><th>直</th><th>曲</th><th>前</th><th>中</th><th>后</th><th>前</th><th>中</th><th>后</th><th>直</th><th>曲</th><th>直</th><th>曲</th><th>直</th><th>曲</th><th>直</th><th>曲</th><th>直</th><th>曲</th></tr>
<tr><td rowspan="3"></td><td>轨距</td><td></td><td></td><td></td><td></td><td></td><td></td><td></td><td></td><td></td><td></td><td></td><td></td><td></td><td></td><td></td><td></td><td></td><td></td><td></td><td></td><td></td></tr>
<tr><td>水平</td><td></td><td></td><td>×</td><td></td><td></td><td></td><td></td><td></td><td></td><td></td><td></td><td></td><td></td><td>×</td><td>×</td><td></td><td></td><td>×</td><td>×</td><td>×</td><td>×</td></tr>
<tr><td>超限处所统计</td><td colspan="21">轨距超计划维修________处；　三角坑超计划维修________处；
轨距超临时补修________处；　三角坑超临时补修________处；
水平超计划维修________处；　查照间隔超限________处；
水平超临时补修________处；　护背距离超限________处。</td></tr>
<tr><td rowspan="3"></td><td>轨距</td><td></td><td></td><td></td><td></td><td></td><td></td><td></td><td></td><td></td><td></td><td></td><td></td><td></td><td></td><td></td><td></td><td></td><td></td><td></td><td></td><td></td></tr>
<tr><td>水平</td><td></td><td></td><td>×</td><td></td><td></td><td></td><td></td><td></td><td></td><td></td><td></td><td></td><td></td><td>×</td><td>×</td><td></td><td></td><td>×</td><td>×</td><td>×</td><td>×</td></tr>
<tr><td>超限处所统计</td><td colspan="21">轨距超计划维修________处；　三角坑超计划维修________处；
轨距超临时补修________处；　三角坑超临时补修________处；
水平超计划维修________处；　查照间隔超限________处；
水平超临时补修________处；　护背距离超限________处。</td></tr>
</table>

评分人：　　　年　　月　　日　　　　核分人：　　　年　　月　　日

附表 3　单开道岔轨距、水平检查作业评分表

学员班组＿＿＿＿＿＿　学员姓名＿＿＿＿＿＿　　得分＿＿＿＿

项目及配分	考核内容及评分标准	标准分	扣分因素及扣分	得分
职业素养与规范（20 分）	1. 按要求填写任务工单内容，扣分标准详见任务工单。本项配分 10 分。	10		
	2. 按规定着装，穿戴劳保用品，未按规定着装或穿戴劳保用品扣 2 分。从工务实训室领取轨距尺 1 把，备好记录表、笔，少 1 件扣 2 分。本项配分 5 分。	5		
	3. 检查工量具是否状态良好，未检查或者检查不正确扣 5 分。本项配分 5 分。	5		
作业过程及质量（60 分）	1. 上道前应确认防护已经设好，上道时要“眼看、手比、口呼”，未确认设好防护扣 2 分，未执行“眼看、手比、口呼”扣 3 分。本项配分 5 分。	5		
	2. 确定道岔直、曲标准股，并在规定的检查点上逐点按“先轨距后水平”的顺序检查，在辙叉中还要检查查照间隔和护背距离。检查数据能够准确填到数据记录表中，轨距水平数据记录为读数与标准的误差数，查照间隔和护背距离记录实测值。记录的站名、编号和型号齐全清晰，错一处扣 1 分；记录无涂抹现象，涂抹一处扣 1 分；检查顺序有错，每处扣 2 分。本项配分 20 分。	20		
	3. 检查数据准确可靠，检查误差应在 2 mm 以内。超过 2 mm，每处扣 2 分。本项配分 25 分。	25		
	4. 检查完成后，应该根据“道岔轨道静态几何尺寸容许偏差管理值”规定对轨距、水平超限进行判定勾画并进行超限处所统计（超临时补修的在数据下方打“√”，超计划维修的在数据下方打“～～”）。未判定勾画或判定勾画错误，每处扣 2 分；统计错误每项扣 1 分。本项配分 10 分。	10		
结束工作（10 分）	1. 作业完毕后将工量具撤到限界以外，按要求撤除防护。未按照要求撤除防护，扣 2 分；工量具未撤到限界以外或工量具未下道，每件扣 5 分。本项配分 5 分。	5		
	2. 清点工量具并将其按规定摆放，未完成扣 5 分。本项配分 5 分。	5		
安全及其他（10 分）	1. 不按规定使用工量具，作业中有不安全因素每次扣 2 分。作业过程中应注意来车情况，及时下道，未及时下道或跨越线路时未执行“一站、二看、三通过”和“眼看、手比、口呼”扣 5 分。作业人员应精神状态良好，不符合要求扣 5 分。本项配分 5 分。	5		
	2. 时间：每超时 1 min 扣 1 分，超时 5 min 停止考核。本项配分 5 分。	5		
合　计		100		

评分人：　　年　　月　　日　　核分人：　　年　　月　　日

任务 2.6　铁路道岔支距、框架尺寸、槽宽和密贴检查作业

一、实训任务

单人使用支距尺完成一组单开道岔的支距、框架尺寸、槽宽和密贴检测作业，主要任务要求如下：

支距、框架尺寸、开程、动程概念

（1）制订工作计划并完成任务工单，任务工单见本任务附表 1。

（2）根据任务工单，完成一组单开道岔的支距、框架尺寸、槽宽和密贴检查作业，记录数据填入单开道岔支距、框架尺寸、槽宽和密贴检查记录表（本任务附表 2），根据《普速铁路线路修理规则》对检查数据进行勾画并进行超限处所统计；

（3）根据道岔支距、框架尺寸、槽宽和密贴检查作业评分表（本任务附表 3）进行自我测评，达到合格要求。

二、任务分析

铁路道岔支距、框架尺寸、槽宽和密贴检查是为了掌握道岔支距、框架尺寸、槽宽和密贴情况及变化规律，分析判断检查项目是否超限，及时发现道岔几何尺寸病害和有计划地安排修理工作。

通过本实训任务，学员应掌握单开道岔支距、框架尺寸、槽宽和密贴检查位置、方法、标准和流程，能熟练开展单开道岔支距、框架尺寸、槽宽和密贴检查作业，并进行数据分析和超限统计。

三、工具、材料准备

名称	单位	数量	图例
支距尺	1	把	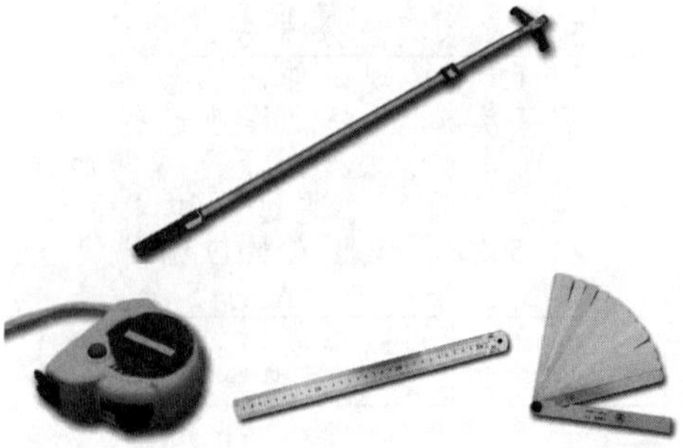
钢卷尺	1	把	
钢直尺	1	把	
塞尺	1	套	
石笔	1	根	
检查记录表	1	张	
记录板	个	1	
签字笔	支	1	

四、任务实施条件

（1）道岔静态检查可与“维修天窗”“施工天窗”时间共用或利用列车间隔时间检查。

（2）车站设驻站联络员，工地设现场防护员，使用对讲机联络、移动停车手信号防护。防护设好后方可进行检查。

五、作业程序

作业流程	作业内容	图　例
1. 检查支距	（1）支距检查点：尖轨跟端为第一测点，每隔 2 m 测一处。 （2）在规定的支距检查点，用支距尺检查支距偏差值，支距标准见附录 6。 （3）测量时将支距尺垂直放置于道岔外直股，对准外直股上标注的支距测点，将支距尺顶端短横轴的两个圆柱体紧贴道岔外直股钢轨作用边，确保支距尺活动卡紧靠在对应的导曲轨作用边上，读取活动卡刻度线对应的支距尺上的读数，即为该测点的支距实测值。 （4）用实测值减去标准值为该测点支距的偏差值。	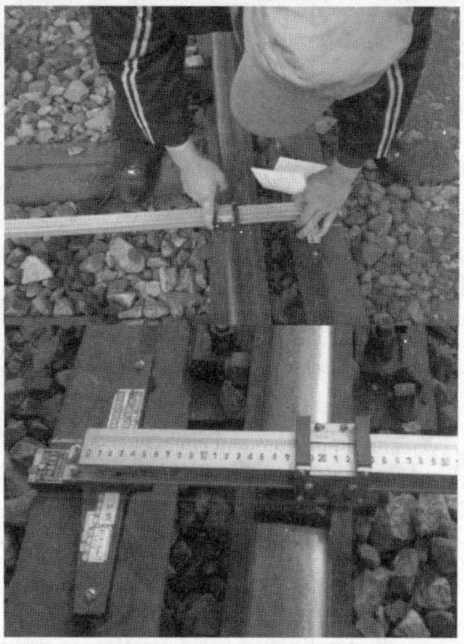
2. 检查框架尺寸	（1）使用卷尺或加长支距尺分别在尖轨顶面宽度为 0 mm、5 mm、20 mm、50 mm、70 mm 处测量两基本轨作用边的距离。 （2）各测点位置根据道岔型号决定，具体位置和标准见附录 6。	
3. 检查尖轨动程、开程	（1）动程：使用钢直尺在尖轨第一拉杆中心处（距尖轨尖端 380 mm），量取尖轨非工作边与基本轨间的开口宽度。直尖轨为 142 mm，曲尖轨为 152 mm；AT 型弹性可弯尖轨 12 号普通道岔为 180 mm，12 号提速道岔为 160 mm；其他型号道岔按标准图或设计图办理。 （2）尖轨开程：使用钢直尺检查尖轨非工作边与基本轨工作边的最小距离，检查尖轨刨切终点。标准值为 65 mm，容许误差为 −2 mm。	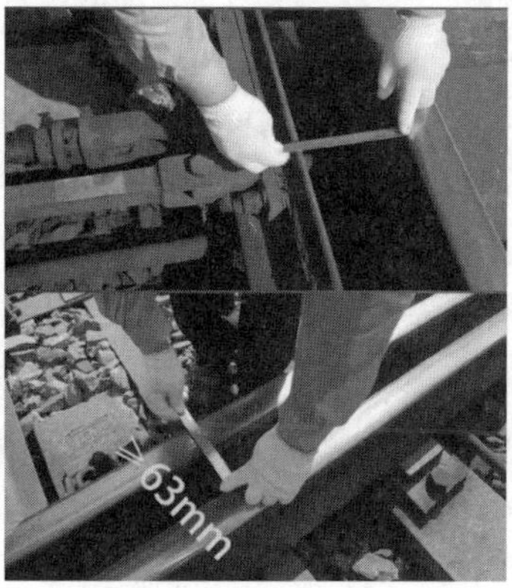

续表

<table>
<tr><th>作业流程</th><th>作业内容</th><th>图例</th></tr>
<tr><td>4.检查轮缘槽宽</td><td>（1）护轨开口端宽度：使用钢直尺检查护轨开口端宽度，标准宽度为 80 mm，容许误差为 −2 mm。
（2）护轨缓冲段始端轮缘槽宽：使用钢直尺检查护轨缓冲段始端轮缘槽宽度。标准不小于 65 mm。
（3）护轨平直段轮缘槽宽：使用钢直尺检查护轨平直段轮缘槽宽度。标准为 42 mm，容许误差为 −1 ~ +3 mm。
（4）翼轨轮缘槽宽：使用钢直尺在心轨顶面宽 20 ~ 30 mm 处检查翼轨轮缘槽宽。标准为 46 mm，容许误差为 −1 ~ +3 mm。
（5）辙叉咽喉：使用钢直尺检查翼轨最窄处宽度。标准为 68 mm。</td><td>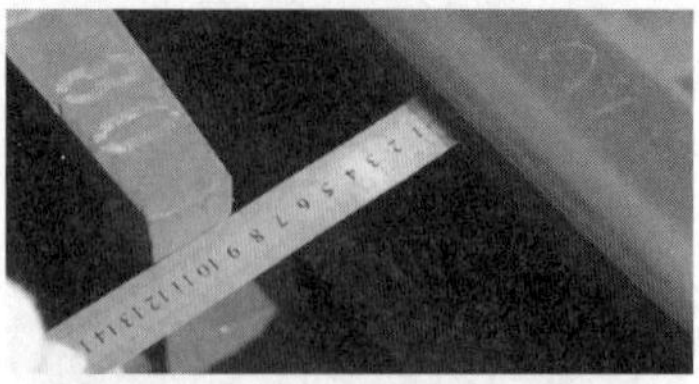

</td></tr>
<tr><td>5. 检查密贴或离缝</td><td>（1）检查尖轨与基本轨、可动心轨与翼轨密贴：使用塞尺检查尖轨尖端与基本轨、可动心轨尖端与翼轨是否密贴，缝隙是否大于 1 mm。
（2）检查尖轨、可动心轨与滑床台缝隙是否大于 2 mm。
（3）检查顶铁离缝是否大于 2 mm。</td><td>

</td></tr>
<tr><td>6. 记录数据</td><td>（1）检查方法正确，并能准确清晰记录数据。
（2）记录的站名、编号和型号齐全清晰。</td><td>
单开道岔支距、槽宽和框架尺寸检查表
学员班组 第一班组　学员姓名 ***　得分
站名 学院站　道岔编号 2#　型号 P60 1/12AT
<table><tr><td>支距</td><td>1</td><td>2</td><td>3</td><td>4</td><td>5</td><td>6</td><td>7</td><td>8</td><td>9</td><td>10</td><td></td><td></td><td></td></tr><tr><td>标准</td><td>263</td><td>344</td><td>437</td><td>541</td><td>657</td><td>784</td><td>923</td><td>1073</td><td>1223</td><td></td><td></td><td></td><td></td></tr><tr><td>实测</td><td>264</td><td>345</td><td>436</td><td>542</td><td>657</td><td>785</td><td>924</td><td>1075</td><td>1227</td><td></td><td></td><td></td><td></td></tr><tr><td>偏差</td><td>+1</td><td>+1</td><td>−1</td><td>+1</td><td>0</td><td>+1</td><td>+1</td><td>+2</td><td>+4</td><td></td><td></td><td></td><td></td></tr></table></td></tr>
</table>

续表

<table>
<tr><th>作业流程</th><th>作业内容</th><th>图　例</th></tr>
<tr><td>7. 数据分析</td><td>（1）检查完成后，根据“道岔轨道静态几何尺寸容许偏差管理值”规定对支距超限进行判定勾画并进行超限处所统计(超临时补修的在数据下方打“√”，超计划维修的在数据下方打“～～”)。依据《普速铁路线路修理规则》对框架尺寸进行超限处所判定，超过允许偏差的在数据下方打“√”。依据《普速铁路线路修理规则》对槽宽进行超限处所判定，超过允许偏差的在数据下方打“√”。
（2）统计出支距、框架尺寸、槽宽等几何尺寸超限速处所的数量。</td><td>单开道岔支距、槽宽和框架尺寸检查表
学员班组 第一班组　学员姓名 ***　得分
站名 学院站　道岔编号 2#　型号 P60 1/12AT
<table>
<tr><td>支距</td><td>1</td><td>2</td><td>3</td><td>4</td><td>5</td><td>6</td><td>7</td><td>8</td><td>9</td><td>10</td><td></td><td></td><td></td></tr>
<tr><td>标准</td><td>263</td><td>344</td><td>437</td><td>541</td><td>657</td><td>784</td><td>923</td><td>1073</td><td>1223</td><td></td><td></td><td></td><td></td></tr>
<tr><td>实测</td><td>264</td><td>345</td><td>436</td><td>542</td><td>657</td><td>785</td><td>924</td><td>1075</td><td>1227</td><td></td><td></td><td></td><td></td></tr>
<tr><td>偏差</td><td>+1</td><td>+1</td><td>−1</td><td>+1</td><td>0</td><td>+1</td><td>+1</td><td>+2</td><td>+4</td><td></td><td></td><td></td><td></td></tr>
</table></td></tr>
</table>

六、质量要求

（1）道岔支距、框架尺寸和槽宽等检查位置正确、项目完整。

（2）记录的站名、道岔编号和型号齐全、正确、清晰。

（3）检查数据记录清晰、准确无误、无涂改、无黑斑。

（4）检查数据值正确，测量误差不超过 ± 1 mm。

（5）超限处所分析时对照标准（见附录 5 的“道岔检查标准”），勾画准确，记录无涂改。

（6）道岔的各项参数见附录 6。

（7）正确使用工量具，严禁损坏工量具。

七、安全注意事项

（1）严格执行“调度命令和作业许可号”制度，落实有效的防护措施。

（2）上道前检查量具状态，禁止使用状态不良或超过有效期的量具上道检查。

（3）检查转辙部位时，提前联系驻站联络员，要防止尖轨突然扳动，挤伤手脚、夹坏轨距尺。

（4）轨距尺、钢平尺、钢直尺、钢卷尺等金属工量具在使用时应防止连电。

（5）检查过程中，不得踩踏钢轨、轨距杆及其他杆件，防止摔倒。

（6）遇到大雨、雪、雾等恶劣天气，应停止作业。

八、任务评价

任务实施完成后，从职业素养与规范、作业过程及质量、结束工作安全及其他等方面进行评价，评价标准见本任务附表 3。

附表 1　单开道岔支距、框架尺寸、槽宽和密贴检查作业任务工单

学员班组____________________　　　　　　　　　　学员姓名______________

<table>
<tr><td>作业项目</td><td colspan="5"></td></tr>
<tr><td>作业范围（0.5 分）</td><td>道岔编号：______</td><td>作业日期</td><td>____年____月____日</td><td>天窗时间</td><td>__:__~__:__</td></tr>
<tr><td>作业人员（0.5 分）</td><td>______人</td><td>防护人员</td><td>______人</td><td>配合人员</td><td>______人</td></tr>
<tr><td>计划工作量（0.5 分）</td><td colspan="5"></td></tr>
<tr><td>主要工量具名称及数量（1 分）</td><td colspan="5"></td></tr>
<tr><td>作业所需的材料及数量（0.5 分）</td><td colspan="5"></td></tr>
<tr><td rowspan="3">作业流程（3 分）</td><td>作业前（1 分）</td><td colspan="4"></td></tr>
<tr><td>作业中（1 分）</td><td colspan="4"></td></tr>
<tr><td>作业后（1 分）</td><td colspan="4"></td></tr>
<tr><td>行车安全及注意事项（1 分）</td><td colspan="5"></td></tr>
<tr><td>人身安全注意事项（1 分）</td><td colspan="5"></td></tr>
<tr><td>防护设置（2 分）</td><td colspan="5"></td></tr>
</table>

附表 2　单开道岔支距框架尺寸、槽宽和密贴检查作业记录表

学员班组__________　学员姓名__________　得分__________

站名__________　道岔编号__________　型号__________

支　距	1	2	3	4	5	6	7	8	9	10			
标　准													
实　测													
偏　差													

轮缘槽宽偏差	尖轨最小轮缘槽		一动动程		咽喉宽度	护轨最小轮缘槽		辙叉心轨轮缘槽	
	直	曲	直	曲		直	曲	直	曲
标　准									
实　测									
偏　差									

框架尺寸	直尖轨轨头各断面宽度/mm				
	0	5	20	50	70
标　准					
实　测					
偏　差					

项目	尖轨与基本轨		可动心轨与翼轨		尖轨与滑床台		可动心轨与滑床台		顶铁与轨腰	
密贴或离缝	直	曲	直	曲	直	曲	直	曲	直	曲

评分人：　　年　　月　　日　　　核分人：　　年　　月　　日

附表3　单开道岔支距、框架尺寸、槽宽和密贴检查作业评分表

学员班组__________　　学员姓名__________　　得分________

项目及配分	考核内容及评分标准	标准分	扣分因素及扣分	得分
职业素养与规范（20分）	1. 按要求填写任务工单内容，扣分标准详见任务工单。本项配分10分。	10		
	2. 按规定着装，穿戴劳保用品，未按规定着装或穿戴劳保用品扣2分。从工务实训室领取轨距尺1把，备好记录表、笔，少1件扣2分。本项配分5分。	5		
	3. 检查工量具是否状态良好，未检查或者检查不正确扣5分。本项配分5分。	5		
作业过程及质量（60分）	1. 上道前应确认防护已经设好，上道时要“眼看、手比、口呼”，未设置或未确认设好防护扣2分，未执行“眼看、手比、口呼”扣3分。本项配分5分。	5		
	2. 在规定的支距检查点上，用支距尺逐点检查支距值；检查各部位轮缘槽宽；检查道岔框架尺寸；检查道岔结构的密贴或离缝。检查方法正确并能准确记录。记录的站名、编号和型号齐全清晰，错一处扣1分；记录无涂抹现象，涂抹一处扣1分；检查顺序或方法错误，每处扣2分。本项配分20分。	20		
	3. 检查数据准确可靠，框架尺寸检查误差应在1 mm以内，超过1 mm，每处扣2分；护轨槽宽与翼轨槽宽，容许误差为－1 mm～+3 mm。未判定勾画或判定勾画错误，每处扣2分；统计错误每项扣1分。本项配分20分。	20		

续表

项目及配分	考核内容及评分标准	标准分	扣分因素及扣分	得分
作业过程及质量（60分）	4. 检查完成后，根据“道岔轨道静态几何尺寸容许偏差管理值”（v_{max}≤80 km/h 正线及到发线）规定对支距超限进行判定勾画并进行超限处所统计（超临时补修的在数据下方打“√”，超计划维修的在数据下方打“～～”）。未判定勾画或判定勾画错误，每处扣2分；统计错误每项扣1分。依据《普速铁路线路修理规则》对框架尺寸进行超限处所判定，超过允许偏差的在数据下方打“√”。依据《普速铁路线路修理规则》对槽宽进行超限处所判定，超过允许偏差的在数据下方打“√”。未判定勾画或判定勾画错误，每处扣2分；统计错误每项扣1分。本项配分15分。	15		
结束工作（10分）	1. 作业完毕后按要求撤除防护，将工量具撤到限界以外。未按照要求撤除防护，扣2分；工量具未撤到限界以外或工量具未下道，每件扣5分。本项配分5分。	5		
	2. 清点工量具并将其按规定摆放，未完成扣5分。本项配分5分。	5		
安全及其他（10分）	1. 不按规定使用工量具，作业中有不安全因素每次扣2分。作业过程中应注意来车情况，及时下道，未及时下道或跨越线路时未执行“一站、二看、三通过”和“眼看、手比、口呼”扣5分。作业人员应精神状态良好，不符要求扣5分。本项配分5分。	5		
	2. 时间：每超时1 min扣1分，超时5 min停止考核。本项配分5分。	5		
合　计		100		

评分人：　　年　　月　　日　　　　核分人：　　年　　月　　日

任务 2.7　钢轨磨耗检查作业

一、实训任务

单人使用钢轨磨耗测量仪完成 50 m 线路钢轨的磨耗检查作业，主要任务要求如下：

钢轨伤损类型

（1）制订工作计划并完成任务工单，任务工单见本任务附表 1。

（2）根据任务工单，完成 50 m 线路钢轨的磨耗检查作业，记录数据填入钢轨磨耗检查记录表（本任务附表 2）根据《普速铁路线路修理规则》对检查数据进行勾画并进行超限处所统计；

（3）根据钢轨磨耗检查作业评分表（本任务附表 3），进行自我测评，达到合格要求。

二、任务分析

钢轨磨耗检查是为了掌握钢轨磨耗情况及变化规律，分析判断钢轨磨耗是否超限，及时发现伤损钢轨，并有计划地安排修理或更换工作。

通过本实训任务，学员应掌握钢轨磨耗检查方法和流程，能熟练开展钢轨磨耗检查作业，并进行数据分析和超限统计。

三、工具、材料准备

名称	单位	数量	图例
钢轨磨耗测量仪	1	把	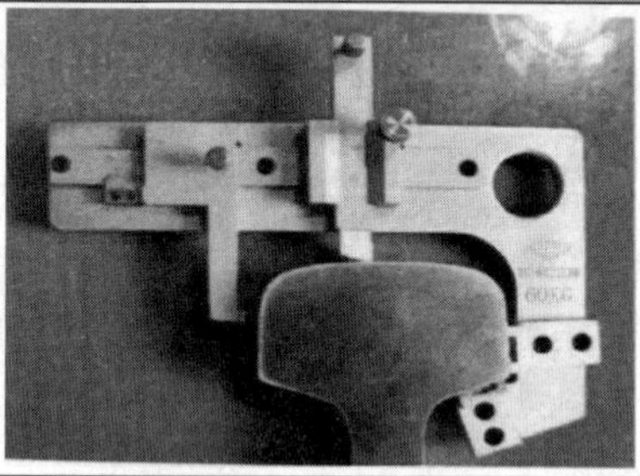
石笔	1	根	
检查记录本	1	个	
记录板	个	1	
签字笔	支	1	

四、任务实施条件

（1）线路静态检查可与“维修天窗”“施工天窗”时间共用或利用列车间隔时间检查。

（2）车站设驻站联络员，工地设现场防护员，使用对讲机联络、移动停车手信号防护。防护设好后方可进行检查。

五、作业程序

<table>
<tr><th>作业流程</th><th>作业内容</th><th>图　例</th></tr>
<tr><td>1. 检查钢轨磨耗</td><td>（1）将钢轨磨耗测量仪定位在被测钢轨的外侧面，推动垂磨测尺和侧磨测尺，使其测头分别与钢轨上表面和内侧面接触，此时即可从读数装置中读取钢轨垂直磨耗和侧面磨耗量。
（2）垂直磨耗在钢轨顶面宽 1/3 处（距标准工作边）测量，侧面磨耗在钢轨踏面（按标准断面）下 16 mm 处测量。</td><td>
</td></tr>
<tr><td>2. 记录磨耗值</td><td>（1）垂直磨耗和侧面磨耗从读数装置中读取，读数方法同游标卡尺。
（2）总磨耗=垂直磨耗+1/2 侧面磨耗。</td><td>
钢轨磨耗检查记录表
学员班组＿第一班组＿　学员姓名＿***＿　得分＿＿
正线 K＿0＿+＿100＿至 K＿0＿+＿150＿　钢轨类型＿60kg/m＿　设计时速＿120km/h＿
<table>
<tr><td rowspan="3">检查日期</td><td rowspan="3">检查项目</td><td colspan="12">钢轨编号（左股）</td></tr>
<tr><td colspan="3">9</td><td colspan="3">10</td><td colspan="3">11</td><td colspan="3">12</td></tr>
<tr><td>小腰</td><td>中间</td><td>小腰</td><td>小腰</td><td>中间</td><td>小腰</td><td>小腰</td><td>中间</td><td>小腰</td><td>小腰</td><td>中间</td><td>小腰</td></tr>
<tr><td rowspan="3">2022/9/20</td><td>垂直磨耗</td><td>5.62</td><td>6.16</td><td>6.80</td><td>5.60</td><td>6.12</td><td>5.80</td><td>2.12</td><td>3.08</td><td>4.50</td><td>5.60</td><td>4.80</td><td>2.56</td></tr>
<tr><td>侧面磨耗</td><td>8.30</td><td>7.12</td><td>7.28</td><td>7.20</td><td>6.12</td><td>7.28</td><td>8.30</td><td>7.12</td><td>7.28</td><td>8.30</td><td>8.06</td><td>7.08</td></tr>
<tr><td>总磨耗</td><td></td><td></td><td></td><td></td><td></td><td></td><td></td><td></td><td></td><td></td><td></td><td></td></tr>
</table>
</td></tr>
<tr><td>3. 数据分析</td><td>（1）检查完成后，应该根据“钢轨头部磨耗轻伤标准”和“钢轨头部磨耗重伤标准”规定对钢轨伤损程度进行判定，重伤在数据下方打“×”，轻伤在数据下方打“√”。
（2）统计出钢轨轻伤和重伤的数量。</td><td>
钢轨磨耗检查记录表
学员班组＿第一班组＿　学员姓名＿***＿　得分＿＿
正线 K＿0＿+＿100＿至 K＿0＿+＿150＿　钢轨类型＿60kg/m＿　设计时速＿120km/h＿
<table>
<tr><td rowspan="3">检查日期</td><td rowspan="3">检查项目</td><td colspan="12">钢轨编号（左股）</td></tr>
<tr><td colspan="3">9</td><td colspan="3">10</td><td colspan="3">11</td><td colspan="3">12</td></tr>
<tr><td>小腰</td><td>中间</td><td>小腰</td><td>小腰</td><td>中间</td><td>小腰</td><td>小腰</td><td>中间</td><td>小腰</td><td>小腰</td><td>中间</td><td>小腰</td></tr>
<tr><td rowspan="4">2022/9/20</td><td>垂直磨耗</td><td>5.62</td><td>6.16</td><td>6.80</td><td>5.60</td><td>6.12</td><td>5.80</td><td>2.12</td><td>3.08</td><td>4.50</td><td>5.60</td><td>4.80</td><td>2.56</td></tr>
<tr><td>侧面磨耗</td><td>8.30</td><td>7.12</td><td>7.28</td><td>7.20</td><td>6.12</td><td>7.28</td><td>8.30</td><td>7.12</td><td>7.28</td><td>8.30</td><td>8.06</td><td>7.08</td></tr>
<tr><td>总磨耗</td><td>9.77</td><td>9.72</td><td>10.44</td><td>9.2</td><td>9.18</td><td>9.44</td><td>6.27</td><td>6.64</td><td>8.14</td><td>9.75</td><td>8.83</td><td>6.1</td></tr>
<tr><td>钢轨伤损程度判定及统计</td><td colspan="12">左股钢轨轻伤＿0＿处
左股钢轨重伤＿0＿处</td></tr>
</table>
</td></tr>
</table>

六、质量要求

（1）检查项目无遗漏，检查顺序和位置正确，记录准确无误。

（2）检查数据值正确，读数精确到 0.02 mm，检查误差应在 0.5 mm 以内。

（3）超限处所分析、勾画准确，记录无涂改。

（4）超限病害整修位置标记准确，无遗漏。

七、安全注意事项

（1）上道前检查量具状态，禁止使用状态不良或超过有效期的量具上道检查。

（2）来车时，按规定及时下道避车。

（3）发现危及行车安全的超限处所，及时处理。

八、任务评价

任务实施完成后，从职业素养与规范、作业过程及质量、结束工作安全及其他等方面进行评价，评价标准见本任务附表 3。

附表 1　钢轨磨耗检查作业任务工单

学员班组______________　　　　　　　　　　　　学员姓名__________

<table>
<tr><td>作业项目</td><td colspan="6"></td></tr>
<tr><td>作业范围（0.5 分）</td><td colspan="2">K0+___~K0+___</td><td>作业日期</td><td>____年___月___日</td><td>天窗时间</td><td>___:___~___:___</td></tr>
<tr><td>作业人员（0.5 分）</td><td colspan="2">_____人</td><td>防护人员</td><td>_____人</td><td>配合人员</td><td>_____人</td></tr>
<tr><td>计划工作量（0.5 分）</td><td colspan="6"></td></tr>
<tr><td>主要工量具名称及数量（1 分）</td><td colspan="6"></td></tr>
<tr><td>作业所需的材料及数量（0.5 分）</td><td colspan="6"></td></tr>
<tr><td rowspan="3">作业流程（3 分）</td><td>作业前（1 分）</td><td colspan="5"></td></tr>
<tr><td>作业中（1 分）</td><td colspan="5"></td></tr>
<tr><td>作业后（1 分）</td><td colspan="5"></td></tr>
<tr><td>行车安全及注意事项（1 分）</td><td colspan="6"></td></tr>
<tr><td>人身安全注意事项（1 分）</td><td colspan="6"></td></tr>
<tr><td>防护设置（2 分）</td><td colspan="6"></td></tr>
</table>

附表 2　钢轨磨耗检查作业记录表

学员班组__________　　学员姓名__________　　得分__________

正线 K____+____至 K____+____　　钢轨类型__________　　设计时速__________

检查日期	检查项目	钢轨编号（左股）											
		小腰	中间	小腰	小腰	中间	小腰	小腰	中间	小腰	小腰	中间	小腰
	垂直磨耗												
	侧面磨耗												
	总磨耗												
	钢轨伤损程度判定及统计	左股钢轨轻伤________处； 左股钢轨重伤________处。											
	检查项目	钢轨编号（右股）											
		小腰	中间	小腰	小腰	中间	小腰	小腰	中间	小腰	小腰	中间	小腰
	垂直磨耗												
	侧面磨耗												
	总磨耗												
	钢轨伤损程度判定及统计	右股钢轨轻伤________处； 右股钢轨重伤________处。											

评分人：　　年　　月　　日　　　核分人：　　年　　月　　日

附表 3 钢轨磨耗检查作业评分表

学员班组__________ 学员姓名__________ 得分________

项目及配分	考核内容及评分标准	标准分	扣分因素及扣分	得分
职业素养与规范（20 分）	1. 按要求填写任务工单内容，扣分标准详见任务工单。本项配分 10 分。	10		
	2. 按规定着装，穿戴劳保用品，未按规定着装或穿戴劳保用品扣 2 分。从工务实训室领取钢轨测磨仪（型号：60 kg/m），备好记录表、笔。少 1 件扣 2 分。本项配分 5 分。	5		
	3. 检查工量具是否状态良好，未检查或者检查不正确扣 5 分。本项配分 5 分。	5		
作业过程及质量（60 分）	1. 上道前应确认防护已经设好，上道时要“眼看、手比、口呼”，未确认设好防护扣 2 分，未执行“眼看、手比、口呼”扣 3 分。本项配分 5 分。	5		
	2. 上道后按“先左股后右股”的顺序在规定的位置依次检查钢轨垂直磨耗和侧面磨耗后计算总磨耗。检查完成后将数据正确填写在记录表内。记录无涂抹现象，涂抹一处扣 1 分；检查位置错误，每次扣 2 分。本项配分 20 分。	20		
	3. 检查数据准确可靠，读数精确到 0.02 mm。检查误差应在 0.5 mm 以内。超过 0.5 mm，每处扣 1 分。本项配分 20 分。	20		
	4. 检查完成后，应该根据“钢轨头部磨耗轻伤标准”和“钢轨头部磨耗重伤标准”规定对钢轨伤损程度进行判定，重伤在数据下方打“×”，轻伤在数据下方打“√”，并进行统计。未判定或判定错误，每处扣 2 分；统计错误每项扣 1 分。本项配分 15 分。	15		
结束工作（10 分）	1. 作业完毕后按要求撤除防护，将工量具撤到限界以外。未按照要求撤除防护，扣 2 分；工量具未撤到限界以外或工量具未下道，每件扣 5 分。本项配分 5 分。	5		
	2. 清点工量具并将其按规定摆放，未完成扣 5 分。本项配分 5 分。	5		
安全及其他（10 分）	1. 不按规定使用工量具，作业中有不安全因素每次扣 2 分。作业过程中应注意来车情况，及时下道，未及时下道或跨越线路时未执行“一站、二看、三通过”和“眼看、手比、口呼”扣 5 分。作业人员应精神状态良好，不符合要求扣 5 分。本项配分 5 分。	5		
	2. 时间：每超时 1 min 扣 1 分，超时 5 min 停止考核。本项配分 5 分。	5		
合计		100		

评分人： 年 月 日 核分人： 年 月 日

任务 2.8 轨道结构检查作业

一、实训任务

轨道结构病害

单人使用工具完成 50 m 线路轨道结构检查作业，主要任务要求如下：

（1）制订工作计划并完成任务工单，任务工单见本任务附表 1。

（2）根据任务工单，完成 50 m 线路轨道结构检查作业，记录数据填入轨道结构检查记录表（本任务附表 2）根据《普速铁路线路修理规则》对检查数据进行勾画并进行超限处所统计。

（3）根据轨道结构检查作业评分表（本任务附表 3），进行自我测评，达到合格要求。

二、任务分析

轨道结构检查是为了掌握轨道结构状态、伤损情况及发展规律，分析判断轨道结构状态及伤损等级，及时发现轨道结构病害，并有计划地安排修理或更换工作。

通过本实训任务，学员应掌握轨道结构组成设备的检查方法和流程，能熟练开展轨道结构检查作业，并进行数据分析和病害统计。

三、工具、材料准备

名称	单位	数量	图例
1 m 平直尺	把	1	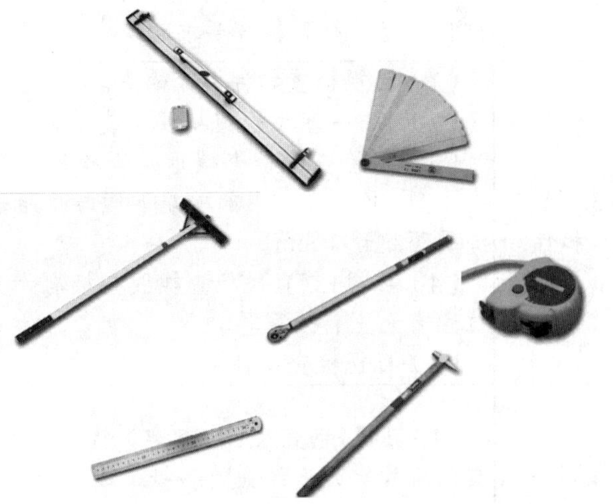
塞尺	把	1	
方尺	把	1	
钢直尺	把	1	
钢卷尺	个	1	
检查锤	把	1	
扭矩扳手	把	1	
石笔	根	1	
检查记录表	张	1	
记录板	个	1	
签字笔	支	1	

四、任务实施条件

（1）线路静态检查可与“维修天窗”“施工天窗”时间共用或利用列车间隔时间检查。

（2）设驻站联络员，工地设现场防护员，使用对讲机联络、移动停车手信号防护。防护设好后方可进行检查。

五、作业程序

作业流程	作业内容	图　例
1. 检查钢轨表面伤损	（1）目视检查基本轨表面外轨质量，是否有伤损。 （2）使用 1 m 平直尺和塞尺检查钢轨焊缝凹陷、马鞍形磨耗、波浪形磨耗。 （3）用小钢尺量钢轨肥边、擦伤、剥落掉块。	 
2. 检查接头	（1）使用 1 m 平直尺和塞尺检查接头错牙（顶面或内侧面）、低头、硬弯是否大于 1 mm。 （2）使用轨缝尺检查轨缝是否有瞎缝或大于 18 mm 的大轨缝，普通绝缘接头轨缝是否小于 6 mm；轨端是否有大于 2 mm 的肥边。 （3）使用扭力矩扳手随机抽查一组接头螺栓扭力矩，是否符合要求。	
3. 检查扣件	（1）目视检查扣件有无缺失。 （2）目视+塞尺检查扣件安装是否正确。 （3）用检查锤检查螺母是否松动；塞尺检查Ⅰ型、Ⅱ型弹条中部前端下颚与轨距挡板离缝是否超过 1 mm。 （4）目视+钢直尺检查橡胶垫板有无失效、位置有无歪斜外露。 （5）目视检查扣件零部件是否失效。	
4. 检查轨枕状态	（1）目视+钢直尺、检查接头轨枕有无失效，其他轨枕有无连续失效。 （2）使用方尺和钢直尺检查轨枕位置偏斜，使用钢卷尺检查轨枕间距偏差。	

续表

<table>
<tr><th>作业流程</th><th>作业内容</th><th>图　例</th></tr>
<tr><td>5.记录数据</td><td>（1）检查项目无遗漏。
（2）轨道结构各组成设备检查方法正确并能准确记录。
（3）记录的里程范围，钢轨、扣件和轨枕类型，齐全清晰。</td><td>轨道结构检查记录表
学员班组 第一班组 学员姓名 *** 得分____
正线 K 0 + 0 至 K 0 + 100 钢轨类型 60kg/m 扣件类型 弹条 II 型 轨枕类型 II 型混凝土枕
<table>
<tr><td rowspan="2">日期</td><td colspan="2" rowspan="2">检查项目</td><td colspan="4">钢轨编号</td></tr>
<tr><td>1</td><td>2</td><td>3</td><td>4</td></tr>
<tr><td rowspan="6">2022/9/26</td><td rowspan="6">钢轨</td><td>表面裂纹</td><td>无</td><td>无</td><td>无</td><td>无</td></tr>
<tr><td>擦伤</td><td>无</td><td>无</td><td>无</td><td>无</td></tr>
<tr><td>剥落掉块</td><td>轻伤</td><td>无</td><td>轻伤</td><td>无</td></tr>
<tr><td>低头</td><td>轻伤</td><td>无</td><td>无</td><td>无</td></tr>
<tr><td>波磨</td><td>无</td><td>无</td><td>无</td><td>无</td></tr>
<tr><td>肥边</td><td>2mm</td><td>1mm</td><td>无</td><td>无</td></tr>
</table></td></tr>
<tr><td>6.数据分析</td><td>（1）检查完成后，应该根据《普速铁路线路修理规则》规定对轨道结构伤损程度进行判定。
（2）统计出轨道结构状态不良和设备伤损等级和数量。</td><td>轨道结构检查记录表
学员班组 第一班组 学员姓名 *** 得分____
正线 K 0 + 0 至 K 0 + 100 钢轨类型 60kg/m 扣件类型 弹条 II 型 轨枕类型 II 型混凝土枕
<table>
<tr><td rowspan="2">日期</td><td colspan="2" rowspan="2">检查项目</td><td colspan="4">钢轨编号</td></tr>
<tr><td>1</td><td>2</td><td>3</td><td>4</td></tr>
<tr><td rowspan="6">2022/9/26</td><td rowspan="6">钢轨</td><td>表面裂纹</td><td>无</td><td>无</td><td>无</td><td>无</td></tr>
<tr><td>擦伤</td><td>无</td><td>无</td><td>无</td><td>无</td></tr>
<tr><td>剥落掉块</td><td>轻伤</td><td>无</td><td>轻伤</td><td>无</td></tr>
<tr><td>低头</td><td>轻伤</td><td>无</td><td>无</td><td>无</td></tr>
<tr><td>波磨</td><td>无</td><td>无</td><td>无</td><td>无</td></tr>
<tr><td>肥边</td><td>2mm</td><td>1mm</td><td>无</td><td>无</td></tr>
</table></td></tr>
</table>

六、质量要求

（1）检查项目无遗漏，检查顺序和位置正确，记录准确无误。

（2）检查数据值正确。

（3）超限处所分析、勾画准确，记录无涂改。

（4）超限病害整修位置标记准确，无遗漏。

（5）轨道结构病害标准，见附录 7。

七、安全注意事项

（1）上道前检查量具状态，禁止使用状态不良或超过有效期量具上道检查。

（2）来车时，按规定及时下道避车。

（3）发现危及行车安全的超限处所，及时处理。

八、任务评价

任务实施完成后，从职业素养与规范、作业过程及质量、结束工作安全及其他等方面进行评价，评价标准见本任务附表 3。

附表 1　轨道结构检查作业任务工单

学员班组＿＿＿＿＿＿＿＿＿＿　　学员姓名＿＿＿＿＿＿

<table>
<tr><td>作业项目</td><td colspan="6"></td></tr>
<tr><td>作业范围
（0.5 分）</td><td colspan="2">K0+＿＿～K0+＿＿</td><td>作业
日期</td><td>＿＿年＿＿月＿＿日</td><td>天窗时间</td><td>＿:＿～＿:＿</td></tr>
<tr><td>作业人员
（0.5 分）</td><td colspan="2">＿＿人</td><td>防护
人员</td><td>＿＿人</td><td>配合人员</td><td>＿＿人</td></tr>
<tr><td>计划工作量
（0.5 分）</td><td colspan="6"></td></tr>
<tr><td>主要工量具
名称及数量
（1 分）</td><td colspan="6"></td></tr>
<tr><td>作业所需的
材料及数量
（0.5 分）</td><td colspan="6"></td></tr>
<tr><td rowspan="3">作业流程
（3 分）</td><td>作业前
（1 分）</td><td colspan="5"></td></tr>
<tr><td>作业中
（1 分）</td><td colspan="5"></td></tr>
<tr><td>作业后
（1 分）</td><td colspan="5"></td></tr>
<tr><td>行车安全及
注意事项
（1 分）</td><td colspan="6"></td></tr>
<tr><td>人身安全注
意事项
（1 分）</td><td colspan="6"></td></tr>
<tr><td>防护设置
（2 分）</td><td colspan="6"></td></tr>
</table>

附表 2 轨道结构检查作业记录表

学员班组__________ 学员姓名__________ 得分__________

正线 K___+___至 K___+___ 钢轨类型______ 扣件类型______ 轨枕类型______

<table>
<tr><td rowspan="2">日期</td><td colspan="2" rowspan="2">检查项目</td><td colspan="4">钢轨编号</td></tr>
<tr><td></td><td></td><td></td><td></td></tr>
<tr><td rowspan="20"></td><td rowspan="6">钢轨</td><td>表面裂纹</td><td></td><td></td><td></td><td></td></tr>
<tr><td>擦伤</td><td></td><td></td><td></td><td></td></tr>
<tr><td>剥落掉块</td><td></td><td></td><td></td><td></td></tr>
<tr><td>低头</td><td></td><td></td><td></td><td></td></tr>
<tr><td>波磨</td><td></td><td></td><td></td><td></td></tr>
<tr><td>肥边</td><td></td><td></td><td></td><td></td></tr>
<tr><td rowspan="4">接头</td><td>错牙</td><td></td><td></td><td></td><td></td></tr>
<tr><td>轨缝</td><td></td><td></td><td></td><td></td></tr>
<tr><td>接头零件</td><td></td><td></td><td></td><td></td></tr>
<tr><td>螺栓扭矩</td><td></td><td></td><td></td><td></td></tr>
<tr><td rowspan="4">扣件</td><td>缺失</td><td></td><td></td><td></td><td></td></tr>
<tr><td>安装状态</td><td></td><td></td><td></td><td></td></tr>
<tr><td>弹条状态</td><td></td><td></td><td></td><td></td></tr>
<tr><td>零件伤损</td><td></td><td></td><td></td><td></td></tr>
<tr><td rowspan="3">轨枕</td><td>失效</td><td></td><td></td><td></td><td></td></tr>
<tr><td>间距</td><td></td><td></td><td></td><td></td></tr>
<tr><td>偏斜</td><td></td><td></td><td></td><td></td></tr>
<tr><td colspan="2">轨道结构伤损程度判定及统计</td><td colspan="4">钢轨：轻伤_____根，重伤_____根。
接头：顶面及内侧错牙_____处，瞎缝_____处，大轨缝_____处，接头零部件失效______个，螺栓扭矩不达标_______个。
扣件：缺失_______处，状态不良_____处，螺栓松动或弹条状态不良_____处，扣件零部件失效_______个。
轨枕：失效______根，偏差大于 50 mm______根，偏斜大于 50 mm 根。</td></tr>
<tr><td colspan="7">填写说明：注意区分左右股。钢轨伤损根据情况记录无、轻伤或重伤数量。接头错牙记录检查数值，错牙分顶面错牙和工作边错牙、轨缝记录瞎缝和大轨缝（超过 18 mm）数量；接头零件记录夹板、螺栓等零件的伤损情况，分无伤损、有伤损、失效；接头螺栓扭矩记录扭矩值。扣件缺失记录数量，安装状态记录状态不良数量，弹条状态记录螺栓松动或弹条中部前端下颚与轨距挡板离缝超 2 mm 的数量，零件伤损记录零部件名称和失效数量。轨枕失效记录数量，间距记录偏差大于 50 mm 的数量，偏斜记录偏斜量大于 50 mm 的数量。</td></tr>
</table>

评分人： 年 月 日 核分人： 年 月 日

附表 3　轨道结构检查作业评分标准

学员班组____________　　学员姓名____________　　得分________

项目及配分	考核内容及评分标准	标准分	扣分因素及扣分	得分
职业素养与规范（20 分）	1. 按要求填写任务工单内容，扣分标准详见任务工单。本项配分 10 分。	10		
	2. 按规定着装，穿戴劳保用品，未按规定着装或穿戴劳保用品扣 2 分。从工务实训室领取检查锤、塞尺，备好记录表、笔。少 1 件扣 1 分。本项配分 5 分。	5		
	3. 检查工量具是否状态良好，误差是否在允许范围内，未检查或者检查不正确扣 5 分。本项配分 5 分。	5		
作业过程及质量（60 分）	1. 上道前应确认防护已经设好，上道时要“眼看、手比、口呼”，未确认设好防护扣 2 分，未执行“眼看、手比、口呼”扣 3 分。本项配分 5 分。	5		
	2. 按“先左股后右股”的顺序依次检查钢轨、接头、扣件和轨枕状态及伤损情况，并将数据填写在记录表内。记录无涂抹现象，涂抹一处扣 1 分；检查项目齐全，漏项扣 5 分。本项配分 20 分。	20		
	3. 检查数据准确可靠，使用量具检查的钢轨、接头、扣件和轨枕病害，误差不大于 2 mm，超过每处扣 2 分。本项配分 20 分。	20		
	4. 检查完成后，应该根据《普速铁路线路修理规则》规定对轨道结构状态及设备伤损进行判定，并进行统计。未判定或判定错误，每处扣 1 分；统计错误每项扣 1 分。本项配分 15 分。	15		
结束工作（10 分）	1. 作业完毕后按要求撤除防护，将工量具撤到限界以外。未按照要求撤除防护，扣 2 分；工量具未撤到限界以外或工量具未下道，每件扣 5 分。本项配分 5 分。	5		
	2. 按照规定清点并将工量具摆放好，未完成每件扣 1 分，本项配分 5 分。	5		
安全及其他（10 分）	1. 不按规定使用工量具，作业中有不安全因素每次扣 2 分。作业过程中应注意来车情况，及时下道，未及时下道或跨越线路时未执行“一站、二看、三通过”和“眼看、手比、口呼”扣 5 分。作业人员应精神状态良好，不符合要求扣 5 分。本项配分 5 分。	5		
	2. 时间：每超时 1 min 扣 1 分，超时 5 min 停止考核。本项配分 5 分。	5		
合　计		100		

评分人：　　　年　　月　　日　　　核分人：　　　年　　月　　日

任务 2.9　轨道检查仪作业

一、实训任务

2 名作业人员为一组，使用轨道检查仪完成 500 m 线路几何尺寸检查作业，主要任务要求如下：

轨道检查仪操作手册

（1）小组讨论制订工作计划并完成任务工单，任务工单见本任务附表 1。

（2）根据任务工单，使用轨道检查仪完成 500 m 线路几何尺寸检查，并进行数据分析。

（3）根据轨道检查仪检查线路作业评分表（本任务附表 2），进行自我测评，达到合格要求。

二、任务分析

轨道检查仪检查线路是为了高效率地掌握线路几何尺寸偏差及变化规律，通过输出的检测数据和报表分析判断几何尺寸是否超限，及时发现线路病害和有计划地安排修理工作。

通过本实训任务，学员应掌握轨道检查仪的使用方法和流程，能熟练开展轨道检查仪检查线路作业，并能输出和识读轨道检查仪的检测数据和报表。

三、工具、材料准备

名称	单位	数量	图例
轨道检查仪	台	1	
电子轨距尺	把	1	
弦线	套	1	
钢直尺	把	1	
石笔	支	1	

四、任务实施条件

（1）线路静态检查可与“维修天窗”“施工天窗”时间共用或利用列车间隔时间检查。

（2）车站设驻站联络员，工地设现场防护员，使用对讲机联络、移动停车手信号防护。防护设好后方可进行检查。

五、作业程序

作业流程	作业内容	图　例
1. 电脑初始设置	（1）关闭杀毒软件。 （2）电脑不要设置屏幕保护（屏幕保护选项设置为“无”）：在桌面单击鼠标右键→选择“属性”→选“屏幕保护程序”→设置“无”。 （3）电源选项属性设置为“一直开着”。在桌面单击鼠标右键→选择“属性”→选“屏幕保护程序”→选“电源”→电源使用方案选“一直开着”→关闭监视器选“从不”→关闭硬盘选“从不”→系统待机选“从不”→点击“确定”。	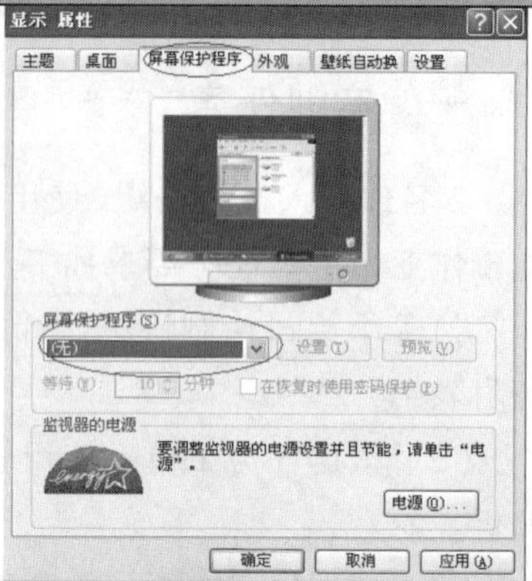
2. 软件设置	（1）核对密码：输入小写字母 asdfasdf。 （2）标准设置。 （3）操作员管理设置：输入检测人员姓名。 （4）基本约定设置：查看和输入结构病害、曲线特征点、道岔起点和终点。 （5）更新线路参数：输入平面及纵断面线形等资料。	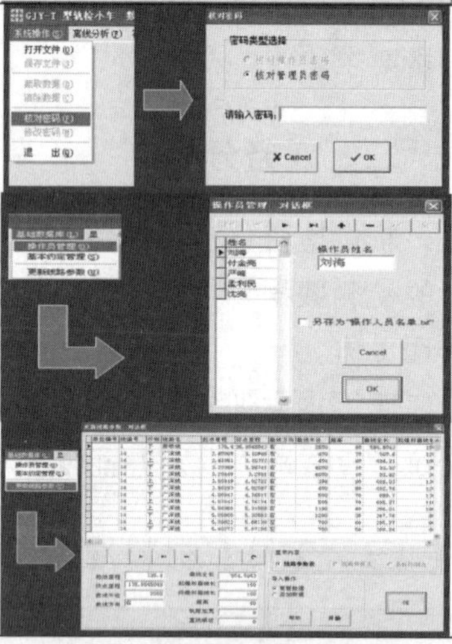
3. 轨检仪组装	（1）检查各轮系和拼装端面是否干净无泥沙，擦拭干净。 （2）将两块电池分别插入侧臂的电池座，电池字体正面朝上，并盖上电池盖板。 （3）组装侧臂和大梁。测量主轴（大梁）插入侧臂定位销孔，将两手轮旋转锁紧。 （4）组装大梁上的推杆和笔记本电脑。对准开槽，将推杆插入大梁中部的推杆底座，旋紧手轮。再将笔记本电脑装入推杆上的电脑托架。确认前后卡托已插入电脑的槽中。 （5）连接数据传输线和笔记本电脑充电线。连接航空插头（电脑与大梁数据线），连接充电模块和电脑；将充电模块粘布贴在小车侧臂上。	 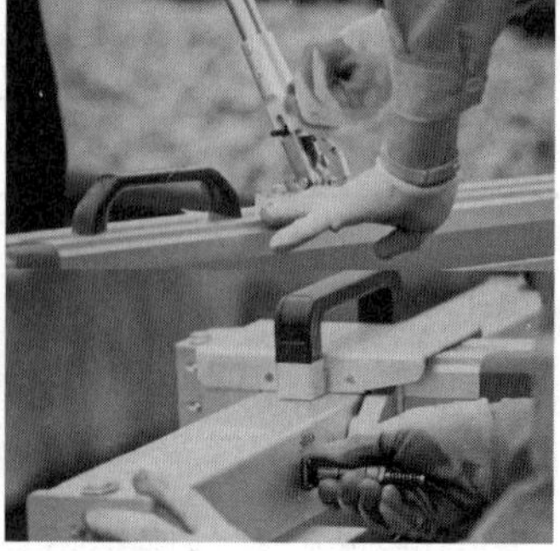

续表

作业流程	作业内容	图 例
4. 轨检仪上道	（1）两人抬起轨道检查仪，平稳地放在轨道上，使侧臂在右轨上。 （2）开启主机电源，打开检测软件，核对密码后，打开标定界面，选择“水平传感器”→“标定零点”，按程序提示进行零点标定。 （3）创建测量文件，设置线路名称、起始里程、检测人员，并根据速度等级设置超限报警值。文件命名规则：线路名+行别+起点里程。 （4）将轨检仪推行到起始里程，点击开始检测后，保证仪器处于绝对静止状态，等待陀螺仪完成初始化。	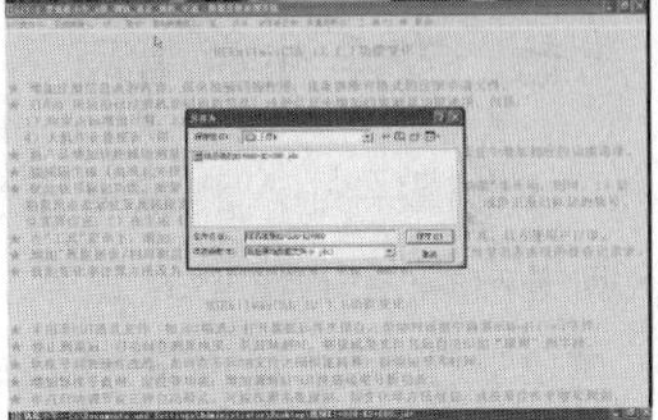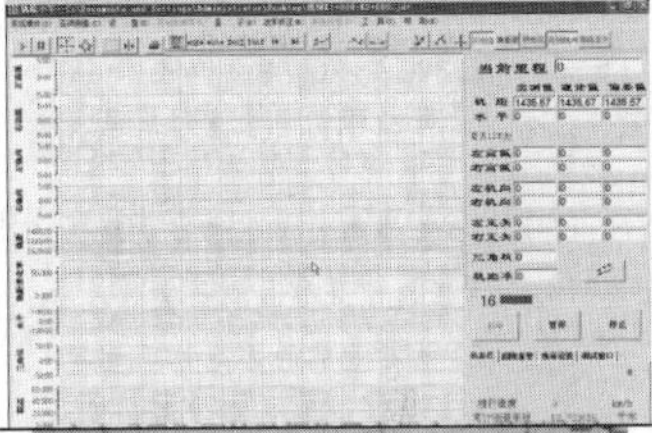
5. 线路检测	（1）推行轨检仪检测线路，建议速度保持在4.00 km/h 左右匀速推行；检测过程中注意记录曲线特征点和线路缺陷，每隔 2 km 左右进行里程检查并修正。 （2）检测过程中发现超限报警，检测人员须暂停推行，使用轨距尺、弦线等对超限处所进行人工复核及现场标记，并详细记录复核情况。 （3）如需下道避车，按下“暂停”键，下道避车后在原位置上道，按下“恢复”键，继续推行，不影响数据连续采集。	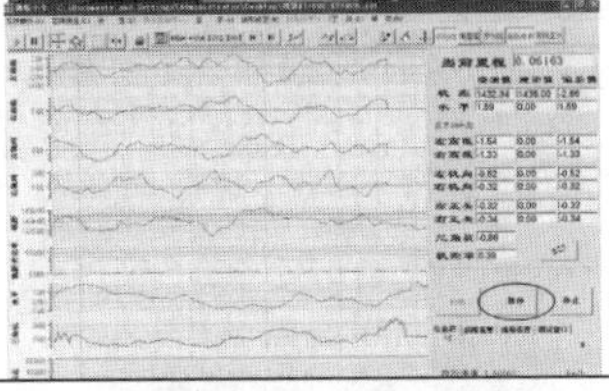
6. 检测结束	（1）推行到终点，结束检测，并保存文件；退出分析软件系统，并关闭电脑电源和仪器电源。 （2）将仪器抬下放置在平坦地面上，拆卸各部分，清除各走行轮、测量轮、导向轮上的污物，按要求正确装箱。	
7. 数据分析	输出和识读轨道检查仪的检测数据和报表。	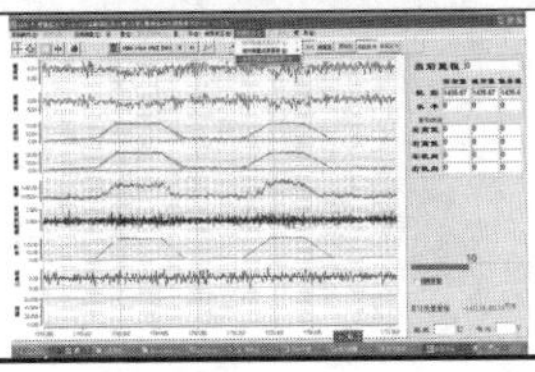

六、质量要求

（1）机具应由专业小组或专人负责检修、保养及使用。

（2）机具性能及各部件符合要求，运行状态良好。

（3）数据处理结果准确、真实、及时，无差错。

（4）检测数据与实际地点相符，误差前后不大于 5 mm。

七、安全注意事项

（1）横梁插入测量臂定位销孔时应小心轻推，严禁用其他工具用力敲击。对接后必须用两锁紧手轮将其锁紧，不允许在未锁紧的情况下上道作业。

（2）使用过程中应轻拿轻放，特别是在过道岔和大轨缝时一定要放慢推行速度，以延长轮系使用寿命。

（3）使用后应正确装箱，防止运输过程中各部件发生碰撞。

（4）来车时，按规定及时下道避车。

（5）发现危及行车安全的超限处所，及时处理。

八、任务评价

任务实施完成后，从职业素养与规范、作业过程及质量、结束工作安全及其他等方面进行评价，评价标准见本任务附表 2。

附表 1　轨道检查仪作业任务工单

学员班组＿＿＿＿＿＿＿＿　　　　　　学员姓名＿＿＿＿＿＿

<table>
<tr><td>作业项目</td><td colspan="5"></td></tr>
<tr><td>作业范围
（0.5 分）</td><td>K0+___ ~ K0+___</td><td>作业
日期</td><td>____年___月___日</td><td>天窗时间</td><td>___:___ ~ ___:___</td></tr>
<tr><td>作业人员
（0.5 分）</td><td>_____人</td><td>防护
人员</td><td>_____人</td><td>配合人员</td><td>_____人</td></tr>
<tr><td>计划工作量
（0.5 分）</td><td colspan="5"></td></tr>
<tr><td>主要工量具
名称及数量
（1 分）</td><td colspan="5"></td></tr>
<tr><td>作业所需的
材料及数量
（0.5 分）</td><td colspan="5"></td></tr>
<tr><td rowspan="3">作业流程
（3 分）</td><td>作业前
（1 分）</td><td colspan="4"></td></tr>
<tr><td>作业中
（1 分）</td><td colspan="4"></td></tr>
<tr><td>作业后
（1 分）</td><td colspan="4"></td></tr>
<tr><td>行车安全及
注意事项
（1 分）</td><td colspan="5"></td></tr>
<tr><td>人身安全注
意事项
（1 分）</td><td colspan="5"></td></tr>
<tr><td>防护设置
（2 分）</td><td colspan="5"></td></tr>
</table>

附表 2　轨道检查仪作业评分标准

学员班组______________　　学员姓名______________　　得分________

项目及配分	考核内容及评分标准	标准分	扣分因素及扣分	得分
职业素养与规范（20 分）	1. 按要求填写任务工单内容，扣分标准详见任务工单。本项配分 10 分。	10		
	2. 按规定着装，穿戴劳保用品，未按规定着装或穿戴劳保用品扣 2 分。从工务实训室领取轨道检查仪、电子轨距尺、弦线和钢直尺，备好记录表、笔。少 1 件扣 1 分。本项配分 5 分。	5		
	3. 检查工量具是否状态良好，误差是否在允许范围内，未检查或者检查不正确扣 5 分。本项配分 5 分。	5		
作业过程及质量（60 分）	1.上道前应确认防护已经设好，上道时要“眼看、手比、口呼”，未确认设好防护扣 2 分，未执行“眼看、手比、口呼”扣 3 分。本项配分 5 分。	5		
	2. 正确进行电脑初始设置和轨检仪软件设置。未导入标定值扣 10 分，未正确设置线路参数扣 10 分。	20		
	3. 正确组装轨检仪，上道推行检测线路。组装错误扣 10 分；未正确记录曲线特征点和线路缺陷，未进行里程修正，每处扣 2 分；发现几何尺寸超限，未进行复核，每处扣 5 分；未规范下道避车，扣 10 分。本项配分 20 分。	20		
	4. 检查完成后，保存文件，输出检测数据，关闭电脑和轨检仪电源。未保存文件，扣 15 分；未正确输出检测数据，扣 5 分；未关闭电源，扣 5 分。本项配分 15 分。	15		
结束工作（10 分）	1. 作业完毕后按要求撤除防护，将工量具撤到限界以外。未按照要求撤除防护，扣 2 分；工量具未撤到限界以外或工量具未下道，每件扣 5 分。本项配分 5 分。	5		
	2. 将轨检仪抬下放置在平坦地面上，拆卸各部分，清除各走行轮、测量轮、导向轮上的污物，按要求正确装箱。按规定清点并将其他工量具摆放好，未完成每项扣 1 分。本项配分 5 分。	5		
安全及其他（10 分）	1. 不按规定使用工量具，作业中有不安全因素每次扣 2 分。作业过程中应注意来车情况，及时下道，未及时下道或跨越线路时未执行“一站、二看、三通过”和“眼看、手比、口呼”扣 5 分。作业人员应精神状态良好，不符要求扣 5 分。本项配分 5 分。	5		
	2. 时间：每超时 1 min 扣 1 分，超时 5 min 停止考核。本项配分 5 分。	5		
合　计		100		

评分人：　　　　年　　月　　日　　　　核分人：　　　　年　　月　　日

任务 2.10　钢轨廓形测量作业

一、实训任务

2 名作业人员为一组，使用钢轨廓形测量仪完成 5 个钢轨断面轮廓检查作业，主要任务要求如下：

（1）小组讨论制订工作计划并完成任务工单，任务工单见本任务附表 1。

（2）根据任务工单，使用钢轨廓形测量仪完成 5 个钢轨断面轮廓检查作业，记录数据并进行数据分析，见本任务附表 2。

（3）根据钢轨廓形测量作业评分表（本任务附表 3），进行自我测评，达到合格要求。

二、任务分析

钢轨廓形测量是为了掌握钢轨磨耗情况及变化规律，分析判断钢轨磨耗是否超限，及时发现伤损钢轨，并有计划地安排修理或更换工作。

通过本实训任务，学员应掌握钢轨廓形测量方法和流程，能够正确组装钢轨廓形测量仪器，并通过调试使仪器能够正常使用；能够利用钢轨廓形测量仪检测钢轨的磨耗量，并进行数据分析和超限统计。

三、工具、材料准备

名称	单位	数量	图例
钢轨廓形测量仪	台	1	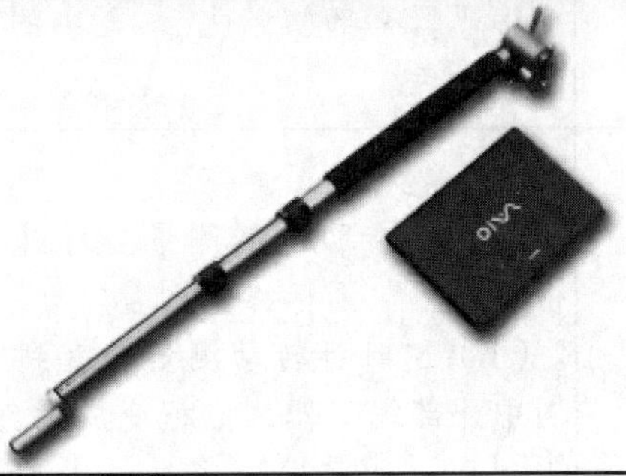
石笔	根	1	
检查记录表	张	1	
记录板	个	1	
签字笔	支	1	

四、任务实施条件

（1）由工班长或由段、队批准经过考试合格的人员负责。

（2）利用天窗时间作业，按规定设置移动停车防护。

（3）按规定穿戴安全防护用品，同时确保防护已按规定设置后方可进行作业。

五、作业程序

作业流程	作业内容	图　例
1.安装 MiniProf BT 钢轨外形测量仪	（1）将伸缩杆连接到设备上。 （2）将 MiniProf BT 顶端放置到一股钢轨的边缘上，并将伸缩杆的尾端放置在另一股钢轨上。 （3）调整设备与钢轨垂直正交。	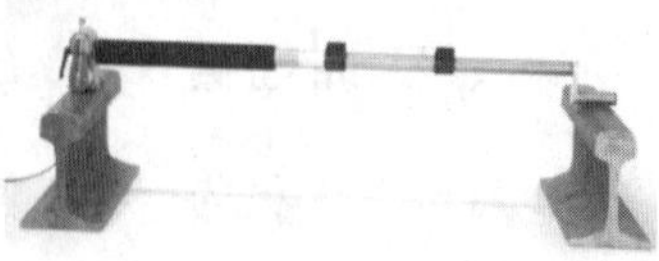
2.连接 MiniProf BT 钢轨外形测量仪与笔记本电脑	（1）MiniProf BT 设备可以通过 USB 数据线或蓝牙方式与笔记本电脑相连。 （2）将 USB 数据线插入笔记本电脑即可直接完成连接。USB 连接建立时，设备闪绿灯。如果使用蓝牙连接，需要将设备与电脑识别匹配。设备完成匹配并启动后，软件将自动连接。 （3）点击软件主菜单中的“测量”图标以检查设备的连接情况。连接成功后，设备信息将显示在屏幕的左下角，电池状态显示在屏幕的右下角。	
3. 准备工作	点击“新的测量”图标或按 F3 开始进行新的测量。如果有钢轨基准廓形，可选择一个基准廓形并输入所有相关字段。完成后，点击“下一步”确认并继续。在每次测量之前需对设备进行初始化（包括内部与外部的编码器）。如右图所示为外部的编码器已完成初始化。当两个编码器全部初始化后，图中的两个方框将都变成绿色。	
4. 廓形测量	按如下步骤开始测量。可以在任何时候点击“终止”图标终止测量。 （1）逆时针转动测量臂直到听到嘟嘟声，图中外部编码器的方框变成绿色。	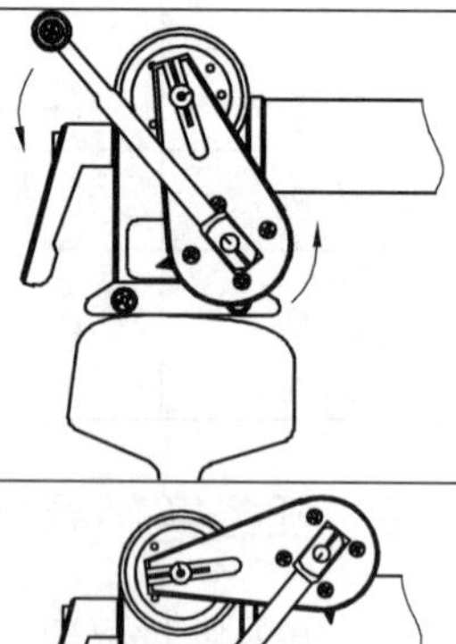
4. 廓形测量	（2）继续转动测量臂直到听到第二次嘟嘟声，内部编码器的方框也变为绿色。保持测量臂静止不动直到再一次听见嘟嘟声，测量开始。	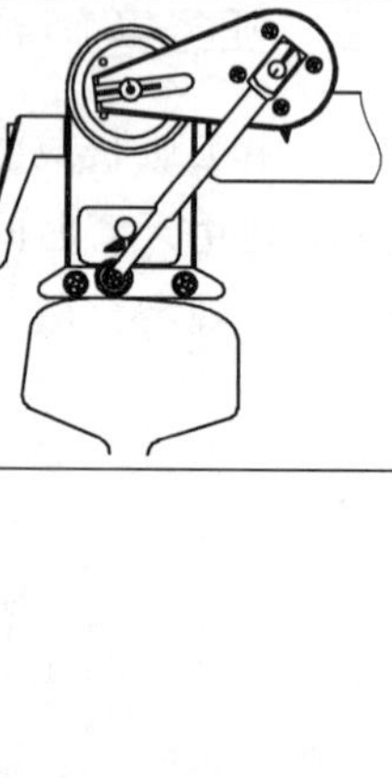

续表

作业流程	作业内容	图　例
4. 廓形测量	（3）沿着钢轨表面缓慢移动测量滚轮，测量钢轨廓形的前半段。	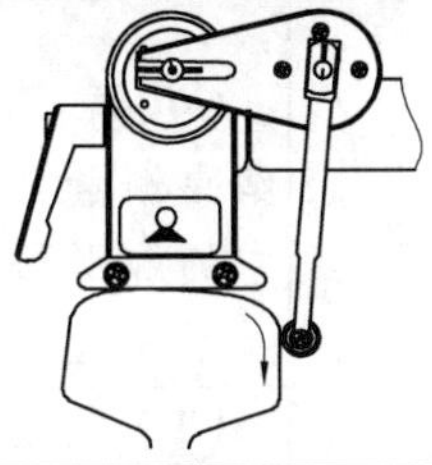
	（4）当测量滚轮无法继续沿钢轨边缘移动时，将其倒退几毫米，完成前半段的测量。	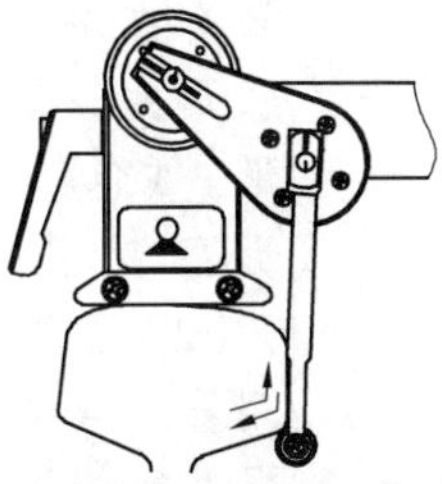
	（5）使测量臂下垂，再次抓住它并沿钢轨表面向后移动测量滚轮，测量钢轨的另一侧。	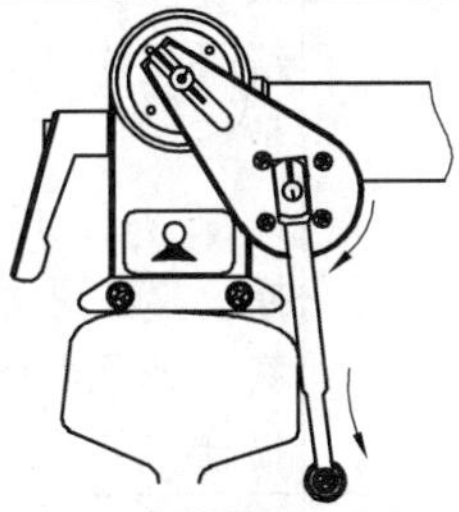
	（6）沿钢轨表面继续移动测量滚轮并通过起点。	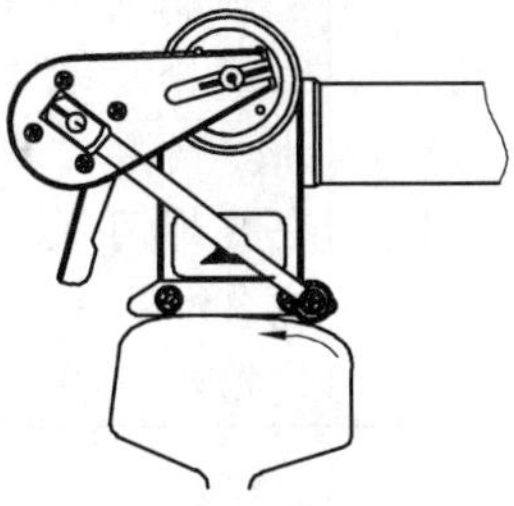
	（7）沿钢轨表面继续移动测量滚轮，测量钢轨廓形的后半段，直到测量臂在钢轨下颚无法继续移动。	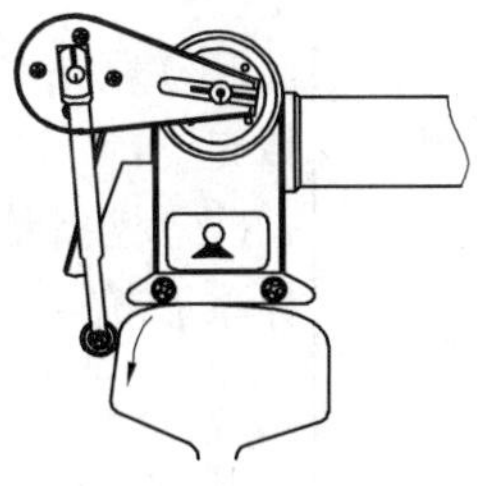
	（8）当测量滚轮无法在钢轨边缘继续移动时，将其向后倒退几毫米，结束测量。	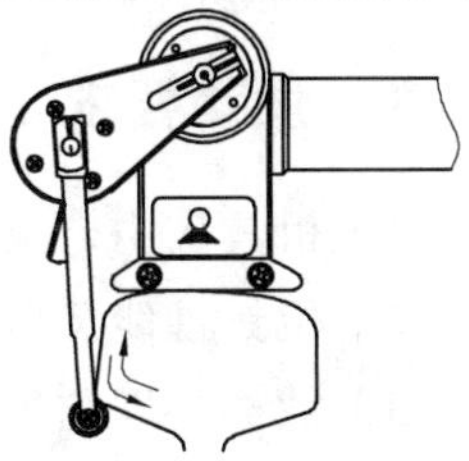

续表

<table>
<tr><th>作业流程</th><th>作业内容</th><th>图　例</th></tr>
<tr><td>4. 廓形测量</td><td>(9)屏幕实时显示测量臂后退结束测量之前 MiniProf Envision 中的廓形预览图。</td><td>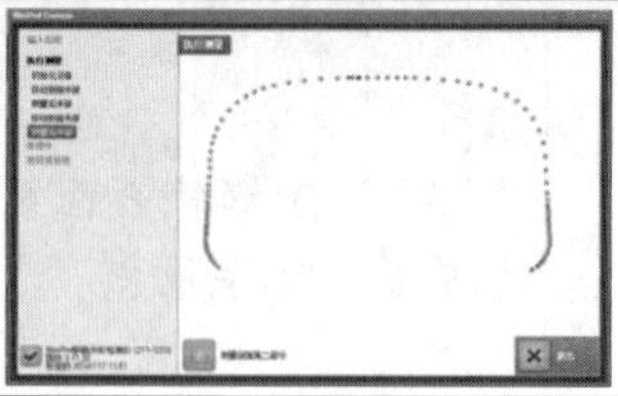</td></tr>
<tr><td>5. 保存文件</td><td>(1)测量结果将如右图所示。只有在测量开始之前选择基准廓形的情况下才会显示基准廓形。灰色不可用部分即为基准廓形。
(2)点击“接受”结束并保存测量或点击“拒绝”取消测量结果并重新开始。可以在保存测量结果之前点击“拍照”图标进行拍照。
(3)可在两种选项中加以选择，“已测廓形与基准”或“已测廓形”。也可以选择查看“磨损曲线图”。</td><td>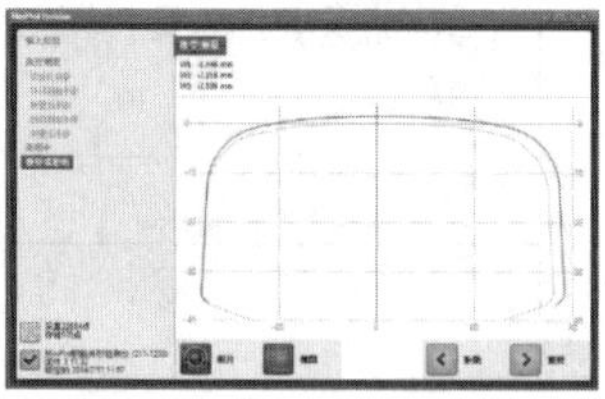</td></tr>
<tr><td>6. 检测结束</td><td>抓住伸缩杆并将设备从钢轨上取下。将伸缩杆从设备上移开。向后拉端盖以拔下数据线。这样即可关闭 MiniProf BT 系统。如果没有先移动端盖就拔下数据线，将损坏数据线。</td><td>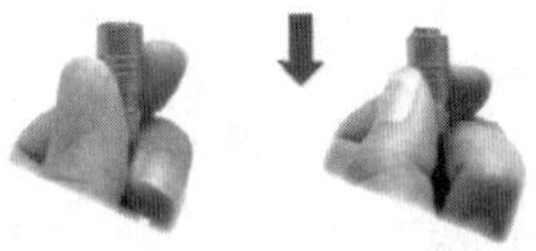</td></tr>
<tr><td>7. 数据分析</td><td>(1)判断钢轨轻、重伤并做出标记。
(2)根据检测结果及钢轨磨耗标准正确判断钢轨伤换状态。</td><td>
钢轨轮廓测量记录表
学员班组 第一班组 　学员姓名 *** 　得分 ____
正线 K 0 + 100 至 K 0 + 150 　钢轨类型 60kg/m 　设计时速 120km/h
<table>
<tr><td rowspan="3">检查日期</td><td rowspan="3">检查项目</td><td colspan="12">钢轨编号（左股）</td></tr>
<tr><td colspan="3">9</td><td colspan="3">10</td><td colspan="3">11</td><td colspan="3">12</td></tr>
<tr><td>小腰</td><td>中间</td><td>小腰</td><td>小腰</td><td>中间</td><td>小腰</td><td>小腰</td><td>中间</td><td>小腰</td><td>小腰</td><td>中间</td><td>小腰</td></tr>
<tr><td rowspan="4">2022/9/20</td><td>垂直磨耗</td><td>5.62</td><td>6.16</td><td>6.80</td><td>5.60</td><td>6.12</td><td>5.80</td><td>2.12</td><td>3.08</td><td>4.50</td><td>5.60</td><td>4.80</td><td>2.56</td></tr>
<tr><td>侧面磨耗</td><td>8.30</td><td>7.12</td><td>7.28</td><td>7.20</td><td>6.12</td><td>7.28</td><td>8.30</td><td>7.12</td><td>7.28</td><td>8.30</td><td>8.06</td><td>7.08</td></tr>
<tr><td>总磨耗</td><td>9.77</td><td>9.72</td><td>10.44</td><td>9.2</td><td>9.18</td><td>9.44</td><td>6.27</td><td>6.64</td><td>8.14</td><td>9.75</td><td>8.83</td><td>6.1</td></tr>
<tr><td>钢轨伤损程度判定及统计</td><td colspan="12">左股钢轨轻伤 0 处
左股钢轨重伤 0 处</td></tr>
</table>
</td></tr>
</table>

六、质量要求

(1)机具应由专业小组或专人负责检修、保养及使用。

(2)机具性能及各部件符合要求，运行状态良好。

(3)数据处理结果准确、真实、及时，无差错。

七、安全注意事项

（1）上道前检查量具状态，禁止使用状态不良或超过有效期的量具上道检查。

（2）来车时，按规定及时下道避车。

（3）发现危及行车安全的超限处所，及时处理。

八、任务评价

任务实施完成后，从职业素养与规范、作业过程及质量、结束工作安全及其他等方面进行评价，评价标准见本任务附表3。

附表1　钢轨廓形测量作业任务工单

学员班组__________________　　　　　　　　学员姓名____________

<table>
<tr><td>作业项目</td><td colspan="6"></td></tr>
<tr><td>作业范围（0.5分）</td><td colspan="2">K0+___ ~K0+___</td><td>作业日期</td><td>____年___月___日</td><td>天窗时间</td><td>___:___~___:___</td></tr>
<tr><td>作业人员（0.5分）</td><td colspan="2">_____人</td><td>防护人员</td><td>_____人</td><td>配合人员</td><td>_____人</td></tr>
<tr><td>计划工作量（0.5分）</td><td colspan="6"></td></tr>
<tr><td>主要工量具名称及数量（1分）</td><td colspan="6"></td></tr>
<tr><td>作业所需的材料及数量（0.5分）</td><td colspan="6"></td></tr>
<tr><td rowspan="3">作业流程（3分）</td><td>作业前（1分）</td><td colspan="5"></td></tr>
<tr><td>作业中（1分）</td><td colspan="5"></td></tr>
<tr><td>作业后（1分）</td><td colspan="5"></td></tr>
<tr><td>行车安全及注意事项（1分）</td><td colspan="6"></td></tr>
<tr><td>人身安全注意事项（1分）</td><td colspan="6"></td></tr>
<tr><td>防护设置（2分）</td><td colspan="6"></td></tr>
</table>

附表 2　钢轨廓形测量作业记录表

学员班组________________　学员姓名___________　得分_____________

正线 K___+___至 K___+___　钢轨类型___________　设计时速_________

检查日期	检查项目	钢轨编号（左股）											
		小腰	中间	小腰	小腰	中间	小腰	小腰	中间	小腰	小腰	中间	小腰
	垂直磨耗												
	侧面磨耗												
	总磨耗												
	钢轨伤损程度判定及统计	左股钢轨轻伤______处； 左股钢轨重伤______处。											
		钢轨编号（右股）											
	检查项目												
		小腰	中间	小腰	小腰	中间	小腰	小腰	中间	小腰	小腰	中间	小腰
	垂直磨耗												
	侧面磨耗												
	总磨耗												
	钢轨伤损程度判定及统计	右股钢轨轻伤______处； 右股钢轨重伤______处。											

评分人：　　年　　月　　日　　　　核分人：　　年　　月　　日

附表 3　钢轨廓形测量作业评分表

学员班组______________　　学员姓名______________　　得分__________

项目及配分	考核内容及评分标准	标准分	扣分因素及扣分	得分
职业素养与规范（20 分）	1. 按要求填写任务工单内容，扣分标准详见任务工单。本项配分 10 分。	10		
	2. 按规定着装，穿戴劳保用品，未按规定着装或穿戴劳保用品扣 2 分。从工务实训室领取钢轨轮廓测量仪，备好记录表、笔。少 1 件扣 2 分。本项配分 5 分。	5		
	3. 检查仪器电量是否充足，状态是否良好，未检查或者检查不正确扣 5 分。本项配分 5 分。	5		
作业过程及质量（60 分）	1. 上道前应确认防护已经设好，上道时要“眼看、手比、口呼”，未确认设好防护扣 2 分，未执行“眼看、手比、口呼”扣 3 分。本项配分 5 分。	5		
	2. 上道后按要求组装钢轨轮廓测量仪，按“先左股后右股”的顺序在规定的位置依次检查钢轨轮廓，根据测量轮廓记录垂直磨耗和侧面磨耗后计算总磨耗。检查完成后将数据正确填写在记录表内。记录无涂抹现象，涂抹一处扣 1 分；检查位置错误，每次扣 2 分。本项配分 20 分。	20		
	3. 检查数据准确可靠，读数精确到 0.01 mm。检查误差应在 0.2 mm 以内。超过 0.2 mm，每处扣 1 分。本项配分 20 分。	20		
	4. 检查完成后，应该根据“钢轨头部磨耗轻伤标准”和“钢轨头部磨耗重伤标准”规定对钢轨伤损程度进行判定，重伤在数据下方打“×”，轻伤在数据下方打“√”，并进行统计。未判定或判定错误，每处扣 2 分；统计错误每项扣 1 分。本项配分 15 分。	15		
结束工作（10 分）	1. 作业完毕后按要求撤除防护，将工量具撤到限界以外。未按照要求撤除防护，扣 2 分；工量具未撤到限界以外或工量具未下道，每件扣 5 分。本项配分 5 分。	5		
	2. 清点工量具并将其按规定摆放，未完成扣 5 分，本项配分 5 分。	5		
安全及其他（10 分）	1. 不按规定使用工量具，作业中有不安全因素每次扣 2 分。作业过程中应注意来车情况，及时下道，未及时下道和跨越线路时未执行“一站、二看、三通过”和“眼看、手比、口呼”扣 5 分。作业人员应精神状态良好，不符要求扣 5 分。本项配分 5 分。	5		
	2. 时间：每超时 1 min 扣 1 分，超时 5 min 停止考核。本项配分 5 分。	5		
合　计		100		

评分人：　　年　　月　　日　　　　核分人：　　年　　月　　日

项目 3 轨道维修技术

项目描述

铁路线路建成投入运营后，在列车荷载及自然界雨、雪、风、霜等共同作用下，其几何形位不断发生变化，线路各组成部分会产生伤损甚至失效。为了确保列车运行安全和旅客的舒适性，提高线路设备的全寿命周期，需要不断地对铁路轨道进行维修养护。

本项目包括铁路轨道几何尺寸不良和轨道各组成部分伤损病害的整治和修理，要求按规定的作业流程进行标准化作业。作业前充分做好准备工作；作业中按要求保证作业安全、质量；作业后整理工机具设备及材料，作业人员撤到安全限界以外，达到放行列车条件。同时不断总结经验，引入新技术、新设备、新材料、新工艺，提高作业的针对性，提高作业效率和实作技能。

教学目标

1. 知识目标

- 掌握铁路安全防护设置的程序和要求；
- 熟悉铁路线路起道、拨道、改道、捣固等作业的程序和要求；
- 掌握铁路线路更换钢轨接头夹板、轨枕等作业的程序和要求；
- 掌握各项作业的质量标准和要求。

2. 能力目标

- 能进行铁路工务相应安全防护设置作业；
- 能进行铁路线路几何尺寸不良整治基本作业；
- 能对铁路轨道伤损设备（轨枕、接头、扣件等）进行修理和更换作业。

3. 素质目标

- 具有崇高的爱路护路职业情怀；

- 具有严谨求实的工作作风；
- 具备团结协作精神；
- 具备安全环保和高度的岗位责任意识。

任务 3.1 线路维修标准化作业

一、线路维修标准化作业相关规定

线路作业一定要认真贯彻作业标准化。养路工作一日作业标准化如下：

1. 出工前

（1）工作预报：按日计划在作业牌上公布作业项目和分工，准备好机具、备品和材料。出库机具材料及时做好登记。

（2）列队点名：布置当日工作计划（地点、项目、工作量）、质量要求以及安全措施和注意事项。

（3）根据作业的内容，按规定办理登记签认手续，联系有关单位配合施工。

（4）按规定办理乘车或列队行走去施工地点，施工负责人在前，安全员（安全值日）在队后，推起道机必须有二人，一人负责瞭望，按规定设置防护信号。

2. 作业中

（1）听从工班长统一指挥，按岗位责任制和操作规则及时上道作业，做到不简化、不留病害，按规定工料定额完成任务。

（2）随时注意瞭望列车，听从防护员、安全员指挥，带好工具及时按规定下道避车。

（3）严格执行规章制度，实行安全生产，杜绝违章作业。中间休息时，人员机具必须撤到限界以外。

（4）复线地段作业时，应面向来车方向。复线及站场内作业，邻线来车本线也应下道。

（5）执行作业首件检查和随时抽查制度，保证质量，杜绝无效劳动。

（6）按半日清和当日清的作业要求，结束施工。认真执行回检制度，如不合质量要求，应返工重做。

3. 作业后

（1）撤除防护，按规定乘车办法或列队行走返回。

（2）整理机具材料入库，对号定位，堆码整齐。

（3）根据当日完成数量、质量核算工料消耗，填写日计划完成情况。

（4）分析当日安全、质量、数量、纪律等情况，进行评比记分；编制次日工作计划并组织安全预想。

单项作业的标准化，应按铁路局集团有限公司的有关规定执行。

线路作业一定要加强施工领导，实行记名修，避免无效劳动，消灭有害劳动。车间主任、工长应按规定参加有关线路作业。

二、线路维修标准化作业流程

线路标准化作业是现场作业安全控制的重要保障，是提高作业标准，增强作业人员的安全意识、责任意识和防范意识，避免发生人身伤害及行车事故的有力手段。单项作业的标准化，应按铁路局集团有限公司的有关规定执行。

1. 工具、材料准备

当日作业所需工机具、材料。

2. 作业条件

当日作业规定的作业条件，按规定设置作业防护，同时按规定指定专人担任作业负责人。

3. 作业程序

作业流程	作业内容	图　例
作业前	1. 点名分工 列队点名，布置当日工作计划，明确作业项目、作业地点、作业时间、人员分工、作业标准以及安全措施和注意事项。	
	2. 工机具准备 （1）工机具材料实行出入库登记制度，根据分工情况在材料管理员处登记领取工机具、材料。 （2）检查工机具的安全、操作性能，禁止工机具带病上线作业，并校对量具。	
	3. 设置防护 （1）根据作业的内容，按规定办理登记签认手续，联系有关单位配合施工。 （2）按规定办理乘车或列队行走去施工地点，施工负责人在队前，安全员（安全值日）在队后，按规定设置防护信号。	
作业中	1. 现场作业 听从工班长统一指挥，按岗位责任制和操作规则及时上道作业，做到不简化、不留病害，按规定工料定额完成任务。	

续表

作业流程	作业内容	图　例
作业中	2. 下道避车 （1）随时注意瞭望列车，听从防护员、安全员指挥，带好工具、材料及时按规定下道避车。 （2）严格执行规章制度，实行安全生产，杜绝违章作业。中间休息时，人员机具必须撤到限界以外。	
	3. 质量回检 按半日清和当日清的作业要求，结束施工。认真执行回检制度，如不合质量要求，应返工重做。	
作业后	1. 撤除防护 （1）作业负责人对现场进行检查，清理人员、机具、材料，对其进行核对，通知驻站防护员作业完毕开通线路，根据情况在“运统-46”上销记。 （2）撤除防护，按规定乘车或列队行走返回。	
	2. 工机具材料入库 整理机具材料入库，对号定位，堆码整齐。	
	3. 总结作业情况 根据当日完成数量、质量核算工料消耗，填写日计划完成情况。	
	4. 班后小结 分析当日安全、质量、数量、纪律等情况，进行评比记分；编制次日工作计划并组织安全预想。	

4. 作业质量要求

（1）作业质量应符合当日作业质量要求。

（2）作业负责人组织进行对标，分析当日作业安全、质量情况，对作业中存在的安全、质量问题查找原因，制定措施，落实责任。

5. 安全注意事项

（1）作业人员上道作业或横越线路时，必须执行“眼看、手比、口呼”安全确认，做到“一站、二看、三通过”，严禁来车时抢越。

（2）防护时若联络中断，工地防护员必须立即组织作业人员下道避车；待恢复联络，并确认无车后方可上道作业。

（3）在天窗时间内完成作业项目，严禁超范围作业和擅自改变作业计划。

（4）作业结束后，作业负责人必须落实质量回检制度，确认放行列车条件，严禁盲目放行列车。

（5）在瞭望困难或通信盲区地段，须增设中间联络员。

（6）上下班途中使用交通工具，要遵守交通安全规则。

（7）作业人员班前必须充分休息，严禁饮酒。点名时按规定着装，正确使用和佩戴劳动保护用品、安全防护用品。

（8）驻站联络员因特殊原因需离开防护岗位时，须事先向作业负责人请假，征得同意后，告知各岗位防护员，在确认现场作业人员已停止作业、下道避车后方可离开。

（9）驻站联络员上岗时，携带专用通信工具，严禁携带私人手机，禁止从事与防护无关的其他工作。

（10）作业负责人需要在作业前、中、后对钢轨轨温进行测量。

任务 3.2　线路起道作业

一、实训任务

3 名作业人员为一组，使用工具完成铁路线路起道作业，主要任务要求如下：

（1）小组讨论制订工作计划并完成任务工单，任务工单见本任务附表 1。

（2）根据任务工单，完成 10 m 铁路线路起道作业。

（3）根据起道作业评分表（本任务附表 2），进行自我测评，达到合格要求。

二、任务分析

起道作业主要整治线路低洼处所，整治线路水平、三角坑、高低超限及线路暗坑、吊板和低接头等病害，达到调整线路纵断面、恢复线路平顺性的目的。

三、工具、材料准备

名称	单位	数量	图例
液压起道器	台	1	
轨距尺	把	1	
冲击镐/捣镐	台	1	
四齿耙	把	1	
弦线	套	1	
钢尺	把	1	
轨温计	个	1	
石笔	支	1	

四、任务实施条件

（1）利用天窗时间作业，按规定设置移动停车防护，同时按规定指定专人担任作业负责人。

（2）无缝线路起道作业，应满足作业轨温条件。

线路条件	按实际锁定轨温计算		
直线及 $R \geqslant 2000$ m	+20 °C 时 起道高度不超过 30 mm	−20 °C ~ +15 °C 时 起道高度不超过 40 mm	轨温 ±10 °C 时起道与普通线路相同
800 m $\leqslant R<2000$ m	−20 °C ~ +15 °C 时 起道高度不超过 30 mm	−15 °C ~ +10 °C 时 起道高度不超过 40 mm	轨温 ±5 °C 时起道与普通线路相同
300 m $\leqslant R<800$ m	−15 °C ~ +10 °C 时 起道高度不超过 30 mm	−10 °C ~ +5 °C 时 起道高度不超过 40 mm	—

五、作业程序

作业流程	作业内容	图例
1. 检查划撬	用轨距尺逐根轨枕测量两股钢轨的水平值，并在轨底或轨枕面上作出记录。根据检查的水平和三角坑偏差值，对照该线路速度等级的静态几何尺寸容许偏差管理值，确定超限处所，划出撬头、撬尾和坑底的位置。	
2. 确定标准股	（1）重点起道时，直线以水平高的一股为标准股，曲线地段则以下股为标准股。 （2）全面起道时，直线以里程增加方向左股为标准股，曲线地段则以下股为标准股。	
3. 调查标准股高低	距起道点 20～30 m，看轨头（非工作边）下颚线，确定病害大概位置后，用 10 m 弦线测量线路高低的最大偏差，确定标准股起道量。	
4. 起平标准股	起道器操作人员要听从看道者指挥，正确放置起道器。直线地段起道器应放在钢轨内侧，曲线上股放在外侧，下股放在内侧。全面起道时，一般 25 m 钢轨从接头（焊缝）开始每 7 根轨枕放置一次，依次向前。重点起道时，陡坑一般在坑底放置 1 次，漫坑放置 2～3 次。起道器必须放稳。当起道器处轨头下颚与两端水平延长线起到同一水平面时，停止起道。	
5. 打塞（砸撬）	当起道高度达到要求后，打塞者在钢轨外侧轨下枕底处，将道砟串实，确保撤出起道器后轨道不回落。在混凝土枕地段起道时，应将起道器两侧轨枕底道砟串实。	

续表

作业流程	作业内容	图例
6. 起对面股	以标准股为基准，轨距尺贴近起道机放置于轨面上，起平对面股。	
7. 捣固	撤出起道器后，对起道地段进行捣固，回填道砟。	
8.回检线路	检查起道后线路情况，对超过作业验收标准要求的，应及时整改；并检查道床回填外观，对不符合要求的进行整改。	

六、质量要求

（1）起道用的轨距尺应按规定校核，保证准确无误。

（2）起道者必须随时注意看道者的手势或口令，使起道量适当。

（3）起道作业超高顺坡率、水平变化率应满足要求。

（4）起道后水平、高低、三角坑应符合《线路轨道静态几何尺寸容许偏差管理值》的规定。

七、安全注意事项

（1）起道器操作人员必须熟悉起道器性能和操作方法，严格执行有关安全规定。起道器走行小车必须随起道器同时下道。

（2）起道量的确定应考虑现有石砟量，要防止盲目起高道而造成缺砟。

（3）在无缝线路地段及电气化铁路区段进行起道作业时，应满足《普速铁路工务安全规则》《普速铁路线路修理规则》的相关规定。

八、任务评价

任务实施完成后，从职业素养与规范、作业过程及质量、结束工作安全及其他等方面进行评价，评价标准见本任务附表2。

附表 1　线路起道作业任务工单

学员班组________________　　　　　　　　　　学员姓名_____________

<table>
<tr><td>作业项目</td><td colspan="6"></td></tr>
<tr><td>作业范围
（0.5 分）</td><td colspan="2">K0+___～K0+___</td><td>作业
日期</td><td>____年___月___日</td><td>天窗时间</td><td>__:__～__:__</td></tr>
<tr><td>作业人员
（0.5 分）</td><td colspan="2">_____人</td><td>防护
人员</td><td>_____人</td><td>配合人员</td><td>_____人</td></tr>
<tr><td>计划工作量
（0.5 分）</td><td colspan="6"></td></tr>
<tr><td>主要工量具
名称及数量
（1 分）</td><td colspan="6"></td></tr>
<tr><td>作业所需的
材料及数量
（0.5 分）</td><td colspan="6"></td></tr>
<tr><td rowspan="3">作业流程
（3 分）</td><td>作业前
（1 分）</td><td colspan="5"></td></tr>
<tr><td>作业中
（1 分）</td><td colspan="5"></td></tr>
<tr><td>作业后
（1 分）</td><td colspan="5"></td></tr>
<tr><td>行车安全及
注意事项
（1 分）</td><td colspan="6"></td></tr>
<tr><td>人身安全注
意事项
（1 分）</td><td colspan="6"></td></tr>
<tr><td>防护设置
（2 分）</td><td colspan="6"></td></tr>
</table>

附表 2　线路起道作业评分表

学员班组__________　学员姓名__________　得分________

项目及配分	考核内容及评分标准	标准分	扣分因素及扣分	得分
职业素养与规范（20分）	1. 按规定着装，穿戴劳保用品，按要求填写任务工单内容，未完成或错误每处扣1分。本项配分10分。	10		
	2. 从工务实训室领取轨距尺1把、起道器1台、摇杆1把、捣镐1把、四齿耙1把，备好签字笔，少1件扣2分。本项配分5分。	5		
	3. 检查工器具是否状态良好，未检查或者检查不正确扣5分。本项配分5分。	5		
作业过程及质量（60分）	1. 上道前应确认防护已经设好，上道时要“眼看、手比、口呼”，未确认设好防护扣2分，未执行“眼看、手比、口呼”扣3分。本项配分5分。	5		
	2. 调查线路水平，确定起道范围：用轨距尺检查12.5 m线路的水平值，每根轨枕检查一次，将数据记录在相应轨枕上，根据检查数据确定起道范围。检查数据错误，每处扣2分；起道范围确定不正确，扣10分。本项配分15分。	15		
	3. 选择标准股：直线上以水平高的一股作为标准股，曲线上以下股为标准股。标准股确定错误扣5分。本项配分5分。	5		
	4. 起道作业：扒开起道器窝，正确放置起道器并起道，打好镐塞。起道器安装位置错误扣5分，未打镐塞扣5分。本项配分10分。	10		
	5. 质量回检、线路整理：对作业质量进行回检，如超出作业验收标准应进行返工，直到达到作业验收标准，然后按标准道床断面尺寸回填整理道床。未进行质量回检扣25分，质量回检未达到作业验收标准扣10分，道床未整理或整理后未达到标准扣5分。本项配分25分。	25		
结束工作（10分）	1. 作业完毕后将工器具撤到限界以外，按要求撤除防护。未按照要求进行撤除防护，扣2分；工器具未撤到限界以外或工器具未下道，每件扣5分。本项配分5分。	5		
	2. 清点工器具并将其按规定摆放，未完成扣5分。本项配分5分。	5		
安全及其他（10分）	1. 不按规定使用工器具，作业中有不安全因素每次扣2分。作业过程中应注意来车情况，及时下道，未及时下道或跨越线路时未执行“一站、二看、三通过”扣5分。作业人员应精神状态良好，不符合要求扣5分。本项配分5分。	5		
	2. 时间：每超时1 min扣1分，超时5 min停止考核。本项配分5分。	5		
合　计		100		

评分人：　　年　　月　　日　　　核分人：　　年　　月　　日

任务 3.3　线路拨道作业

一、实训任务

3 名作业人员为一组，使用工具完成铁路线路拨道作业，主要任务要求如下：

（1）小组讨论制订工作计划并完成任务工单，任务工单见本任务附表 1。

（2）根据任务工单，完成 10 m 直线线路拨道作业。

（3）根据拨道作业评分表（本任务附表 2），进行自我测评，达到合格要求。

二、任务分析

拨道作业能有效改善线路的平顺度，主要目的为整治线路轨向不良处所，有计划地调整线路平面的正确位置。

三、工具、材料准备

名称	单位	数量	图例
液压拨道器	台	3	
捣镐	把	1	
四齿耙	把	1	
弦线	套	1	
150 mm 钢尺	把	1	
轨温计	个	1	
石笔	支	1	

四、任务实施条件

（1）利用天窗时间作业，按规定设置移动停车信号防护，同时按规定指定专人担任作业负责人。

（2）无缝线路拨道作业，应满足作业轨温条件：

线路条件	拨道量不超过 10 mm	拨道量不超过 20 mm	拨道与普通线路相同
直线及 $R\geqslant$ 2000 m	+20 °C	−20～+15 °C	±10 °C
800 m$\leqslant$ R<2000 m	−20～+15 °C	−15～+10 °C	±5 °C
300 m$\leqslant R$<800 m	−15～+10 °C	−10～+5 °C	—

五、作业程序

作业流程	作业内容	图 例
1. 检查划撬	作业负责人跨站在标准股上，看钢轨上的光带或钢轨内侧，采用目测、弦测轨向，对照不同速度等级线路的轨向静态几何尺寸容许偏差管理值，对轨向超限处所，指挥点撬人前后移动，确定钢轨拨动方向、长度、拨道量、起拨道器安放位置。	
2. 确定标准股	目测大方向，直线地段以方向较好的一股为标准股，两股方向大致相同时，以里程增加方向的左股作为标准股。曲线地段以上股为标准股，道岔区段以外直股为标准股。	
3. 指挥拨道	指挥人应跨立在标准股两侧看道指挥，拨大弯时距拨道器 100 m，小弯时距拨道器 50 m。拨大方向时看钢轨顶面光带，拨小方向时看钢轨内侧（工作边）。	
4. 扒拨道器窝	在指定的位置扒出起拨道器窝，扒窝深度为 120～125 mm；若连续拨动应间隔 5～7 根继续扒窝。	
5. 放置拨道器	起拨道器用 3 台，相距 2～3 枕空，每撬相隔 5～7 根枕空，拨正方向一侧设 2 台，另一侧设 1 台，成 V 字形。拨道器放置位置应避开铝热焊缝和绝缘接头处。	
6. 拨道	拨道应由符合要求的人员担任指挥。直线上指挥人员以手势指挥拨道。曲线上应按计算好的拨道量进行拨道，先拨正测点，然后目视顺撬。道岔上拨道时，先拨正道岔外直股轨向，再按轨距改内直股，导曲线上股轨向不良利用支距进行整治，下股按轨距要求进行整改。拨道时应考虑曲线和道岔外直股与两端直线的衔接问题。	

续表

作业流程	作业内容	图例
7. 整平夯实	将扒出的道砟整平，将拨后离缝一侧的轨枕头道砟夯实，以保证拨道质量。由于拨道引起的其他作业，应整修达到标准。	
8. 回检线路	检查拨道后线路情况，超过作业验收标准要求时应及时整改；检查道床外观，不符合要求的进行整改。	

六、作业质量要求

（1）直线拨正后线路方向目视顺直，无甩弯。小方向用 10 m 弦量最大矢度，不超过作业验收标准。

（2）曲线应保持圆顺，正矢符合要求且无“鹅头”“反弯”。

（3）由于拨道引起的轨缝、水平、道床发生变化或产生空吊板等必须按标准恢复。

七、安全注意事项

（1）作业前、作业中和作业后必须测轨温，严禁超温作业。

（2）扒开的道床要及时回填饱满和夯实。

（3）拨道作业要先回填石砟后拨道，尽量避免将轨道抬起，拨道后立即夯实道床以提高道床阻力。

（4）作业后工机具、材料严禁遗留现场或途中丢失。

八、任务评价

任务实施完成后，从职业素养与规范、作业过程及质量、结束工作安全及其他等方面进行评价，评价标准见本任务附表 2。

附表 1　线路拨道作业任务工单

学员班组____________________　　　　　　　　学员姓名______________

<table>
<tr><td>作业项目</td><td colspan="5"></td></tr>
<tr><td>作业范围
（0.5 分）</td><td>K0+___~K0+___</td><td>作业
日期</td><td>____年___月___日</td><td>天窗时间</td><td>__:__~__:__</td></tr>
<tr><td>作业人员
（0.5 分）</td><td>_____人</td><td>防护
人员</td><td>_____人</td><td>配合人员</td><td>_____人</td></tr>
<tr><td>主要工量具
名称及数量
（1 分）</td><td colspan="5"></td></tr>
<tr><td>作业所需的
材料及数量
（0.5 分）</td><td colspan="5"></td></tr>
<tr><td rowspan="3">作业流程
（3 分）</td><td>作业前
（1 分）</td><td colspan="4"></td></tr>
<tr><td>作业中
（1 分）</td><td colspan="4"></td></tr>
<tr><td>作业后
（1 分）</td><td colspan="4"></td></tr>
<tr><td>行车安全及
注意事项
（1 分）</td><td colspan="5"></td></tr>
<tr><td>人身安全注
意事项
（1 分）</td><td colspan="5"></td></tr>
<tr><td>防护设置
（2 分）</td><td colspan="5"></td></tr>
</table>

附表 2　线路拨道作业评分表

学员班组________　学员姓名________　得分________

项目及配分	考核内容及评分标准	标准分	扣分因素及扣分	得分
职业素养与规范（20 分）	1. 按规定着装，穿戴劳保用品，按要求填写任务工单内容，未完成或错误每处扣 1 分。本项配分 10 分。	10		
	2. 从工务实训室领取轨距尺 1 把、起道器 1 台、摇杆 1 把、捣镐 1 把、四齿耙 1 把，备好签字笔，少 1 件扣 2 分。本项配分 5 分。	5		
	3. 检查工器具是否状态良好，未检查或者检查不正确扣 5 分。本项配分 5 分。	5		
作业过程及质量（60 分）	1. 上道前应确认防护已经设好，上道时要“眼看、手比、口呼”，未确认设好防护扣 2 分，未执行“眼看、手比、口呼”扣 3 分。本项配分 5 分。	5		
	2. 调查线路水平，确定起道范围：用轨距尺检查 12.5 m 线路的水平值，每根轨枕检查一次，将数据记录在相应轨枕上，根据检查数据确定起道范围。检查数据错误，每处扣 2 分；起道范围确定不正确，扣 10 分。本项配分 15 分。	15		
	3. 选择标准股：直线上以水平高的一股作为标准股，曲线上以下股为标准股。标准股确定错误扣 5 分。本项配分 5 分。	5		
	4. 起道作业：扒开起道器窝，正确放置起道器并起道，打好镐塞。起道器安装位置错误扣 5 分，未打镐塞扣 5 分。本项配分 10 分。	10		
	5. 质量回检、线路整理：对作业质量进行回检，如超出作业验收标准应进行返工，直到达到作业验收标准，然后按标准道床断面尺寸回填整理道床。未进行质量回检扣 25 分，质量回检未达到作业验收标准扣 10 分，道床未整理或整理后未达到标准扣 5 分。本项配分 25 分。	25		
结束工作（10 分）	1. 作业完毕后将工器具撤到限界以外，按要求撤除防护。未按照要求进行撤除防护，扣 2 分；工器具未撤到限界以外或工器具未下道，每件扣 5 分。本项配分 5 分。	5		
	2. 清点工器具并将其按规定摆放，未完成扣 5 分。本项配分 5 分。	5		
安全及其他（10 分）	1. 不按规定使用工器具，作业中有不安全因素每次扣 2 分。作业过程中应注意来车情况，及时下道，未及时下道或跨越线路时未执行“一站、二看、三通过”扣 5 分。作业人员应精神状态良好，不符合要求扣 5 分。本项配分 5 分。	5		
	2. 时间：每超时 1 min 扣 1 分，超时 5 min 停止考核。本项配分 5 分。	5		
合　计		100		

评分人：　　年　　月　　日　　　　核分人：　　年　　月　　日

任务 3.4　混凝土枕线路改道作业

一、实训任务

3 名作业人员为一组，使用工具完成铁路线路改道作业，主要任务要求如下：

（1）小组讨论制订工作计划并完成任务工单，任务工单见本任务附表 1。

（2）根据任务工单，完成 10 m 直线线路改道作业。

（3）根据混凝土枕改道作业评分表（本任务附表 2），进行自我测评，达到合格要求。

二、任务分析

改道作业能有效整治线路超限的轨距、轨距变化率及轨道上出现的小轨向，可配合拨道改正线路小弯。

三、工具、材料准备

名称	单位	数量	图例
液压改道器	台	1	
450 mm 活口扳手	把	1	
套筒扳手	把	1	
钢丝刷	把	1	
油刷	把	1	
轨距尺	把	1	
轨温计	个	1	
轨距挡板	个	若干	
挡板座	个	若干	
油脂	桶	1	
塞尺	把	1	
石笔	个	1	

四、任务实施条件

（1）利用天窗时间作业，按规定设置移动停车防护，同时按规定指定专人担任作业负责人。

（2）混凝土枕地段无缝线路改道作业，应满足作业轨温条件（按实际锁定轨温计算）：

作业项目	按实际锁定轨温计算				
	−20 °C 以下	−20～−10 °C	−10～+10 °C	+10～+20 °C	+20 °C 以上
改道作业	与普通线路相同	与普通线路相同	与普通线路相同	与普通线路相同	禁止

五、作业程序

作业流程	作业内容	图　例
1. 确定标准股	直线地段以方向较好的一股为标准股，改正对面股；曲线地段以上股为标准股，改正下股；道岔以外直股为标准股。	
2. 检查划撬	（1）轨向检查：作业负责人跨站在钢轨上，目视前方 20～30 m 的线路轨向，再用 10 m 弦测钢轨矢度（钢轨内侧），确定改道方向和改道范围。 （2）轨距、轨距顺坡率调查：用轨距尺逐根轨枕测量两股钢轨轨距值，并在轨底或轨枕面上作出记录。 （3）分析划撬：根据检查的轨向、轨距值，分析轨距顺坡率偏差值，对照该线路速度等级的静态几何尺寸容许偏差管理值，确定超限处所，划出改道长度和改道方向及改道量标记。	 
3.改正标准股方向	作业负责人在改道前方目测轨向，或用 10 m 弦测量，作业人员松卸标准股一侧里外的轨枕螺栓，调换挡板座或轨距挡板。一次松卸扣件长度不超过 7 根轨枕，用改道器将钢轨向内或向外侧顶推至轨向顺直，涂油后拧紧扣件。依次向前流水作业。	
4.改正轨距、轨距变化率	作业负责人用轨距尺测量轨距并计算轨距顺坡坡率，作业人员松卸对面股一侧里外的轨枕螺栓，调换挡板座或轨距挡板。一次松卸扣件长度不超过 7 根轨枕，用改道器顶推钢轨直至轨距和轨距顺坡率符合要求。依次向前流水作业。	

续表

作业流程	作业内容	图　例
5.装扣件	按顺序装上扣件，同时结合改道作业，对改道处的伤损、歪斜、失效的轨距挡板、挡板座等更换整正。	
6.紧扣件	如轨距由大改小，先拧紧外侧轨枕螺栓，再拧紧内侧轨枕螺栓；反之，则先拧紧内侧轨枕螺栓，再拧紧外侧轨枕螺栓。	
7.回检线路	检查改道后轨距，对超过作业验收标准要求的，及时整改。检查扣件状态是否符合标准，扣件应保持齐全、位置正确、作用良好。	

六、作业质量要求

（1）改道后的轨向、轨距、轨距变化率应符合线路轨道静态几何不平顺容许偏差管理值的作业验收标准，详见附录3。

（2）橡胶垫板、挡板座、弹条等零部件安装位置要正、靠、贴。弹条Ⅱ型扣件的弹条中部前端下颚应靠贴轨距挡板，离缝不大于1 mm；轨距挡板与轨底及挡肩离缝不大于1 mm。

七、安全注意事项

（1）轨道电路地段，要防止工具、材料联电造成事故，绝缘接头的扣板或铁座不能与中间扣板等混用。

（2）无缝线路区段要按相应规定作业，严禁蛮干。

八、任务评价

任务实施完成后，从职业素养与规范、作业过程及质量、结束工作安全及其他等方面进行评价，评价标准见本任务附表2。

附表 1　混凝土枕线路改道任务工单

学员班组＿＿＿＿＿＿＿＿＿　　　　　　　　学员姓名＿＿＿＿＿＿＿

<table>
<tr><td>作业项目</td><td colspan="5"></td></tr>
<tr><td>作业范围（0.5 分）</td><td>K0+＿＿~K0+＿＿</td><td>作业日期</td><td>＿＿年＿＿月＿＿日</td><td>天窗时间</td><td>＿:＿~＿:＿</td></tr>
<tr><td>作业人员（0.5 分）</td><td>＿＿人</td><td>防护人员</td><td>＿＿人</td><td>配合人员</td><td>＿＿人</td></tr>
<tr><td>计划工作量（0.5 分）</td><td colspan="5"></td></tr>
<tr><td>主要工量具名称及数量（1 分）</td><td colspan="5"></td></tr>
<tr><td>作业所需的材料及数量（0.5 分）</td><td colspan="5"></td></tr>
<tr><td rowspan="3">作业流程（3 分）</td><td>作业前（1 分）</td><td colspan="4"></td></tr>
<tr><td>作业中（1 分）</td><td colspan="4"></td></tr>
<tr><td>作业后（1 分）</td><td colspan="4"></td></tr>
<tr><td>行车安全及注意事项（1 分）</td><td colspan="5"></td></tr>
<tr><td>人身安全注意事项（1 分）</td><td colspan="5"></td></tr>
<tr><td>防护设置（2 分）</td><td colspan="5"></td></tr>
</table>

附表 2　混凝土枕线路改道作业评分表

学员班组＿＿＿＿＿＿＿＿　　学员姓名＿＿＿＿＿＿＿＿　　得分＿＿＿＿＿

项目及配分	考核内容及评分标准	标准分	扣分因素及扣分	得分
职业素养与规范（20 分）	1. 按要求填写任务工单内容，扣分标准详见任务工单。本项配分 10 分。	10		
	2. 按规定着装，穿戴劳保用品，未按规定着装或穿戴劳保用品扣 2 分。从工务实训室领取改道器 1 台、摇杆 1 根、轨距尺 1 把、套筒扳手 1 把、活口扳手 1 把、扭力扳手 1 把、石笔 1 支、混凝土枕扣件配件、签字笔 1 支，少 1 件扣 2 分。本项配分 7 分。	7		
	3. 检查工器具是否状态良好，未检查或者检查不正确每件扣 1 分。本项配分 3 分。	3		
作业过程及质量（60 分）	1. 上道前应确认防护已经设好，上道时要“眼看、手比、口呼”，未确认设好防护扣 2 分，未执行“眼看、手比、口呼”扣 3 分。本项配分 5 分。	5		
	2. 调查线路轨距，确定改道范围并划撬：用轨距尺检查 12.5 m 线路的轨距值，每根轨枕检查一次，将数据记录在相应轨枕上，根据检查数据确定改道范围并划撬。检查数据错误，每处扣 2 分；改道范围确定不正确，扣 10 分；未划撬扣 5 分。本项配分 15 分。	15		
	3. 选择标准股：直线上以方向好的一股作为标准股，曲线上以上股为标准股。标准股确定错误扣 5 分。本项配分 5 分。	5		
	4. 改道作业：通过调整轨距挡板或挡板座的方法调整轨距。对松开的扣件进行除锈涂油处理并消除扣件离缝，拧紧扣件。未对松开扣件除锈涂油扣 5 分，未消除扣件离缝、未拧紧扣件每处扣 2 分。本项配分 15 分。	15		
	5. 质量回检：对作业质量进行回检，如超出作业验收标准应进行返工，直到达到作业验收标准。未进行质量回检扣 20 分，质量回检未达到作业验收标准扣 10 分。本项配分 20 分。	20		
结束工作（10 分）	1. 作业完毕后按要求撤除防护，将工器具撤到限界以外。未按照要求撤除防护，扣 2 分；工器具未撤到限界以外或工器具未下道，每件扣 5 分。本项配分 5 分。	5		
	2. 清点工器具并将其按规定摆放，未完成扣 5 分。本项配分 5 分。	5		
安全及其他（10 分）	1. 不按规定使用工器具，作业中有不安全因素每次扣 2 分。作业过程中应注意来车情况，及时下道，未及时下道或跨越线路时未执行“一站、二看、三通过”和“眼看、手比、口呼”扣 5 分。作业人员应精神状态良好，不符合要求扣 5 分。本项配分 5 分。	5		
	2. 时间：每超时 1 min 扣 1 分，超时 5 min 停止考核。本项配分 5 分。	5		
合　计		100		

评分人：　　年　　月　　日　　　　核分人：　　年　　月　　日

任务 3.5　混凝土枕线路扣件涂油作业

一、实训任务

单人使用工具完成混凝土枕线路扣件涂油作业，主要任务要求如下：

（1）制订工作计划并完成任务工单，任务工单见本任务附表 1。

（2）根据任务工单，完成混凝土枕线路 8 套扣件涂油作业。

（3）根据混凝土枕线路扣件涂油作业评分表（本任务附表 2），进行自我测评，达到合格要求。

二、任务分析

混凝土枕线路扣件涂油作业能有效防止扣件锈蚀失效，保证轨道几何尺寸和轨道框架刚度，延长设备使用寿命。

三、工具、材料准备

名称	单位	数量	图例
轨距尺	把	1	
轨温计	把	1	
扭矩扳手	把	1	
内燃扳手/套筒扳手	套	1	
钢丝刷	把	1	
毛刷	把	1	
套筒板牙	把	1	
活口扳手	把	2	
铁路专用防腐油脂	桶	1	
石笔	支	1	
备用扣件	个	若干	

四、任务实施条件

（1）利用天窗时间作业，按规定设置移动停车防护，同时按规定指定专人担任作业负责人。

（2）混凝土枕无缝线路地段扣件涂油作业，满足作业轨温条件（按实际锁定轨温计算）:

作业项目	按实际锁定轨温计算				
	−20 °C 以下	−20 ~ −10 °C	−10 ~ +10 °C 以内	+10 ~ +20 °C	+20 °C 以上
改道作业	隔二松一，流水作业	隔二松一，流水作业	隔二松一，流水作业	隔二松一，流水作业	禁止

五、作业程序

作业流程	作业内容	图　例
1. 调查划撬	根据当日天窗点时间长短，合理安排涂油工作量和需要更换的失效扣件数量；按扣件失效标准进行判定，达到失效标准的，作出更换标记。	
2. 松卸扣件	采用隔二松一、流水作业方式，开始第一轮隔二松一，往前卸掉扣件螺母，取下弹条、轨距挡板、挡板座，放在轨枕面上。	
3. 清理除锈	用钢丝刷去掉扣件、螺杆上的污渍和铁锈，清扫混凝土轨枕承轨槽台面上的污物。	
4. 修理损坏丝杆	对丝杆损坏的应用套筒板牙进行重新车丝后，上好扣件螺旋道钉折断、浮起，螺帽或螺杆丝扣损坏无法修复的应做好记录。	
5. 扣件涂油	在螺杆上下均匀地涂上长效油脂。	
6. 更换补充扣件	缺少的扣件予以补齐，挡板座磨损、弹条损坏或不能保持应用扣压力的予以补齐或更换。	

续表

作业流程	作业内容	图例
7. 安装扣件	在轨距挡板上安放弹条，保证扣件位置正确，最后将螺母戴入至少一丝。	
8. 拧紧扣件	（1）确认挡板座、轨距挡板、弹条位置正确后，作业负责人要用轨距尺核对轨距和轨距变化率，核对无误后，拧紧扣件螺母；使用非防锈扣件的，还应对轨距挡板、弹条、螺母进行表面均匀涂油。 （2）第一轮隔二松一完成后，再进行第二轮隔二松一和第三轮隔二松一，依次进行流水作业。	
9. 质量回检	（1）扣件应保持齐全，位置正确，作用良好，达到“紧、密、靠、贴、正、润”。 （2）轨枕面上和承轨槽台面上无杂物，螺杆、扣件去垢除锈彻底，油润良好。 （3）轨距挡板应靠贴轨底边，大于 2 mm 者不超过 8%。 （4）弹条扣件的弹条中部前端下颚应靠贴轨距挡板，离缝不大于 1 mm。 （5）测量作业后轨温。 （6）将作业后的回检数据标注于轨枕面上，并作好记名修标记。	

六、作业质量要求

（1）扣件应保持齐全，位置正确，作用良好，达到“紧、密、靠、贴、正、润”。

（2）轨枕面上和承轨槽台面上无杂物，螺杆、扣件去垢除锈彻底，油润良好。

（3）轨距挡板应靠贴轨底边，大于 2 mm 者不超过 8%。

（4）弹条扣件的弹条中部前端下颚应靠贴轨距挡板，离缝不大于 1 mm。

七、安全注意事项

（1）来车时，要及时下道，工具同时撤离线路。

（2）来车时按规定上好扣件，才能放行列车。

（3）作业时不伤手脚。

八、任务评价

任务实施完成后，从职业素养与规范、作业过程及质量、结束工作安全及其他等方面进行评价，评价标准见本任务附表 2。

附表 1　混凝土枕线路扣件涂油作业任务工单

学员班组____________________　　　　　　　　　　学员姓名______________

作业项目					
作业范围（0.5 分）	K0+___~K0+___	作业日期	____年___月___日	天窗时间	___:___~___:___
作业人员（0.5 分）	_____人	防护人员	_____人	配合人员	_____人
计划工作量（0.5 分）					
主要工量具名称及数量（1 分）					
作业所需的材料及数量（0.5 分）					
作业流程（3 分）	作业前（1 分）				
	作业中（1 分）				
	作业后（1 分）				
行车安全及注意事项（1 分）					
人身安全注意事项（1 分）					
防护设置（2 分）					

附表 2　混凝土枕线路扣件涂油作业评分表

学员班组______________　学员姓名____________　得分________

项目及配分	考核内容及评分标准	标准分	扣分因素及扣分	得分
职业素养与规范（20 分）	1. 按要求填写任务工单内容，扣分标准详见任务工单。本项配分 10 分。	10		
	2. 按规定着装，穿戴劳保用品，未按规定着装或穿戴劳保用品扣 2 分。从工务实训室领取活口扳手 1 把、套筒扳手 1 把、塞尺 1 把、轨距尺 1 把、扭力扳手 1 把、毛刷 1 把、钢丝刷 1 把、油桶 1 个（铁路专用防护油脂适量）、弹条Ⅱ型扣件备用零配件、签字笔，少 1 件扣 1 分。本项配分 7 分。	7		
	3. 检查工器具是否状态良好，误差是否在允许范围内，漏项或未检查或者检查不正确扣 1 分。本项配分 3 分。	3		
作业过程及质量（60 分）	1. 上道前应确认防护已设好，上道时要“眼看、手比、口呼”，未设置或未确认设好防护扣 2 分，未执行“眼看、手比、口呼”扣 3 分。本项配分 5 分。	5		
	2. 拆卸扣件：按“隔二松一”要求用套筒扳手拆下螺母，拆卸扣件部件并将其整齐有序地放在轨枕面上。操作错误或扣件乱放扣 2 分。本项配分 5 分。	5		
	3. 除锈、去污及检查：用钢丝刷刷除螺栓上的锈污，用毛刷除去螺栓周围承轨台上的硫磺锚固残渣、污垢，扫除承轨台上的泥污，然后检查各部件有无伤损，如发现伤损应更换。除锈、去污漏项一处扣 2 分，发现伤损部件未更换扣 5 分。本项配分 10 分。	10		
	4. 涂油：对螺栓丝扣要全部涂油，螺栓杆少许涂油。涂油不到位或过量扣 2 分。本项配分 10 分。	10		
	5. 安装扣件，拧紧螺栓：依次正确安装挡板座、轨距挡板、弹条、平垫圈，然后安装螺母并用手拧紧；再用套筒扳手将扣件上紧，扭矩达到规定要求，并用塞尺检查。扣件安装不正确或扭力矩不符合要求分别扣 2 分。本项配分 20 分。	20		
	6. 封口：用油刷在螺母上方和螺杆外螺纹部分点油。未封口扣 5 分，本项配分 5 分。	5		
	7. 回检线路：用扭力扳手、塞尺、轨距尺等工量具对照线路作业验收标准，检查扣件安装及涂油情况。对安装错误、涂油不完全、扭矩不达标的情况应及时整改。扣件安装完成后未进行线路回检扣 3 分，超过作业验收标准未进行整改的每项扣 1 分。本项配 5 分。	5		
结束工作（10 分）	1. 作业完毕后将工器具撤到限界以外，按要求撤除防护。未按照要求撤除防护，扣 2 分；工器具未撤到限界以外或工器具未下道，每件扣 5 分。本项配分 5 分。	5		
	2. 清点工器具并将其按规定摆放，未完成扣 5 分。本项配分 5 分。	5		
安全及其他（10 分）	1. 不按规定使用工器具，作业中有不安全因素每次扣 2 分。作业过程中应注意来车情况，及时下道，未及时下道或跨越线路时未执行“一站、二看、三通过”和“眼看、手比、口呼”扣 5 分。作业人员应精神状态良好，不符合要求扣 5 分。本项配分 5 分。	5		
	2. 时间：每超时 1 min 扣 1 分，超时 5 min 停止考核。本项配分 5 分。	5		
合　计		100		

评分人：　　年　　月　　日　　　核分人：　　年　　月　　日

任务 3.6　更换钢轨接头夹板作业

一、实训任务

2 名作业人员为一组，使用工具完成更换钢轨接头夹板作业，主要任务要求如下：

（1）制订工作计划并完成任务工单，任务工单见本任务附表 1。

（2）根据任务工单，完成 1 个钢轨接头夹板更换作业。

（3）根据更换钢轨接头夹板作业评分表（本任务附表 2），进行自我测评，达到合格要求。

二、任务分析

更换钢轨接头夹板作业处理接头夹板病害，通过更换伤损、弯曲、磨耗夹板，保证列车安全、平稳运行。

三、工具、材料准备

名称	单位	数量	图例
扭矩扳手	把	1	
1 m 平直尺	把	1	
轨距尺	把	1	
轨温计	个	1	
套筒扳手	把	2	
活口扳手	把	2	
撬棍	把	1	
加力杆	根	1	
钢丝刷	个	1	
油刷	个	1	
同型夹板	块	2	
接头螺栓（含弹簧垫圈）	个	6	
长效油脂	桶	1	

四、任务实施条件

（1）利用天窗时间作业，按规定设置移动停车防护，同时按规定指定专人担任作业负责人。

（2）满足无缝线路作业轨温条件，按实际锁定轨温计算：－10～+10 °C 之间进行。

五、作业程序

作业流程	作业内容	图　例
1. 拆卸夹板	（1）卸下夹板范围内轨枕扣件。 （2）按要求卸掉接头螺栓，拆除两侧夹板。	
2. 除锈检查并涂油	（1）清除钢轨腹部、夹板接触面、螺栓上的污垢、铁锈。 （2）检查钢轨、夹板是否有裂纹，确认无损伤后给接头螺栓、夹板与钢轨接触面涂油。	
3. 安装夹板	安装新夹板，并注意内外口是否需要调换使用，如有必要，应进行调换。	
4. 上接头螺栓	（1）将夹板螺栓孔和钢轨螺栓孔对正，再穿入全部螺栓。 （2）直线6孔夹板先拧紧最外侧两个，再拧紧中间两个，最后拧紧剩下的两个螺栓； 曲线6孔夹板先拧紧最外侧两个，再拧紧次外侧两个，最后拧紧中间两个螺栓。 （3）敲击夹板，使夹板与钢轨接触良好，敲击螺栓尾部，用加力扳手复紧螺栓。	
5. 安装轨枕扣件	清除轨枕上的污垢，对螺栓涂油，安装扣件，拧紧螺母。	

续表

作业流程	作业内容	图例
6. 质量回检	（1）换入的夹板与钢轨类型一致，与钢轨接触部位全部靠贴。 （2）接头钢轨顶面或内侧错牙用 1 m 平直尺测量，允许速度不大于 120 km/h 线路不大于 2 mm。 （3）60 kg/m 钢轨接头 10.9 级螺栓扭力矩为 700 N · m。	

六、作业质量要求

（1）更换的夹板应与钢轨类型一致，联结要紧密且技术状态良好。

（2）接头轨面及内侧错牙，正线、到发线接头错牙不得超过 1 mm，其他站线不得超过 2 mm。

（3）接头螺栓应齐全，作用良好，缺损时应及时补齐和更换。夹板联结紧密，扭力矩应达到规定值，并保持均匀。普通线路接头螺栓扭矩标准为：

项　目	单位	25 m 钢轨						12.5 m 钢轨	
		最高、最低轨温差>85 °C			最高、最低轨温差≤85 °C				
钢　轨	kg/m	60 及以上	50	43	60 及以上	50	43	50	43
螺栓等级	—	10.9	10.9	8.8	10.9	8.8	8.8	8.8	8.8
扭矩	N · m	700	600	600	500	400	400	400	400
C 值	mm	6			4			2	

注：① *C* 值为接头阻力及道床阻力限制钢轨自由伸缩的数值。

② 小于 43 kg/m 钢轨比照 43 kg/m 钢轨办理。

③ 高强度绝缘接头螺栓扭矩不小于 700 N · m。

七、安全注意事项

（1）卸接头螺栓及扣件时，防止碰伤手脚。

（2）作业开始前，严禁单人不设防护上道进行工作量调查。

（3）上接头夹板时，严禁手指探入螺栓孔，防止挤伤。

八、任务评价

任务实施完成后，从职业素养与规范、作业过程及质量、结束工作安全及其他等方面进行评价，评价标准见本任务附表 2。

附表 1　更换钢轨接头夹板作业任务工单

学员班组________________　　　　　　　　　　　　学员姓名____________

<table>
<tr><td>作业项目</td><td colspan="6"></td></tr>
<tr><td>作业范围
（0.5 分）</td><td colspan="2">K0+___～K0+___</td><td>作业
日期</td><td>____年___月___日</td><td>天窗时间</td><td>__:__～__:__</td></tr>
<tr><td>作业人员
（0.5 分）</td><td colspan="2">_____人</td><td>防护
人员</td><td>_____人</td><td>配合人员</td><td>_____人</td></tr>
<tr><td>计划工作量
（0.5 分）</td><td colspan="6"></td></tr>
<tr><td>主要工量具
名称及数量
（1 分）</td><td colspan="6"></td></tr>
<tr><td>作业所需的
材料及数量
（0.5 分）</td><td colspan="6"></td></tr>
<tr><td rowspan="3">作业流程
（3 分）</td><td>作业前
（1 分）</td><td colspan="5"></td></tr>
<tr><td>作业中
（1 分）</td><td colspan="5"></td></tr>
<tr><td>作业后
（1 分）</td><td colspan="5"></td></tr>
<tr><td>行车安全及
注意事项
（1 分）</td><td colspan="6"></td></tr>
<tr><td>人身安全注
意事项
（1 分）</td><td colspan="6"></td></tr>
<tr><td>防护设置
（2 分）</td><td colspan="6"></td></tr>
</table>

附表 2　更换钢轨接头夹板作业评分表

学员班组____________　学员姓名____________　得分________

项目及配分	考核内容及评分标准	标准分	扣分因素及扣分	得分
职业素养与规范（20 分）	1. 按要求填写任务工单内容，扣分标准详见任务工单。本项配分 10 分。	10		
	2. 按规定着装，穿戴劳保用品，未按规定着装或穿戴劳保用品扣 2 分。从工务实训室领取活口扳手 2 把、套筒扳手 2 把、扭力扳手 1 把、钢丝刷 1 把、毛刷 1 把、油桶 1 个（铁路专用防护油脂适量）、1 对备用夹板、钢轨接头备用零件、签字笔，少 1 件扣 1 分。本项配分 7 分。	7		
	3. 检查工器具是否状态良好，未检查或者检查不正确每件扣 1 分。本项配分 3 分。	3		
作业过程及质量（60 分）	1. 上道前应确认防护已经设好，上道时要“眼看、手比、口呼”，未确认设好防护扣 2 分，未执行“眼看、手比、口呼”扣 3 分。本项配分 5 分。	5		
	2. 拆卸接头处扣件和螺栓：卸掉接头处轨枕扣件，将其整齐放在轨枕面上；将 6 个接头螺栓卸掉，其顺序为先 2、5 位，后 1、3、4、6 位。拆卸螺栓顺序错误扣 10 分。本项配分 10 分。	10		
	3. 卸夹板：用扳手尖端撬出夹板，整齐摆放在限界之外。未撤出限界之外，扣 5 分；未摆放整齐，扣 2 分。本项配分 5 分。	5		
	4. 除锈检查并涂油：注意检查轨腹、轨端有无伤损，用钢丝刷和毛刷除去夹板、钢轨端部和螺栓上的铁锈和油污；在夹板和钢轨两者接触面上均匀涂油，并将新夹板扣入。未除锈涂油扣 5 分，新夹板扣入不正确扣 5 分。本项配分 10 分。	10		
	5. 安装新夹板：将新夹板正确安装到钢轨两侧，夹板安装不正确，每块扣 5 分。本项配分 10 分。	10		
	6. 上接头螺栓：用扳手尖端串入夹板螺孔和钢轨螺孔内使其对齐对正，然后穿入全部螺栓，拧紧。紧固螺栓时，直线上钢轨接头 6 孔螺栓，先上紧最外侧两个螺栓，再上紧中间两个螺栓，剩下两个最后上紧。全部螺栓上紧后应复紧一遍，使每个螺栓扭矩达到规定值，用扭力扳手进行检查合格。紧固螺栓顺序错误扣 5 分，未复紧扣 2 分。本项配分 10 分。	10		
	7. 上扣件：将接头处轨枕拆卸的扣件安装好。扣件未安装或安装不符合要求扣 5 分。本项配分 10 分。	10		
结束工作（10 分）	1. 作业完毕后按要求撤除防护，将工器具撤到限界以外。未按照要求撤除防护，扣 2 分；工器具未撤到限界以外或工器具未下道，每件扣 5 分。本项配分 5 分。	5		
	2. 清点工器具并将其按规定摆放，未完成扣 5 分。本项配分 5 分。	5		
安全及其他（10 分）	1. 不按规定使用工器具，作业中有不安全因素每次扣 2 分。作业过程中应注意来车情况，及时下道，未及时下道或跨越线路时未执行“一站、二看、三通过”和“眼看、手比、口呼”扣 5 分。作业人员应精神状态良好，不符合要求扣 5 分。本项配分 5 分。	5		
	2. 时间：每超时 1 min 扣 1 分，超时 5 min 停止考核。本项配分 5 分。	5		
合　计		100		

评分人：　　年　　月　　日　　　核分人：　　年　　月　　日

任务 3.7 单根更换混凝土轨枕作业

一、实训任务

6 名作业人员为一组，使用工具完成单根更换混凝土轨枕作业，主要任务要求如下：

（1）制订工作计划并完成任务工单，任务工单见本任务附表 1。

（2）根据任务工单，完成 1 根混凝土轨枕更换作业。

（3）根据单根更换混凝土枕作业评分表（本任务附表 2），进行自我测评，达到合格要求。

二、任务分析

单根更换混凝土轨枕作业可有效整治失效、伤损混凝土枕，确保线路设备状态良好。

三、工具、材料准备

名称	单位	数量	图例
轨距尺	把	1	
轨温计	个	1	
起道器	台	1	
捣固机、捣镐	台/把	各 2	
石砟叉	把	1	
四齿耙	把	2	
道砟拉耙	把	1	
套筒扳手	把	2	
撬棍	根	2	
抬杠	个	2	
夹枕钳	个	2	
绳索	根	2	
刷子	把	1	
石笔	支	1	
油料	桶	1	

四、任务实施条件

（1）利用天窗时间作业，按规定设置移动停车防护，同时按规定指定专人担任作业负责人。

（2）混凝土枕地段无缝线路更换混凝土轨枕作业，应满足作业轨温条件：

作业项目	按实际锁定轨温计算				
	－20 °C 以下	－20～－10 °C	－10～+10 °C 以内	+10～+20 °C	+20 °C 以上
更换轨枕	当日不连续更换	当日连续更换不超过 2 根（配合起道除外）	与普通线路相同	当日连续更换不超过 2 根（配合起道除外）	禁止

五、作业程序

作业流程	作业内容	图例
1. 调查划撬	按轨枕失效标准进行判定，达到失效标准的，作出更换标记。	
2. 扒道床	（1）扒开轨枕一侧轨枕头和轨枕盒内全部道砟。坡道地段开挖上坡一侧的枕盒道砟，复线地段开挖与列车运行方向相反一侧的枕盒道砟，曲线一般从下股开挖。 （2）扒砟深度低于轨底约 60 mm，以能横移、抽出、穿入轨枕及不碰伤轨枕螺栓为度。 （3）混凝土枕及含土量较多的道砟暂放置在路肩上。	
3. 拆卸扣件	（1）卸掉被换轨枕两侧的扣件。 （2）卸下螺母、平垫圈、弹条、轨距挡板、挡板座、橡胶垫板等，集中存放。	
4. 抽出旧枕	4～6 人协同作业，将失效轨枕横向拨入扒开的轨枕盒内并翻转 90°，用夹枕钳或绳索顺着道床槽将失效枕抽出，顺放在路肩上。	

续表

作业流程	作业内容	图　例
5. 整平枕底道床	（1）清理原枕面道床，新枕位置应略深略宽于旧枕，线路中心处不能高于两端。 （2）清理深度一般以较原枕底面低 20 mm 左右、宽度为 350 mm 左右为宜。	
6. 穿入新枕	4～6 人协同作业，将新枕放倒呈侧面向上，用抬杠抬起，对准扒开清理好的枕盒，用绳索套拉穿入，对正并横移至轨枕位置上。	
7. 安装扣件	摆正轨枕位置后，放好橡胶垫板，测量轨距，轨枕螺栓杆涂油后安装挡板座、轨距挡板、弹条，上紧扣件（对失效扣件、橡胶垫板进行更换）。	
8. 捣固	（1）捣固前先回填部分道砟，在钢轨两侧各 450 mm 范围内进行均匀排镐捣固并进行八面镐捣固。 （2）根据列车密度，在 2～5 d 内再安排进行一次复捣，同时复紧扣件。	
9. 整理外观	（1）清筛混砟，清砟回填至道床，混砟弃至封闭网以外。 （2）恢复道床断面尺寸，并夯拍密实。	

续表

作业流程	作业内容	图　例
10. 质量回检	（1）轨枕应与轨道中心线垂直，位置正确，间距误差和偏斜不超过 50 mm。 （2）铝热焊缝距轨枕边不得小于 40 mm。 （3）Ⅱ、Ⅲ型混凝土枕中部道床可不掏空，但应保持疏松。 （4）作业后，容许偏差：线路正线及到发线，$v \leqslant 120$ km/h 时水平、高低、三角坑不大于 4 mm；其他站线，水平、高低、三角坑不大于 5 mm。 （5）零配件齐全、作用良好，弹条中部前端下颚与轨距挡板离缝不得大于 1 mm。 （6）道床恢复到标准面尺寸。	 

六、作业质量要求

（1）搬运和更换轨枕时防止损坏轨枕及螺杆。

（2）补充和更换缺少、失效零配件，扣件扭力矩要达到标准。

（3）新枕位置要正确，必须与轨道中心垂直，间距偏差及偏斜不超过规定。

（4）更换轨枕后，轨道几何尺寸应符合线路轨道静态几何不平顺容许偏差管理值的作业验收标准，详见附录 3。换枕后 3 ~ 5 d 应再捣固一遍。

七、安全注意事项

（1）在搬运混凝土枕前要认真检查杠棒和绳索是否牢固，动作要协调，防止扭伤腰和砸伤脚。

（2）新旧轨枕在搬运和更换中，材料、工机具存放位置要妥当，不得侵入限界。

（3）在轨道电路地段作业，撬棍要用绝缘套管，绝缘接头处的扣件不准与其他部位混用。放置导电的工、机具时，不能同时压在两端引入线等部位。

（4）新枕穿入前，枕下石砟要按规定扒清，准备要充分，来车时不要抢，防止新枕螺栓杆卡住轨底，造成不安全因素。

八、任务评价

任务实施完成后，从职业素养与规范、作业过程及质量、结束工作安全及其他等方面进行评价，评价标准见本任务附表 2。

附表 1　单根更换混凝土轨枕作业任务工单

学员班组______________　　　　　　　　学员姓名_____________

作业项目					
作业范围（0.5 分）	K0+___ ~ K0+___	作业日期	____年___月___日	天窗时间	___:___ ~ ___:___
作业人员（0.5 分）	_____人	防护人员	_____人	配合人员	_____人
计划工作量（0.5 分）					
主要工器具名称及数量（1 分）					
作业所需的材料及数量（0.5 分）					
作业流程（3 分）	作业前（1 分）				
	作业中（1 分）				
	作业后（1 分）				
行车安全及注意事项（1 分）					
人身安全注意事项（1 分）					
防护设置（2 分）					

附表2　单根更换混凝土轨枕作业评分表

学员班组____________　学员姓名____________　得分________

项目及配分	考核内容及评分标准	标准分	扣分因素及扣分	得分
职业素养与规范（20分）	1. 按要求填写任务工单内容，扣分标准详见任务工单。本项配分10分。	10		
	2. 按规定着装，穿戴劳保用品，未按规定着装或穿戴劳保用品扣2分。从工务实训室领取活轨距尺、轨温计、起道器、捣固机（捣镐）、石砟叉、四齿耙、道砟拉耙、套筒扳手、撬棍、抬杠、夹枕钳、绳索、刷子、石笔、油料，少1件扣1分。本项配分7分。	7		
	3. 检查工器具是否状态良好，未检查或者检查不正确每件扣1分。本项配分3分。	3		
作业过程及质量（60分）	1. 上道前应确认防护已经设好，上道时要“眼看、手比、口呼”，未确认设好防护扣2分，未执行“眼看、手比、口呼”扣3分。本项配分5分。	5		
	2. 调查划撬：按轨枕失效标准进行判定，达到失效标准的，作出更换标记。未标记扣2分，本项配分2分。	2		
	3. 扒道床：扒开一端轨枕头和一侧轨枕盒内道砟，坡道地段开挖上坡一侧的枕盒道砟，复线地段开挖与列车运行方向相反一侧的枕盒道砟，曲线一般从下股开挖。扒砟深度低于轨底约60 mm，以能横移、抽出、穿入轨枕及不碰伤轨枕螺栓为度。扒开道砟枕盒位置选择错误扣5分，扒砟深度不足扣5分。本项配分10分。	10		
	4. 拆卸扣件：卸掉被换轨枕两侧的扣件。卸下螺母、平垫圈、弹条、轨距挡板、挡板座、橡胶垫板等，集中存放。未按规定顺序拆除扣件或扣件摆放不整齐扣3分。本项配分3分。	3		
	5. 抽出旧轨枕：将失效轨枕横向拨入扒开的轨枕盒内并翻转90°，用夹枕钳或绳索顺着道床槽将失效枕抽出，顺放在路肩上。未能将失效轨枕抽出扣8分，未按规定摆放扣2分。本项配分10分。	10		
	6. 清理道床：清理原枕面道床。清理深度一般以较原枕底面低20 mm左右、宽度为350 mm左右为宜。未清理或清理后深度不足扣3分。本项配分3分。	3		

续表

项目及配分	考核内容及评分标准	标准分	扣分因素及扣分	得分
作业过程及质量（60分）	7. 换入新枕：将新枕放倒呈侧面向上，用抬杠抬起，对准扒开清理好的枕盒，用绳索套拉穿入，对正并横移至轨枕位置上。新枕未能穿入扣5分，新枕位置不正确扣5分。本项配分10分。	10		
	8. 安装扣件：将接头处轨枕拆卸的扣件安装好。扣件未安装或安装不符合要求扣2分。本项配分2分。	2		
	9. 捣固回填道床：捣固前先回填部分道砟，在钢轨两侧各 450 mm 范围内进行均匀排镐捣固并进行八面镐捣固。未捣固或捣固不密实扣 5 分。本项配分5分。	5		
	10. 整理外观：清筛混砟，清砟回填至道床。恢复道床断面尺寸，并夯拍密实。未进行道床外观整理或道床断面尺寸不符合要求扣 5 分。本项配分5分。	5		
	11. 质量回检：轨枕应与轨道中心线垂直，位置正确，间距误差和偏斜不超过 50 mm；铝热焊缝距轨枕边不得少于 40 mm；轨道几何尺寸应符合要求；零配件齐全、作用良好，扭力矩符合要求；道床恢复到标准面尺寸。未进行质量回检或回检项目不全扣5分。本项配分5分。	5		
结束工作（10分）	1. 作业完毕后按要求撤除防护，将工器具撤到限界以外。未按照要求撤除防护，扣 2 分；工器具未撤到限界以外或工器具未下道，每件扣5分。本项配分5分。	5		
	2. 清点工器具并将其按规定摆放，未完成扣 5 分。本项配分5分。	5		
安全及其他（10分）	1. 不按规定使用工器具，作业中有不安全因素每次扣 2 分。作业过程中应注意来车情况，及时下道，未及时下道或跨越线路时未执行“一站、二看、三通过”和“眼看、手比、口呼”扣5分。作业人员应精神状态良好，不符要求扣 5 分。本项配分5分。	5		
	2. 时间：每超时 1 min 扣 1 分，超时 5 min 停止考核。本项配分5分。	5		
合　计		100		

评分人：　　年　　月　　日　　　　核分人：　　年　　月　　日

任务 3.8　钢轨打磨作业

一、实训任务

2 名作业人员为一组，使用工具完成钢轨打磨作业，主要任务要求如下：

（1）制订工作计划并完成任务工单，任务工单见本任务附表 1。

（2）根据任务工单，完成 1 处钢轨打磨作业。

（3）根据钢轨打磨作业评分表（本任务附表 2），进行自我测评，达到合格要求。

二、任务分析

钢轨打磨作业可有效整治钢轨顶面凹陷或钢轨接头马鞍形磨耗、焊缝凹凸不平、钢轨内侧肥边等钢轨病害，保持钢轨轨面平顺度符合要求。

三、工具、材料准备

名称	单位	数量	图例
轨距尺	把	1	
1 m 平直尺	把	1	
塞尺	把	1	
游标卡尺	把	1	
角向砂轮机	台	1	
发电机	台	1	
钢轨打磨机	台	1	
砂轮片	个	1	
口罩	个	1	
护目镜	个	1	
石笔	支	1	

四、任务实施条件

利用天窗时间作业，按规定设置移动停车防护，同时按规定指定专人担任作业负责人。

五、作业程序

作业流程	作业内容	图　例
1. 调查划撬	用 1 m 直钢尺调查钢轨、焊缝，确定打磨位置和深度，用石笔标记在轨底。	
2. 打磨准备	作业人员将打磨机抬上线路。试运转打磨机，怠速和高速空载运转 1～2 min。打磨鞍形接头前应先捣固低接头，整治钢轨错牙。	
3. 打磨钢轨	1. 操作打磨机作业时，应密切配合。一人负责推动打磨机，控制打磨机平衡及打磨岔心（翼轨）时的倾斜度；另一人负责控制打磨机，旋转螺杆控制砂轮片的垂直和水平横向移动量。 2. 按“先少后多，由厚到薄”逐步调整打磨量，推拉打磨机在轨面上平稳地前后往返运动进行轨面或肥边打磨，往复运动要均匀，转动螺杆控制打磨量也要均匀。 3. 按钢轨顶面外侧、中部、内侧、内外侧倒角仿形步骤进行打磨，另一人分三次用 1 m 或 1.5 m 直尺和塞尺检查掌握打磨进度。 4. 打磨机倾斜角度应与轨底坡相一致，使砂轮作用面与轨头顶面相吻合，保持轨底坡不变。 5. 打磨时接触要轻，走行要稳，返回要快，用力要均匀，不可在同一段停留时间过长而造成钢轨局部淬火或伤损。	
4. 检查确认	打磨中要经常检查打磨量，防止打磨过量，打磨量应使用塞尺测量。	

续表

作业流程	作业内容	图　例
5. 精细打磨	打磨到一定程度后，要根据轨面的顺坡情况进行精细修整，使轨面平顺。打磨顺坡长度不小于 1 m。	
6. 机具下道	打磨结束后，关闭汽油机油路、风门，擦拭打磨机外部油污、沙尘，检查并拧紧打磨机各部位松动螺栓。	
7. 质量回检	打磨结束后，使用 1 m 直尺测量和塞尺进行质量回检。打磨轨面平整光滑，无明显凹凸；顶面平顺度符合要求。内侧工作边应平顺、无肥边。轨道几何尺寸符合要求。将作业后的回检数据标注于轨枕面上，并做好记名修标记。	

六、作业质量要求

（1）轨面平整光滑，无明显凹凸；顶面平顺度为[0，0.3]mm，作用边矢度为 ± 0.3 mm。

（2）钢轨内侧工作边应平顺、无肥边；钢轨接头内侧错牙用 1 m 直尺测量，在允许速度不大于 120 km/h 线路不大于 2 mm。

（3）允许速度不大于 120 km/h 线路钢轨横向弯曲（硬弯）矫直打磨后矢度用 1 m 直尺测量作用边应不大于 0.5 mm。

（4）允许速度不大于 120 km/h 线路轨距变化率不大于 2‰，其他站线不大于 3‰。

（5）轨头打磨范围内不得出现蓝色、黑色氧化层。

（6）轨头仿形与两端轨形一致，轨顶坡符合 1∶40。

七、安全注意事项

（1）砂轮机前后不允许站人，以免伤人。

（2）按规定穿戴防护用品。

（3）注意来车时及时下道，工具不要侵限。

（4）使用电动打磨机时，应使用漏电保护装置。

八、任务评价

任务实施完成后，从职业素养与规范、作业过程及质量、结束工作安全及其他等方面进行评价，评价标准见本任务附表 2 所示。

附表 1　钢轨打磨作业任务工单

学员班组________　　　　　　　　学员姓名________

<table>
<tr><td>作业项目</td><td colspan="5"></td></tr>
<tr><td>作业范围（0.5 分）</td><td>K0+___~K0+___</td><td>作业日期</td><td>____年___月___日</td><td>天窗时间</td><td>___:___~___:___</td></tr>
<tr><td>作业人员（0.5 分）</td><td>_____人</td><td>防护人员</td><td>_____人</td><td>配合人员</td><td>_____人</td></tr>
<tr><td>计划工作量（0.5 分）</td><td colspan="5"></td></tr>
<tr><td>主要工器具名称及数量（1 分）</td><td colspan="5"></td></tr>
<tr><td>作业所需的材料及数量（0.5 分）</td><td colspan="5"></td></tr>
<tr><td rowspan="3">作业流程（3 分）</td><td>作业前（1 分）</td><td colspan="4"></td></tr>
<tr><td>作业中（1 分）</td><td colspan="4"></td></tr>
<tr><td>作业后（1 分）</td><td colspan="4"></td></tr>
<tr><td>行车安全及注意事项（1 分）</td><td colspan="5"></td></tr>
<tr><td>人身安全注意事项（1 分）</td><td colspan="5"></td></tr>
<tr><td>防护设置（2 分）</td><td colspan="5"></td></tr>
</table>

附表 2　钢轨打磨作业评分表

学员班组____________　　学员姓名____________　　得分________

项目及配分	考核内容及评分标准	标准分	扣分因素及扣分	得分
职业素养与规范（20 分）	1. 按要求填写任务工单内容，扣分标准详见任务工单。本项配分 10 分。	10		
	2. 按规定着装，穿戴劳保用品，未按规定着装或穿戴劳保用品扣 2 分，从工务实训室领取活轨距尺、轨温计、起道器、捣固机（捣镐）、石砟叉、四齿耙、道砟拉耙、套筒扳手、撬棍、抬杠、夹枕钳、绳索、刷子、石笔、油料，少 1 件扣 1 分。本项配分 7 分。	7		
	3. 检查工器具是否状态良好，未检查或者检查不正确每件扣 1 分。本项配分 3 分。	3		
作业过程及质量（60 分）	1. 上道前应确认防护已经设好，上道时要“眼看、手比、口呼”，未确认设好防护扣 2 分，未执行“眼看、手比、口呼”扣 3 分。本项配分 5 分。	5		
	2. 调查划撬：用 1 m 直钢尺调查钢轨、焊缝，确定打磨位置和深度，用石笔标记在轨底，未正确标记扣 2 分，本项配分 2 分。	2		
	3. 打磨准备：将打磨机抬上线路，试运转打磨机，怠速和高速空载运转 1～2 min。打磨前未试运转打磨机，扣 1 分。本项配分 2 分。	2		
	4. 打磨钢轨：（1）操作打磨机作业时，应密切配合。一人负责推动打磨机，控制打磨机平衡及打磨岔心（翼轨）时的倾斜度。另一人负责控制打磨机，旋转螺杆控制砂轮片的垂直和水平横向移动量。两名操作人员配合不默契，扣 5 分。（2）按钢轨顶面外侧、中部、内侧、内外侧进行倒角仿形打磨，分三次用 1 m 钢直尺和塞尺检查掌握打磨进度。钢轨顶面外侧、中部、内侧、内外侧仿形打磨少一处扣 5 分，未检查扣 2 分。（3）打磨时接触要轻，走行要稳，返回要快，用力要均匀，不可在同一段停留时间过长而造成钢轨局部淬火或伤损。造成钢轨局部淬火或伤损，每处扣 5 分。本项配分 2 分。	40		

续表

项目及配分	考核内容及评分标准	标准分	扣分因素及扣分	得分
作业过程及质量（60分）	5. 检查确认：打磨中要经常检查打磨量，防止打磨过量，打磨量应使用塞尺测量，未执行扣2分。本项配分2分。本项配分2分。	2		
	6. 精细打磨：打磨到一定程度后，要根据轨面的顺坡情况进行精细修整，使轨面平顺。打磨顺坡长度不小于1 m，未执行扣2分。本项配分2分。	2		
作业过程及质量（60分）	7. 机具下道：打磨结束后，关闭汽油机油路、风门，擦拭打磨机外部油污、沙尘，检查并拧紧打磨机各部位松动螺栓。未执行每项扣2分。本项配分2分。	2		
	8. 质量回检：打磨结束后，使用1 m直尺测量和塞尺进行质量回检。打磨轨面平整光滑，无明显凹凸；顶面平顺度符合要求。内侧工作边应平顺、无肥边。轨道几何尺寸符合要求。将作业后的回检数据标注于轨枕面上，并做好记名修标记。未进行质量回检或回检项目不全扣5分。本项配分2分。	5		
结束工作（10分）	1. 作业完毕后按要求撤除防护，将工器具撤到限界以外。未按照要求撤除防护，扣2分；工器具未撤到限界以外或工器具未下道，每件扣5分。本项配分5分。	5		
	2. 清点工器具并将其按规定摆放，未完成扣5分。本项配分5分。	5		
安全及其他（10分）	1. 不按规定使用工器具，作业中有不安全因素每次扣2分。作业过程中应注意来车情况，及时下道，未及时下道或跨越线路时未执行“一站、二看、三通过”和“眼看、手比、口呼”扣5分。作业人员应精神状态良好，不符合要求扣5分。本项配分5分。	5		
	2. 时间：每超时1 min扣1分，超时5 min停止考核。本项配分5分。	5		
合　计		100		

评分人：　　　年　　月　　日　　　　　核分人：　　　年　　月　　日

任务 3.9　垫板作业

一、实训任务

2 名作业人员为一组，使用工具完成垫板作业，主要任务要求如下：

（1）制定工作计划并完成任务工单，任务工单见本任务附表 1。

（2）根据任务工单，完成 50 m 线路垫板作业。

（3）根据垫板作业评分表（本任务附表 2），进行自我测评，达到合格要求。

二、任务分析

垫板作业主要整治调整线路小高低、水平、三角坑、空吊板和低接头，保证线路平顺。

三、工具、材料准备

名称	单位	数量	图例
轨距尺	把	1	
弦线	套	1	
150 mm 钢尺	把	1	
轨温计	个	1	
液压起道机	台	1	
九尺叉	把	1	
四齿耙	把	1	
450 mm 活动扳手	把	2	
套筒扳手	把	2	
内燃扳手	台	1	
钢丝刷	把	1	
垫板	块	若干	
长效油脂			
油刷	个	若干	

四、任务实施条件

利用天窗时间作业，按规定设置移动停车防护，同时按规定指定专人担任作业负责人。

五、作业程序

作业流程	作业内容	图　例
1. 调查划撬	（1）确定标准股：曲线以下股为标准股，直线选取水平较高的一股为标准股。 （2）高低调查：采用目视、弦线检查出标准股高低值。 （3）水平调查：用轨距尺逐根轨枕测量两股钢轨的水平值，并在轨底或轨枕面上作出记录。 （4）分析划撬：根据检查的高低、水平值和三角坑偏差值，对照该线路速度等级的静态几何尺寸容许偏差管理值，确定超限处所，划出撬头、撬尾和坑底的位置，标出每根轨枕垫高量。	
2. 分发垫板	根据垫板处所的长度、厚度分发垫板，厚度不足时可用不同厚度垫板进行组合，放置在需垫钢轨一侧的轨枕面上。	
3. 松卸扣件	螺栓松起高度以垫板能放入为宜，长度不超过 5 根轨枕，依次向前流水作业。	
4. 抬起钢轨	起道机放置平整，位置合适，抬轨高度以能放入垫板为宜。	

续表

作业流程	作业内容	图例
5. 垫板作业	（1）将垫板插入橡胶垫板与轨枕顶面之间，垫板位置正确，每处调高垫板不得超过 2 块，总厚度不超过 10 mm。 （2）曲线上下两股钢轨同时垫板时，应先垫上股，后垫下股。 （3）插入垫板完毕，起道器操作手应左右观察、确认，待作业人员手脚离开钢轨后，打开起道器回油阀，落下钢轨。	
6.测量轨距，整理扣件，拧紧轨枕螺栓	（1）当轨距小时，先紧里口螺栓，反之则先紧外口螺栓。为不影响轨距顺坡，最好由中间轨枕开始向两侧拧紧轨枕螺栓。 （2）结合垫板作业，对垫板处所伤损、歪斜、失效的橡胶垫板、挡板座和弹条等更换整正。	
7.质量回检	（1）前后高低目视平顺，用 10 m 弦、轨距尺量，高低、水平容许误差不超过 4 mm。 （2）三角坑容许偏差在延长 18 m 的距离内不超过 4 mm。 （3）弹条扣件的弹条中部前端下颚应靠贴轨距挡板，离缝不大于 1 mm。 混凝土枕垫板位置正确，无偏斜、无窜动。 （4）水平和高低超过 8 mm 地段、下沉地段、长漫洼地段不能垫。	

六、作业质量要求

（1）垫板位置正确，无偏斜、无串动。

（2）扣件应保持齐全，位置正确，作用良好，达到“紧、密、靠、贴、正、润”。

（3）轨枕面上和承轨槽台面上无杂物，螺杆、扣件去垢除锈彻底，油润良好。

（4）弹条扣件的弹条中部前端下颚应靠贴轨距挡板，离缝不大于 1 mm。

七、安全注意事项

抽垫板时，不得将手伸入轨底，以免挤伤手指。

八、任务评价

任务实施完成后，从职业素养与规范、作业过程及质量、结束工作安全及其他等方面进行评价，评价标准见本任务附表 2。

附表 1　垫板作业任务工单

学员班组＿＿＿＿＿＿＿＿　　　　　　　　　　学员姓名＿＿＿＿＿＿＿

<table>
<tr><td>作业项目</td><td colspan="5"></td></tr>
<tr><td>作业范围
（0.5 分）</td><td>K0+___ ~ K0+___</td><td>作业
日期</td><td>____年___月___日</td><td>天窗时间</td><td>___:___ ~ ___:___</td></tr>
<tr><td>作业人员
（0.5 分）</td><td>_____人</td><td>防护
人员</td><td>_____人</td><td>配合人员</td><td>_____人</td></tr>
<tr><td>计划工作量
（0.5 分）</td><td colspan="5"></td></tr>
<tr><td>主要工器具
名称及数量
（1 分）</td><td colspan="5"></td></tr>
<tr><td>作业所需的
材料及数量
（0.5 分）</td><td colspan="5"></td></tr>
<tr><td rowspan="3">作业流程
（3 分）</td><td>作业前
（1 分）</td><td colspan="4"></td></tr>
<tr><td>作业中
（1 分）</td><td colspan="4"></td></tr>
<tr><td>作业后
（1 分）</td><td colspan="4"></td></tr>
<tr><td>行车安全及
注意事项
（1 分）</td><td colspan="5"></td></tr>
<tr><td>人身安全注
意事项
（1 分）</td><td colspan="5"></td></tr>
<tr><td>防护设置
（2 分）</td><td colspan="5"></td></tr>
</table>

附表 2　垫板作业评分表

学员班组＿＿＿＿＿＿＿　　学员姓名＿＿＿＿＿＿＿　　得分＿＿＿＿＿

项目及配分	考核内容及评分标准	标准分	扣分因素及扣分	得分
职业素养与规范（20 分）	1. 按规定着装，穿戴劳保用品，按要求填写任务工单内容，未完成或错误每处扣 1 分。本项配分 10 分。	10		
	2. 从工务实训室领取轨距尺 1 把、起道器 1 台、摇杆 1 把、四齿耙 1 把、套筒扳手 1 把或内燃扳手 1 台、钢丝刷 1 把、垫板和长效油脂若干，备好签字笔，少 1 件扣 2 分。本项配分 5 分。	5		
	3. 检查工器具是否状态良好，未检查或者检查不正确扣 5 分。本项配分 5 分。	5		
作业过程及质量（60 分）	1. 上道前应确认防护已经设好，上道时要“眼看、手比、口呼”，未确认设好防护扣 2 分，未执行“眼看、手比、口呼”扣 3 分。本项配分 5 分。	5		
	2. 调查划撬：用轨距尺检查水平值，每根轨枕检查一次，将数据记录在相应轨枕上，根据检查数据确定起道范围。标准股确定错误扣 5 分；检查数据错误，每处扣 2 分；垫板范围确定不正确，扣 10 分。本项配分 10 分。	10		
	3. 选择标准股：直线上以水平高的一股作为标准股，曲线上以下股为标准股。标准股确定错误扣 5 分。本项配分 5 分。	5		
	4. 分发垫板：根据垫板处所的长度、厚度分发垫板，厚度不足时可用不同厚度垫板进行组合，放置在需垫钢轨一侧的轨枕面上。垫板分发错误，每处扣 2 分。本项配分 5 分。	5		
	5. 松卸扣件：螺栓松起高度以垫板能放入为宜，长度不超过 5 根轨枕，依次向前流水作业。螺栓松起高度不满足要求每处扣 2 分，松开螺栓超过 5 根扣 5 分。本项配分 5 分。	5		
	6. 抬起钢轨：起道器放置平整，位置合适，抬轨高度以能放入垫板为宜。起道器操作错误或太高钢轨高度不够扣 5 分。本项配分 5 分。	5		
	7. 垫板作业：将垫板插入橡胶垫板与轨枕顶面之间，垫板位置正确，每处调高垫板不得超过 2 块，总厚度不超过 10 mm；曲线上下两股钢轨同时垫板时，应先垫上股，后垫下股。调高垫板数量超过 2 块，每处扣 5 分；垫板顺序错误扣 5 分。本项配分 10 分。	10		

续表

项目及配分	考核内容及评分标准	标准分	扣分因素及扣分	得分
作业过程及质量（60 分）	8. 测量轨距，整理扣件，拧紧轨枕螺栓：当轨距小时，先紧里口螺栓，反之则先紧外口螺栓。为不影响轨距顺坡，最好由中间轨枕开始向两侧拧紧轨枕螺栓。结合垫板作业，对垫板处所伤损、歪斜、失效的橡胶垫板、挡板座和弹条等更换整正。拧紧螺栓顺序错误，每处扣 2 分；未对垫板处所伤损、歪斜、失效的橡胶垫板、挡板座和弹条等更换整正，每处扣 2 分。本项配分 5 分。	5		
	9. 质量回检：作业完毕后，对轨距、水平、三角坑、高低、弹条扣件状态进行检查。混凝土枕垫板位置正确，无偏斜、无窜动。未进行质量回检扣 10 分，质量回检漏项每项扣 2 分。本项配分 10 分。	10		
结束工作（10 分）	1. 作业完毕后将工器具撤到限界以外，按要求撤除防护。未按照要求进行撤除防护，扣 2 分；工器具未撤到限界以外或工器具未下道，每件扣 5 分。本项配分 5 分。	5		
	2. 清点工器具并将其按规定摆放，未完成扣 5 分。本项配分 5 分。	5		
安全及其他（10 分）	1. 不按规定使用工器具，作业中有不安全因素每次扣 2 分。作业过程中应注意来车情况，及时下道，未及时下道或跨越线路时未执行“一站、二看、三通过”。作业人员应精神状态良好，不符要求扣 5 分。本项配分 5 分。	5		
	2. 时间：每超时 1 min 扣 1 分，超时 5 min 停止考核。本项配分 5 分。	5		
合　计		100		

评分人：　　年　　月　　日　　　　核分人：　　年　　月　　日

任务 3.10　手工捣固作业

一、实训任务

2 名作业人员为一组，使用工具完成手工捣固作业，主要任务要求如下：

（1）制订工作计划并完成任务工单，任务工单见本任务附表 1。

（2）根据任务工单，完成 2 根轨枕手工捣固作业。

（3）根据手工捣固作业评分表（本任务附表 2），进行自我测评，达到合格要求。

二、任务分析

手工捣固作业使轨枕底道砟密实，能有效整治线路水平、三角坑及高低超限、线路暗坑、吊板和低接头等病害，使轨道更加平顺，行车平稳，确保列车运行安全。

三、工具、材料准备

名称	单位	数量	图例
液压起道器	台	1	
轨距尺	把	1	
捣镐	把	1	
四齿耙	把	1	
弦线	套	1	
150 mm 钢尺	把	1	
轨温计	个	1	
石笔	支	1	

四、任务实施条件

（1）利用天窗时间作业，按规定设置移动停车防护，同时按规定指定专人担任作业负责人。

（2）无缝线路扒道床作业，满足作业轨温条件。

线路条件	按实际锁定轨温计算		
直线及 $R \geqslant 2000$ m	+20 °C 时 连续扒开道床不超 25 m	−20～+15 °C 时 连续扒开道床不超 50 m	轨温 ±10 °C 时 扒道床与普通线路相同
800 m$\leqslant R$ <2000 m	−20～+15 °C 时 连续扒开道床不超 25 m	−15～+10 °C 时 连续扒开道床不超 50 m	轨温 ±5 °C 时 扒道床与普通线路相同
300 m$\leqslant$ R<800 m	−15～+10 °C 时 连续扒开道床不超 25 m	−10～+5 °C 时 连续扒开道床不超 50 m	—

五、作业程序

作业流程	作业内容	图　例
1. 调查划撬	一般消灭空吊板时，画捣固撬和轻重捣固符号；符合重点起道时，按起道作业调查画清符号。	
2. 扒右手镐窝	（1）扒砟时，先扒左股内侧后扒右股内侧，再扒右股外侧后扒左股外侧。 （2）扒右手镐窝。 先按孔扒好外口，再扒里口，扒好轨底。扒砟应做到“三够一清”，即：扒砟长度够，扒砟深度够，扒砟宽度够，轨底道砟扒清。 （2）扒砟长度：自钢轨中心向两侧各扒400～450 mm。 （3）扒砟深度：不起道时，至轨枕底面下10～20 mm；起道量不超过10 mm时，与枕底平齐；起道量超过10 mm时，预留道砟量为起道量2倍。 （4）扒砟宽度：宽度距轨枕侧面不小于100 mm。	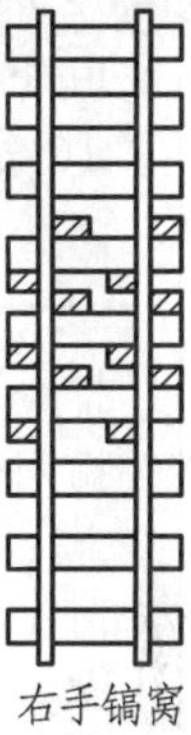 右手镐窝 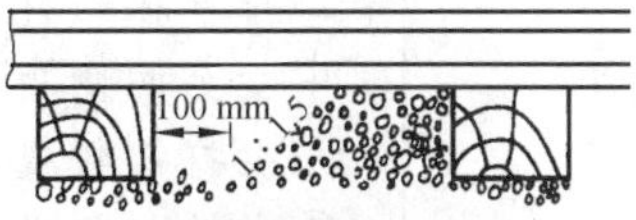
3. 捣固右手镐	站脚姿势： 前脚放在轨枕上，距钢轨底边约400 mm，脚尖不得伸出轨枕边缘，后脚站在轨枕盒内，距钢轨底边约50～100 mm，脚尖不得伸入轨底。	 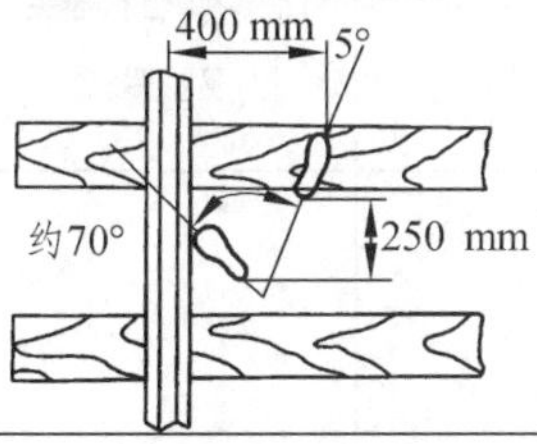
3. 捣固右手镐	举镐姿势： 镐要举正，举镐时，前手必须向镐把中央移动，举起后挺胸直立，左手略与下颚平齐，右手自然上伸，镐中心不超过头顶。捣固镐轨底时，镐头应偏向头部一侧约30 mm。	

续表

作业流程	作业内容	图　例
	落镐姿势： （1）落镐应目视落镐点，用力打下，握紧镐把，用力往后带镐，将道砟闷住。落镐后两手约距 100 mm。 （2）捣固时应打排镐，先由轨底向外排镐，再由外排向轨底，第一排落镐点应距轨底边缘 10～20 mm，落镐角度约为 45°。	
3. 捣固右手镐	排镐顺序和数量： 捣固镐数与镐序，依据起道量、轨枕情况而定。 （1）捣固先由轨底向外排镐，再由外排向轨底。第一排落在距枕底边 10～20 mm 处，第二排落在距枕边 20～30 mm 处，捣固自钢轨中心至两侧距离 400～450 mm。 （2）打镐数量。 ①木枕：起道量在 5 mm 以下或不起道打 16 镐，接头打 20 镐；起道量在 6～14 mm 时打 18 镐，接头打 20 镐；起道量在 15～20 mm 时打 20 镐，接头打 22 镐；起道量超过 20 mm 时打 22 镐。 ②混凝土轨枕：不起道钢轨外侧打 18 镐，内侧打 21 镐；起道时钢轨外侧打 24 镐，内侧打 28 镐。	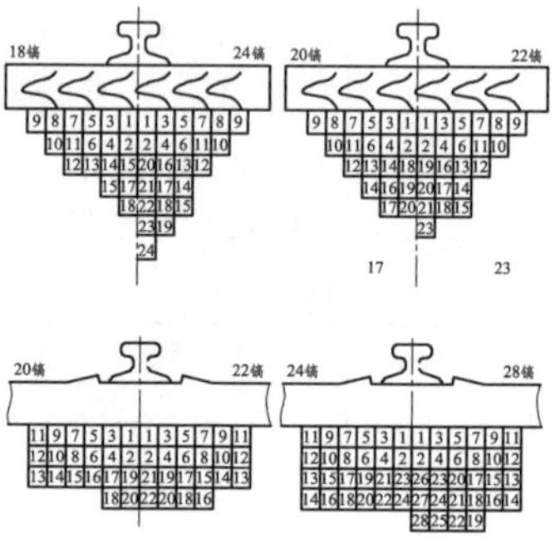
4. 左手镐扒窝捣固	比照扒右手镐窝的做法，扒好左手镐窝，同时埋好右手镐窝。比照打右手镐的做法，打左手镐。	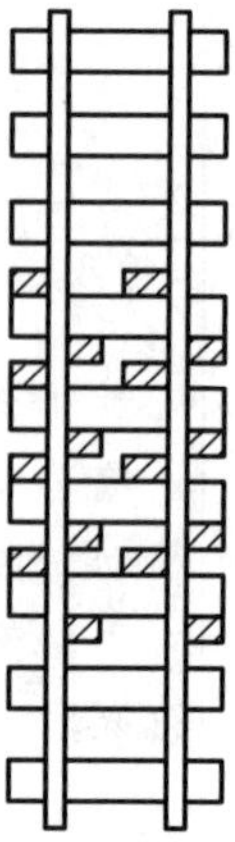 左手镐窝

续表

作业流程	作业内容	图 例
5. 分组捣固	捣固时，两人一组，在钢轨两侧打对面镐，如两股钢轨均需捣固，则两组同捣一根轨枕，同起同落。	
6. 回填整理道床	安装防爬支撑后，回填整理道床，夯拍坚实。	
7. 质量回检	捣固结束后，全面检查线路水平、高低和空吊板情况，全面进行找细整修，对失格处所组织返修。	

六、作业质量要求

（1）手工捣固扒砟要做到“三够一清”，即：长度够、宽度够、深度够、钢轨底部石砟要扒清。

（2）手工捣固要做到“五够”，即：捣固长度够、一根轨枕捣够八面镐、捣固举镐高度够、落镐力度够、规定的镐数要够。

（3）道床捣固应均匀密实，各轨枕间强度均匀，捣固后高低、水平符合《普速铁路修理规则》规定要求。

（4）道床回填平整、整齐，边坡一致，无缝线路砟肩堆高 150 mm。

七、安全注意事项

（1）捣固时应注意飞砟伤人。

（2）分组捣固时，每组间隔应保持 3 根以上轨枕，防止道镐伤人。

（3）来车时及时下道避车。

八、任务评价

任务实施完成后，从职业素养与规范、作业过程及质量、结束工作安全及其他等方面进行评价，评价标准见本任务附表 2。

附表 1 手工捣固作业任务工单

学员班组__________________　　　　　　学员姓名____________

作业项目					
作业范围（0.5 分）	K0+___～K0+___	作业日期	___年___月___日	天窗时间	___:___～___:___
作业人员（0.5 分）	______人	防护人员	______人	配合人员	______人
计划工作量（0.5 分）					
主要工器具名称及数量（1 分）					
作业所需的材料及数量（0.5 分）					
作业流程（3 分）	作业前（1 分）				
	作业中（1 分）				
	作业后（1 分）				
行车安全及注意事项（1 分）					
人身安全注意事项（1 分）					
防护设置（2 分）					

附表 2　手工捣固作业评分表

学员班组____________　　学员姓名____________　　得分_______

项目及配分	考核内容及评分标准	标准分	扣分因素及扣分	得分
职业素养与规范（20 分）	1. 按要求填写任务工单内容，扣分标准详见任务工单。本项配分 10 分。	10		
	2. 按规定着装，穿戴劳保用品，未按规定着装或穿戴劳保用品扣 2 分。从工务实训室领取卷尺 1 把、捣镐 1 把、四齿耙 1 把，备好签字笔，少 1 件扣 2 分。本项配分 5 分。	5		
	3. 检查工器具是否状态良好，未检查或者检查不正确扣 5 分。本项配分 5 分。	5		
作业过程及质量（60 分）	1. 上道前应确认防护已设好，上道时要“眼看、手比、口呼”，未设置或未确认设好防护扣 2 分，未执行“眼看、手比、口呼”扣 3 分。本项配分 5 分。	5		
	2. 扒砟：按不起道捣固要求，以“三够一清”标准扒开道床。长度：自轨底中心向两侧 400～450 mm；宽度：扒至待捣固轨枕侧面约 100 mm；深度：不起道时扒至轨枕底以下 10～20 mm；轨底清：轨底扒清、扒透。不符合标准每处扣 2 分。本项配分 20 分。	20		
	3. 捣固：按捣固作业“五够”标准完成手工捣固作业。左、右手镐站位及握镐动作正确；举镐高度够：处低位的手举在胸前第二个纽扣处；下镐力度够：双手用力握住镐把，防止镐头摆动，用力向后带镐将石砟闷住；捣固长度够：自轨底中心向两侧 400～450 mm；打镐数量够：混凝土枕排 7 个镐位，打 23 镐；八面镐够：一根轨枕捣固八个面。不符合标准每处扣 2 分。本项配分 25 分。	25		
	4. 回填道床：按标准道床断面尺寸回填整理道床。轨底处道床顶面低于轨枕顶面 20～30 mm，Ⅰ型混凝土枕中部道床应掏空，其顶面低于枕底不得小于 20 mm，长度应为 200～400 mm；Ⅱ型和Ⅲ型混凝土枕中部道床应填平，并不高于轨枕顶面。检查道床回填情况，未整理或整理不合格扣 10 分，未检查扣 5 分。本项配分 10 分。	10		
结束工作（10 分）	1. 作业完毕后将工器具撤到限界以外，按要求撤除防护。未按照要求撤除防护，扣 2 分；工器具未撤到限界以外或工器具未下道，每件扣 5 分。本项配分 5 分。	5		
	2. 清点工器具并将其按规定摆放，未完成扣 5 分。本项配分 5 分。	5		
安全及其他（10 分）	1. 不按规定使用工器具，作业中有不安全因素每次扣 2 分。作业过程中应注意来车情况，及时下道，未及时下道或跨越线路时未执行“一站、二看、三通过”和“眼看、手比、口呼”扣 5 分。作业人员应精神状态良好，不符合要求扣 5 分。本项配分 5 分。	5		
	2. 时间：每超时 1 min 扣 1 分，超时 5 min 停止考核。本项配分 5 分。	5		
合　计		100		

评分人：　　年　　月　　日　　　　核分人：　　年　　月　　日

任务 3.11　内燃冲击镐捣固作业

一、实训任务

2名作业人员为一组，使用捣镐完成内燃冲击镐捣固作业，主要任务要求如下：

（1）制订工作计划并完成任务工单，任务工单见本任务附表1。

（2）根据任务工单，完成4根轨枕手工捣固作业。

（3）根据内燃冲击镐捣固作业评分表（本任务附表2），进行自我测评，达到合格要求。

二、任务分析

内燃冲击镐捣固作业能有效整治线路水平、三角坑及高低超限、线路暗坑、吊板和低接头等病害，使轨道更加平顺，行车平稳，确保列车运行安全。

三、工具、材料准备

名称	单位	数量	图例
液压起道器	台	1	
轨距尺	把	1	
内燃冲击镐	台	1	
四齿耙	把	1	
弦线	套	1	
钢尺	把	1	
轨温计	个	1	
石笔	支	1	

四、任务实施条件

（1）利用天窗时间作业，按规定设置移动停车防护，同时按规定指定专人担任作业负责人。

（2）无缝线路扒道床作业，满足作业轨温条件：

线路条件	按实际锁定轨温计算		
直线及 $R \geqslant 2000$ m	+20 °C 时 连续扒开道床不超 25 m	−20～+15 °C 时 连续扒开道床不超 50 m	轨温 ±10 °C 时 扒道床与普通线路相同
800 m ≤ R < 2000 m	−20～+15 °C 时 连续扒开道床不超 25 m	−15～+10 °C 时 连续扒开道床不超 50 m	轨温 ±5 °C 时 扒道床与普通线路相同
300 m ≤ R < 800 m	−15～+10 °C 时 连续扒开道床不超 25 m	−10～+5 °C 时 连续扒开道床不超 50 m	—

五、作业程序

作业流程	作业内容	图　例
1.调查划撬	一般消灭空吊板时，画捣固撬和轻重捣固符号；符合重点起道时，按起道作业调查画清符号。	
2.扒道床	扒开道砟长度约为 450 mm，一般起道量在 20 mm 以下时，扒出轨枕盒内 1/2 道砟；起道量超出 20 mm 时，扒出轨枕盒内 1/3 道砟；如道砟清洁，能插入捣镐或起道量超过 30 mm 时，也可不扒道砟。	  
3. 捣固姿势	站脚姿势： 两脚站在被捣固轨枕前或后的两根相邻轨枕上，前脚与钢轨平行，后脚站在枕盒内，成 80°～85°角，前脚距钢轨约 400 mm，后脚尖向着钢轨，身体弯直根据需要调整，两手紧握手把。	 
	捣固作业： 捣固时，首先使内燃冲击镐与轨枕垂线成 45°角，以后逐渐增大，到结束时为 80°角。在捣固中，还必须将内燃冲击镐沿中心线向四周摆动和左右倾斜约 20°，这样可使镐头进入道床，提高捣固质量。	

续表

作业流程	作业内容	图　例
4. 捣固顺序	为加强轨底，先将镐头放在轨底处捣固，以后再向两边移动进行捣固，最后再向轨底中间方向捣固。	  
5. 捣固时间	捣固时间与起道量有关。起道量在 20 mm 以下，一般捣固 40 s，每面 3 个镐位；起道量在 20～40 mm 时，一般捣固 55 s，每面排 4 个镐位。轨底应适当延长捣固时间。	
6. 回填整理道床	安装防爬支撑后，回填整理道床，夯拍坚实。	
7. 质量回检	捣固结束后，全面检查线路水平、高低和空吊板情况，全面进行找细整修，对失格处所组织返修。	

六、作业质量要求

（1）内燃冲击镐捣固时，4 个镐或 8 个镐在捣固时必须做到“四一致”，即：下镐位置一致，都捣固同一位置的镐位；下镐角度一致，镐板与地平面成 40°～45°角；下镐动作一致；捣固时间一致，一起下镐，一起转移。

（2）道床捣固应均匀密实，各轨枕间强度均匀，捣固后高低、水平符合《普速铁路修理规则》规定要求。

（3）道床回填平整、整齐，边坡一致，无缝线路砟肩堆高 150 mm。

七、安全注意事项

（1）分组捣固时，每组间隔应保持 3 根以上轨枕，防止工具碰撞伤人。

（2）雨天及恶劣天气捣固机严禁上道，防止发生触、联电事故。

（3）来车时及时下道避车。

八、任务评价

任务实施完成后，从职业素养与规范、作业过程及质量、结束工作安全及其他等方面进行评价，评价标准见本任务附表 2。

附表 1　内燃冲击镐捣固作业任务工单

学员班组________　　　　　　　　　　　学员姓名________

<table>
<tr><td>作业项目</td><td colspan="5"></td></tr>
<tr><td>作业范围
（0.5 分）</td><td>K0+___～K0+___</td><td>作业
日期</td><td>____年___月___日</td><td>天窗时间</td><td>___:___～___:___</td></tr>
<tr><td>作业人员
（0.5 分）</td><td>_____人</td><td>防护
人员</td><td>_____人</td><td>配合人员</td><td>_____人</td></tr>
<tr><td>计划工作量
（0.5 分）</td><td colspan="5"></td></tr>
<tr><td>主要工器具
名称及数量
（1 分）</td><td colspan="5"></td></tr>
<tr><td>作业所需的
材料及数量
（0.5 分）</td><td colspan="5"></td></tr>
<tr><td rowspan="3">作业流程
（3 分）</td><td>作业前
（1 分）</td><td colspan="4"></td></tr>
<tr><td>作业中
（1 分）</td><td colspan="4"></td></tr>
<tr><td>作业后
（1 分）</td><td colspan="4"></td></tr>
<tr><td>行车安全及
注意事项
（1 分）</td><td colspan="5"></td></tr>
<tr><td>人身安全注
意事项
（1 分）</td><td colspan="5"></td></tr>
<tr><td>防护设置
（2 分）</td><td colspan="5"></td></tr>
</table>

附表 2　内燃冲击镐捣固作业评分表

学员班组____________　　学员姓名____________　　得分_______

项目及配分	考核内容及评分标准	标准分	扣分因素及扣分	得分
职业素养与规范（20 分）	1. 按要求填写任务工单内容，扣分标准详见任务工单。本项配分 10 分。	10		
	2. 按规定着装，穿戴劳保用品，未按规定着装或穿戴劳保用品扣 2 分。从工务实训室领取卷尺 1 把、捣镐 1 把、四齿耙 1 把，备好签字笔，少 1 件扣 2 分。本项配分 5 分。	5		
	3. 检查工器具是否状态良好，未检查或者检查不正确扣 5 分。本项配分 5 分。	5		
作业过程及质量（60 分）	1. 上道前应确认防护已设好，上道时要“眼看、手比、口呼”，未设置或未确认设好防护扣 2 分，未执行“眼看、手比、口呼”扣 3 分。本项配分 5 分。	5		
	2. 扒道床：按不起道捣固要求。长度：自轨底中心向两侧 450 mm，起道量在 20 mm 以下时，扒出轨枕盒内 1/2 道砟；起道量超出 20 mm 时，扒出轨枕盒内 1/3 道砟；如道砟清洁，能插入捣镐或起道量超过 30 mm 时，也可不扒道砟。扒道床不符合要求，扣 10 分。本项配分 10 分。本项配分 10 分。	10		
	3. 捣固作业： （1）站脚姿势：两脚站在被捣固轨枕前或后的两根相邻轨枕上，前脚与钢轨平行，后脚站在枕盒内，成 80°～85°角，前脚距钢轨约 400 mm，后脚尖向着钢轨，身体垂直，两手紧握手把。站脚姿势不符合要求扣 10 分。 （2）捣固作业：捣固时，首先使内燃冲击镐与轨枕垂线成 45°角，以后逐渐增大，到结束时为 80°角。在捣固中，还必须将内燃冲击镐沿中心线向四周摆动和左右倾斜约 20°，这样可使镐头进入道床，提高捣固质量。捣固作业不符合要求扣 10 分。本项配分 20 分。	20		
	4. 捣固顺序：为加强轨底，先将镐头放在轨底处捣固，以后再向两边移动进行捣固，最后再向轨底中间方向捣固。捣固顺序错误扣 5 分。本项配分 5 分。	5		
	5. 捣固时间：捣固时间与起道量有关。起道量在 20 mm 以下，一般捣固 50 s，每面 4 个镐位；起道量在 20～40 mm 时，一般捣固 60 s，每面排 5 个镐位。轨底应适当延长捣固时间。捣固时间及镐位数不够扣 10 分。本项配分 10 分。	10		

续表

项目及配分	考核内容及评分标准	标准分	扣分因素及扣分	得分
作业过程及质量（60分）	6. 回填道床：按标准道床断面尺寸回填整理道床。轨底处道床顶面低于轨枕顶面 20～30 mm，Ⅰ型混凝土枕中部道床应掏空，其顶面低于枕底不得小于 20 mm，长度应为 200～400 mm；Ⅱ型和Ⅲ型混凝土枕中部道床应填平，并不高于轨枕顶面。检查道床回填情况，未整理或整理不合格扣 10 分，未检查扣 5 分。本项配分 10 分。	10		
结束工作（10分）	1. 作业完毕后将工器具撤到限界以外，按要求撤除防护。未按照要求撤除防护，扣 2 分；工器具未撤到限界以外或工器具未下道，每件扣 5 分。本项配分 5 分。	5		
	2. 清点工器具并将其按规定摆放，未完成扣 5 分。本项配分 5 分。	5		
安全及其他（10分）	1. 不按规定使用工器具，作业中有不安全因素每次扣 2 分。作业过程中应注意来车情况，及时下道，未及时下道或跨越线路时未执行“一站、二看、三通过”和“眼看、手比、口呼”扣 5 分。作业人员应精神状态良好，不符合要求扣 5 分。本项配分 5 分。	5		
	2. 时间：每超时 1 min 扣 1 分，超时 5 min 停止考核。本项配分 5 分。	5		
合计		100		

评分人：　　年　　月　　日　　　　核分人：　　年　　月　　日

任务 3.12　钢轨钻孔作业

一、实训任务

2 名作业人员为一组，使用工具完成钢轨钻孔作业，主要任务要求如下：

（1）制订工作计划并完成任务工单，任务工单见本任务附表 1。

（2）根据任务工单，完成钢轨 1 端 3 个螺栓孔钻孔作业。

（3）根据钢轨钻孔作业评分表（本任务附表 2），进行自我测评，达到合格要求。

二、任务分析

钢轨接头的主要作用是保持钢轨的连续性。为便于钢轨接头夹板安装，需使用机械进行钢轨钻孔作业。

三、工具、材料准备

名称	单位	数量	图例
内燃钻孔机	把	1	
钢轨孔距定位板	套	1	
套筒钻头（31 mm）	把	1	
L 形内六角扳手	个	1	
十字螺丝刀	台	1	
火花塞专用扳手	把	1	
倒棱器	把	1	
钢卷尺	把	2	
撬棍	把	2	
24 mm 单口扳手	台	1	
加压冷却罐	把	1	
毛刷	块	若干	
钢丝刷	把	若干	
石笔	个	若干	

四、任务实施条件

利用天窗时间作业，按规定设置移动停车防护，同时按规定指定专人担任作业负责人。

五、作业程序

作业流程	作业内容	图例
1. 检查工器具及材料备品	（1）作业前准备好工具及钻孔用具、检测量具及材料。 （2）检查钻孔机具机油及各零部件状态是否良好。	
2. 安装钻头	安装钻头，用内六角扳手拧紧固定螺栓，扳动紧钻手柄进行调试。	
3. 连接加压冷却罐	连接加压冷却罐，用充气手柄打气数次，使加压冷却罐内有一定的气压，检查钻头出水情况，确保冷却液能沿钻头流出。	
4. 试运转钻孔机	卸下加压冷却罐，启动钻孔机，试运转 2～3 min，观察运转是否正常。	
5. 拆卸扣件	根据钻孔需要，使用单口扳手（24 mm）拆除妨碍钻孔作业的扣件，并放至合适位置。	
6. 钢轨除锈	对钢轨腹部进行除锈，防止钢轨锈蚀和杂物影响钻孔质量。	
7. 确认轨型	作业负责人检查钢轨类型，根据钢轨类型选用相应的钢轨孔距定位板和钢轨钻孔机上的钢轨定位块。	
8. 固定钢轨孔距定位板	将已选好的钢轨孔距定位板固定在钢轨端部，端面限位板紧贴钢轨端面，确保所钻钢轨孔距正确。	

续表

作业流程	作业内容	图　例
9. 安装钻孔机	确认钢轨孔距定位板、限位板和钢轨端面密贴后，将钻孔机按照定位板的位置槽安装在钢轨上，拧紧夹轨装置手柄，使钻孔机牢靠地固定在上。	
10. 钢轨钻孔	（1）连接加压冷却罐，用充气手柄打气数次，使加压冷却罐内有一定的气压。启动汽油机，待怠速稳定后，加大油门，使汽油机锁定在最大转速，打开冷却液开关，使冷却液流入钻头内部。 （2）缓慢扳动进钻手柄，使钻头轻轻接触钢轨腹部，开始钻出铁屑，加大进钻力度并保持用力均匀，在整个钻孔过程中冷却水始终浇在钻头上，不得间断。 （3）进钻至钻头快要钻透时，应减小进钻力度，钻透钢轨时把钻头退回至极限位置，怠速退出，汽油机熄火。关闭冷却液开关。 （4）第一孔钻孔结束后，卸下钻孔机，将钻孔机安装在定位板的第二孔定位槽内，固定钻孔机进行钻孔。 （5）按上述方法完成第三孔钻孔。	
11. 钻孔结束	钻孔完毕后，关闭电源，卸下钻孔机及卡具，抬下钻孔机及冷却液罐。	
12. 清理铁屑	对钢轨钻孔处铁屑进行清理。	

续表

作业流程	作业内容	图　例
13. 眼孔倒棱	用倒棱去掉眼孔肥边、毛刺，孔眼两端均需倒棱，并清除倒棱产生的铁屑。	
14. 质量回检	作业负责人对作业质量回检做到工完料净，螺栓孔间距和孔径符合标准。	

六、作业质量要求

（1）钻孔应在钢轨腹中和轴上，孔边缘不准有裂纹、毛刺，且必须倒棱。

（2）螺栓孔间距和孔径符合标准，详见钢轨参数表。螺栓孔径误差+1.0 ~ 0 mm。螺栓位置误差 ± 1.0 mm，两螺栓孔净距不得小于大孔径的 2 倍。

（3）螺栓孔倒棱，倒角为 0.8 mm × 45° ~ 1.5 mm × 45°。

（4）钢轨钻孔时只准使用专用钻孔设备。

（5）钢轨轨面洁净，无油脂。

钢轨参数表　　单位：mm

钢轨类型	钢轨高度 H	轨底宽度 B	轨头宽度 b	轨腰宽度 d	L_1	L_2	L_3	孔径 ϕ	h
P60	176	152	73	17.0	76	140	140	31	79.0
P50	152	132	70	15.5	66	140	140	31	68.5
P43	140	114	70	14.5	56	110	160	29	62.5
40B（4 孔）	130.18	117.48	63.5	13.1	63	170		28.5	59.14
40B（6 孔）	130.18	117.48	63.5	13.1	63	127	152	28.5	59.14

七、安全注意事项

（1）按规定穿戴和使用防护用品。

（2）线上钻孔时，应按规定设置防护。

（3）不得“带病”使用机械，线上作业发生故障时应及时停机下道检修。

（4）在线路上使用小型养路机械时，应由线路工长担任施工负责人。各类小型机械的操作人员，必须经技术业务培训并考试合格，由段批准后方可上岗。

八、任务评价

任务实施完成后，从职业素养与规范、作业过程及质量、结束工作安全及其他等方面进行评价，评价标准见本任务附表 2。

附表 1　钢轨钻孔作业任务工单

学员班组____________________　　学员姓名______________

<table>
<tr><td>作业项目</td><td colspan="6"></td></tr>
<tr><td>作业范围
（0.5 分）</td><td colspan="2">K0+___ ~ K0+___</td><td>作业
日期</td><td>____年___月___日</td><td>天窗时间</td><td>___:___ ~ ___:___</td></tr>
<tr><td>作业人员
（0.5 分）</td><td colspan="2">_____人</td><td>防护
人员</td><td>_____人</td><td>配合人员</td><td>_____人</td></tr>
<tr><td>计划工作量
（0.5 分）</td><td colspan="6"></td></tr>
<tr><td>主要工器具
名称及数量
（1 分）</td><td colspan="6"></td></tr>
<tr><td>作业所需的
材料及数量
（0.5 分）</td><td colspan="6"></td></tr>
<tr><td rowspan="3">作业流程
（3 分）</td><td>作业前
（1 分）</td><td colspan="5"></td></tr>
<tr><td>作业中
（1 分）</td><td colspan="5"></td></tr>
<tr><td>作业后
（1 分）</td><td colspan="5"></td></tr>
<tr><td>行车安全及
注意事项
（1 分）</td><td colspan="6"></td></tr>
<tr><td>人身安全注
意事项
（1 分）</td><td colspan="6"></td></tr>
<tr><td>防护设置
（2 分）</td><td colspan="6"></td></tr>
</table>

附表 2　钢轨钻孔业评分表

学员班组＿＿＿＿＿＿＿＿　　学员姓名＿＿＿＿＿＿＿　　得分＿＿＿＿

项目及配分	考核内容及评分标准	标准分	扣分因素及扣分	得分
职业素养与规范（20 分）	1. 按要求填写任务工单内容，扣分标准详见任务工单。本项配分 10 分。	10		
	2. 按规定着装，穿戴劳保用品，未按规定着装或穿戴劳保用品扣 2 分。从工务实训室领取内燃钻孔机、钢轨孔距定位板、套筒钻头、L 形内六角扳手、十字螺丝刀、火花塞专用扳手、倒棱器、钢卷尺、撬棍、24 mm 单口扳手、加压冷却罐、毛刷、钢丝刷、石笔，少 1 件扣 1 分。本项配分 5 分。	5		
	3. 检查工器具是否状态良好，未检查或者检查不正确扣 5 分。本项配分 5 分。	5		
作业过程及质量（60 分）	1. 上道前应确认防护已设好，上道时要“眼看、手比、口呼”，未设置或未确认设好防护扣 2 分，未执行“眼看、手比、口呼”扣 3 分。本项配分 5 分。	5		
	2. 安装钻孔机。按照“安装钻头，连接加压冷却罐，试运转钻孔机，拆卸扣件，钢轨除锈，确认轨型，固定钢轨孔距定位板，安装钻孔机”的顺序逐步完成钢轨钻孔机安装，未完成扣 15 分，每缺少一个步骤扣 2 分。本项配分 15 分。	15		
	3. 钢轨钻孔。启动钻孔机，连接冷却水，打开注水器，均衡用力推进钻头。未打开冷却水开钻，扣 10 分；用力过猛损坏钻头，扣 15 分；未完成钢轨钻孔，每少一孔扣 5 分。本项配分 15 分。	15		
	4. 倒棱。用倒棱器对每个螺栓孔倒棱，清理毛刺。未对螺栓孔倒棱每个扣 4 分。本项配分 10 分。	10		
	5. 质量回检。作业结束后对钻孔位置、螺栓孔间距进行检查，符合质量要求。螺栓孔边缘无裂纹、无毛刺。钻孔位置、螺栓孔间距不正确，每个扣 5 分；螺栓孔边缘出现裂纹、毛刺，每个扣 5 分；未进行质量回检扣 15 分。本项配分 15 分。	15		
结束工作（10 分）	1. 作业完毕后将工器具撤到限界以外，按要求撤除防护。未按照要求撤除防护，扣 2 分；工器具未撤到限界以外或工器具未下道，每件扣 5 分。本项配分 5 分。	5		
	2. 清点工器具并将其按规定摆放，未完成扣 5 分。本项配分 5 分。	5		
安全及其他（10 分）	1. 不按规定使用工器具，作业中有不安全因素每次扣 2 分。作业过程中应注意来车情况，及时下道，未及时下道或跨越线路时未执行“一站、二看、三通过”和“眼看、手比、口呼”扣 5 分。作业人员应精神状态良好，不符合要求扣 5 分。本项配分 5 分。	5		
	2. 时间：每超时 1 min 扣 1 分，超时 5 min 停止考核。本项配分 5 分。	5		
合　计		100		

评分人：　　年　　月　　日　　　核分人：　　年　　月　　日

任务 3.13　钢轨锯轨作业

一、实训任务

2 名作业人员为一组，使用工具完成钢轨锯断作业，主要任务要求如下：

（1）制订工作计划并完成任务工单，任务工单见本任务附表 1。

（2）根据任务工单，完成钢轨锯断作业。

（3）根据钢轨锯断作业评分表（本任务附表 2），进行自我测评，达到合格要求。

二、任务分析

钢轨是轨道的重要组成部分，切割钢轨的质量直接影响到钢轨联结和钢轨焊接质量，甚至会导致切割后钢轨无法使用。严格按操作规程操作对保证钢轨切割质量和保证劳动安全至关重要。

三、工具、材料准备

名称	单位	数量	图例
钢轨切割机	台	1	
备用锯片	片	1	
板锉	把	1	
火花塞扳手	把	1	
撬棍	根	1	
四齿耙	把	1	
2 m 钢卷尺	把	1	
30 m 卷尺	把	1	
宽座角尺	把	1	
塞尺	把	1	
石笔	根	1	

四、任务实施条件

利用天窗时间作业，按规定设置移动停车防护，同时按规定指定专人担任作业负责人。

五、作业程序

作业流程	作业内容	图　例
1. 作业准备	（1）穿戴好防护用品： 作业人员应按规定戴好防护眼镜、安全帽、护腿靴等防护用品，确保人身安全。	
	（2）检查工机具及材料： 作业负责人组织人员在出发去往工地前对工机具、材料进行检查、校对，确保工机具性能正常、材料齐全，携带数量满足现场使用需求。	
	（3）检查砂轮片： 检查砂轮片是否有裂纹、缺口或变形（不平整），转速是否与切割机功率相匹配。用更换砂轮片的扳手轻轻敲打砂轮片，听其声音是否清脆。有缺陷的砂轮片应丢弃，严禁使用。	
	（4）安装砂轮片： 安装砂轮片时将砂轮片正面安装在砂轮罩内侧，拧紧压片螺栓，扭力矩约 30 N·m，检查砂轮片与压片间密贴状态，如不密贴需加装密贴调整片。	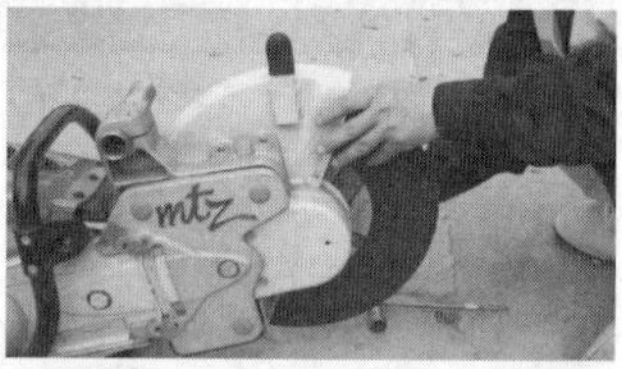
	（5）试运行切割机： 启动切割机前需确认切割机前后无人，无可燃、易爆物品，确保砂轮片不与任何物体接触。启动切割机，空载试运行 2～3 min，观察切割机运行状态是否正常。	
	（6）确认切割位置： 切割作业负责人对技术人员已标划的切轨位置进行复核、确认，并应适量考虑切割时的磨耗量。	
	（7）扒空待切钢轨底部道砟： 用四齿耙扒空待切钢轨底部道砟，保持轨底与道砟顶面净距不少于 200 mm。	

续表

作业流程	作业内容	图　例
2. 固定切割机	将卡轨器指示板与切割线对齐，确定卡轨器安装位置后，安装卡轨器。将卡轨器底面与钢轨顶面紧靠，旋紧卡轨器，确保顶丝端部压紧钢轨侧面，将切割机插入卡轨器安装轴并旋紧手柄，使切割机牢固地固定在摆臂上，检查确认砂轮片是否对齐切割线，并前后搬动切割机，检查安装情况。若防护罩等妨碍切割时，应调整到适合切割操作位置，使切割火花尽可能远离操作人员。	 
3. 启动切割机	确定切割机前后无人及可燃物品后启动切割机，试运转 2～3 min，待怠速稳定后，加大油门，将汽油机锁定在最大转速，在最大转速空转一会，为了方便启动及避免事故发生，防护罩的下端可以放置在钢轨轨头上。	
4. 钢轨切割	钢轨切割的顺序为轨头→轨腰→轨底。切割时一手紧握后方把柄控制切割机，另一手握住前方管柱状手柄，手指握住把柄的另一面，确保握姿恰当。确认砂轮片对齐切割线后，切割机与钢轨倾斜面以不超过 45°角轻轻碰触轨头，若砂轮片没有跳动或偏摆现象，安全接触后，以轨头顶面为切轨的开始端，开始切轨。均衡用力往返推动切割机，先从轨头下锯，切轨头至轨腰，然后从内外两侧锯切轨底（先外口后里口）。切割作业中若需更换砂轮片再切割时，由于各处回转的半径不同会产生跳动现象，应抬起切割机使切割机渐渐地与钢轨接触。当砂轮片与钢轨切面吻合、无跳动后方可进行继续切割作业，不可在某一处停留，否则易烧砂轮片。	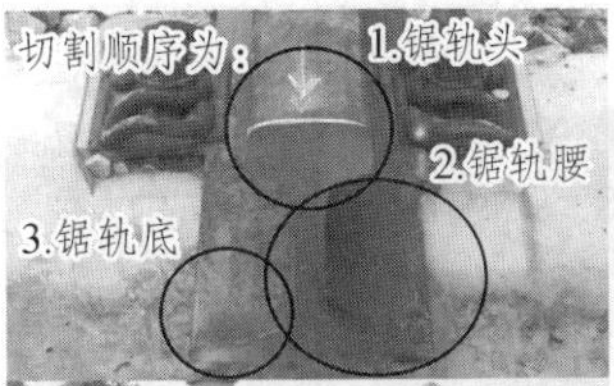  
5. 锯轨结束	将切割机调至空转，松开油门，停机，拆除切割机和定位装置。	

续表

作业流程	作业内容	图 例
6. 轨端检测	使用塞尺和宽座角尺，检查钢轨垂直方向的陡度，检查钢轨断面水平。	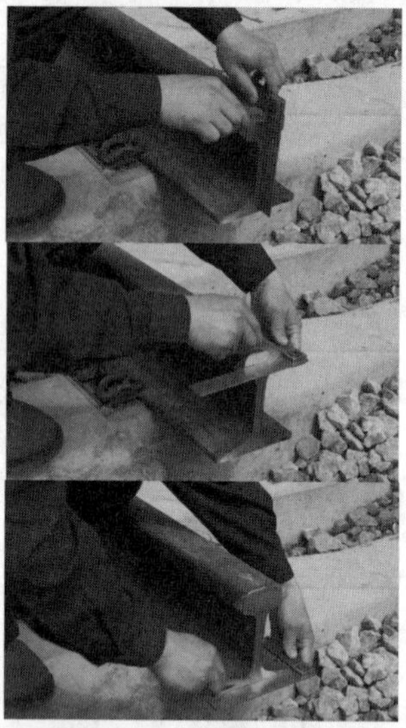
7. 轨端倒棱	用扁锉对钢轨进行倒棱。	
8. 质量回检	作业负责人对作业质量回检，做到工完料尽。	

六、作业质量要求

（1）钢轨要全断面垂直切断，轨端不得有毛刺、肥边，无黑色、蓝色氧化层。

（2）锯口平整，其上下偏斜不得超过 1 mm，轨头部分不大于 0.5 mm。

（3）轨端倒棱宽度不大于 2 mm。

（4）钢轨轨面洁净、无油脂。

七、安全注意事项

（1）按规定穿戴和使用防护用品。

（2）锯轨作业时钢轨及锯轨机不能碰触手脚。

（3）在无缝线路上锯轨用封锁线路施工防护办法防护。

（4）锯轨机周围不能站人，防止碎片伤人。

（5）不得“带病”使用机械，线上作业发生故障时应及时停机下道检修。

八、任务评价

任务实施完成后，从职业素养与规范、作业过程及质量、结束工作安全及其他等方面进行评价，评价标准本任务附表 2。

附表 1　钢轨锯轨作业任务工单

学员班组____________________　　　　　　　　　　学员姓名_____________

作业项目					
作业范围（0.5 分）	K0+___ ~ K0+___	作业日期	____年___月___日	天窗时间	___:___ ~ ___:___
作业人员（0.5 分）	_____人	防护人员	_____人	配合人员	_____人
计划工作量（0.5 分）					
主要工器具名称及数量（1 分）					
作业所需的材料及数量（0.5 分）					
作业流程（3 分）	作业前（1 分）				
	作业中（1 分）				
	作业后（1 分）				
行车安全及注意事项（1 分）					
人身安全注意事项（1 分）					
防护设置（2 分）					

附表 2　钢轨锯轨业评分表

学员班组__________　　学员姓名__________　　得分______

项目及配分	考核内容及评分标准	标准分	扣分因素及扣分	得分
职业素养与规范（20 分）	1. 按要求填写任务工单内容，扣分标准详见任务工单。本项配分 10 分。	10		
	2. 按规定着装，穿戴劳保用品，未按规定着装或穿戴劳保用品扣 2 分。从工务实训室领取钢轨切割机、切割砂轮片、火花塞扳手、四齿耙、扁锉、撬棍、2 m 钢卷尺、30 m 钢轨卷尺、宽座角尺、塞尺、石笔，少 1 件扣 1 分。本项配分 5 分。	5		
	3. 检查工器具是否状态良好，未检查或者检查不正确扣 5 分。本项配分 5 分。	5		
作业过程及质量（60 分）	1. 上道前应确认防护已设好，上道时要“眼看、手比、口呼”，未设置或未确认设好防护扣 2 分，未执行“眼看、手比、口呼”扣 3 分。本项配分 5 分。	5		
	2. 安装钻孔机。按照“检查砂轮片、安装砂轮片、试运行切割机、确认切割位置、扒空待切钢轨底部道砟、固定切割机、启动切割机”的顺序逐步完成钢轨切割机安装，未完成扣 15 分，每缺少一个步骤扣 2 分。本项分配 15 分。	15		
	3. 锯轨。均衡用力往返推动切割机，先从轨头下锯，切轨头至轨腰，然后从内外两侧锯切轨底（先外口后里口）。按照“轨头→轨腰→轨底”的顺序完成钢轨切割。钢轨切割顺序错误扣 15 分，用力过猛损坏锯片扣 15 分，锯轨时未往返摆动扣 5 分。本项分配 20 分。	20		
	4. 倒棱。轨端使用板锉进行倒棱，未倒棱扣 5 分。本项分配 5 分。	5		
	5. 质量回检。作业结束后对钢轨截面尺寸进行检查，误差符合要求，轨端无肥边、毛刺，钢轨截面无黑色、蓝色氧化层。钢轨截面尺寸不符合要求扣 10 分，对端有毛刺、肥边扣 5 分，有黑色、蓝色氧化层扣 5 分。本项分配 15 分。	15		
结束工作（10 分）	1. 作业完毕后将工器具撤到限界以外，按要求撤除防护。未按照要求撤除防护，扣 2 分；工器具未撤到限界以外或工器具未下道，每件扣 5 分。本项配分 5 分。	5		
	2. 清点工器具并将其按规定摆放，未完成扣 5 分。本项配分 5 分。	5		
安全及其他（10 分）	1. 不按规定使用工器具，作业中有不安全因素每次扣 2 分。作业过程中应注意来车情况，及时下道，未及时下道或跨越线路时未执行“一站、二看、三通过”和“眼看、手比、口呼”扣 5 分。作业人员应精神状态良好，不符合要求扣 5 分。本项配分 5 分。	5		
	2. 时间：每超时 1 min 扣 1 分，超时 5 min 停止考核。本项配分 5 分。	5		
合　计		100		

评分人：　　年　　月　　日　　核分人：　　年　　月　　日

任务 3.14　高铁无砟轨道 WJ-7 型扣件安装作业

一、实训任务

单人作业，使用工具完成高铁无砟轨道 WJ-7 型扣件安装作业，主要任务要求如下：

（1）制订工作计划并完成任务工单，任务工单见本任务附表 1。

（2）根据任务工单，完成 8 组 WJ-7 型扣件安装作业。

（3）根据高铁无砟轨道 WJ-7 型扣件安装作业评分表（本任务附表 2），进行自我测评，达到合格要求。

二、任务分析

高速铁路 WJ-7 型扣件是 CRTS Ⅰ 板式无砟轨道的重要组成部分，正确组装 WJ-7 型扣件是进行高铁 CRTS Ⅰ 板式无砟轨道施工和维护作业的重要内容，也是高铁线路工必备的技能之一。

三、工具、材料准备

名称	单位	数量	图例
电子轨距尺	把	1	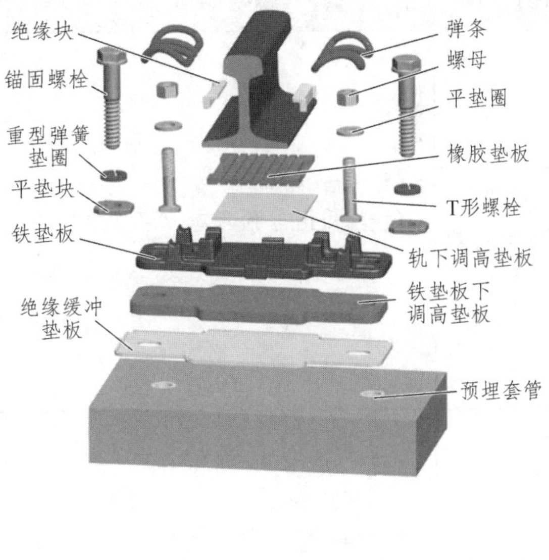
轨温计	把	1	
扭力矩扳手	把	1	
内燃扳手/套筒扳手	套	1	
钢丝刷	把	1	
毛刷	把	1	
活口扳手	把	2	
铁路专用防腐油脂	桶	1	
扣件弹条	个	若干	
轨下垫板	块	若干	
调高垫板（含轨下调高垫板和铁垫板下调高垫板）	块	若干	
螺栓	个	若干	
轨距挡板	块	若干	
绝缘垫片	块	若干	

四、任务实施条件

（1）利用天窗时间作业，车站设驻站联络员，工地设现场防护员，使用对讲机和 GSM 手持台联络、移动停车信号防护。防护设好后方可上道作业，同时按规定指定专人担任作业负责人。

（2）高铁无砟轨道无缝线路地段改道、垫板和更换扣件或涂油作业，满足作业轨温条件：

作业项目	线路平面条件	最多连续松开扣件个数（按实际锁定轨温计算）				
		−10 °C及以下	−10～0 °C	0～+10 °C	+10～+20 °C	+20 °C以上
改道、垫板作业	R<2000 m	9	40	15	9	禁止
	R⩾2000 m或直线	15	40	20	9	禁止
更换扣件或涂油	—	隔一松一、流水作业				禁止

五、作业程序

（一）安装前的准备工作

（1）清除套管中的杂质和积水。

（2）在套管中添加10～15 g油脂。

（3）检查轨枕/轨道板承轨槽，不应有裂纹。清除轨枕/轨道板承轨槽的泥渣。

（二）作业流程

作业流程	作业内容	图例
1. 铺设绝缘缓冲垫板	使垫板孔与预埋套管孔对中。	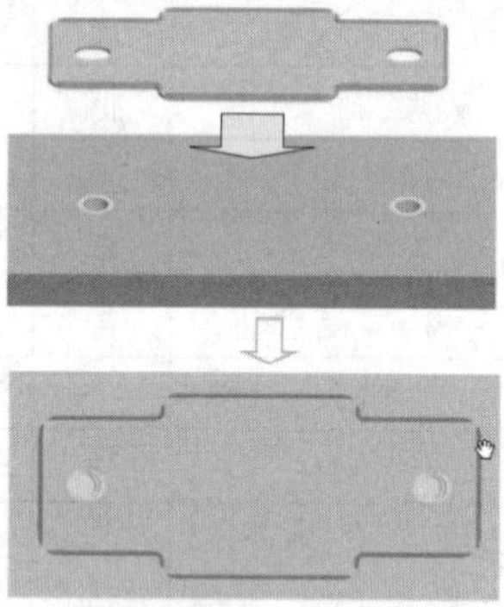
2. 安放铁垫板	使轨底坡朝向轨道内侧（按铁垫板上的箭头方向安放）。铁垫板的螺栓孔中心应与预埋套管中心对正。	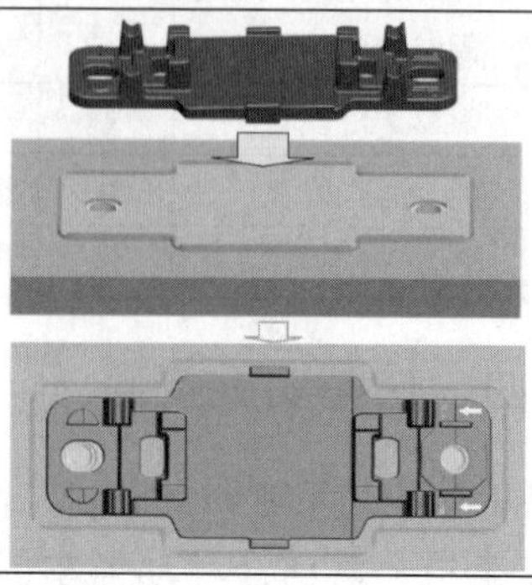

续表

作业流程	作业内容	图　例
3. 安放平垫块	将平垫块放在铁垫板上，并使平垫块距圆孔中心较长一侧朝内。	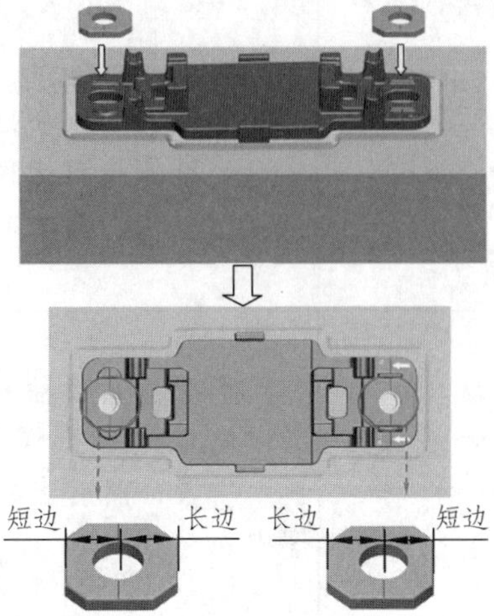
4.安放锚固螺栓	将锚固螺栓套上弹簧垫圈，并将螺纹部分涂满铁路专用防护油脂，旋入预埋套管中。在锚固螺栓拧紧前调整铁垫板位置使铁垫板上标记线与平垫块上的标记线对齐。	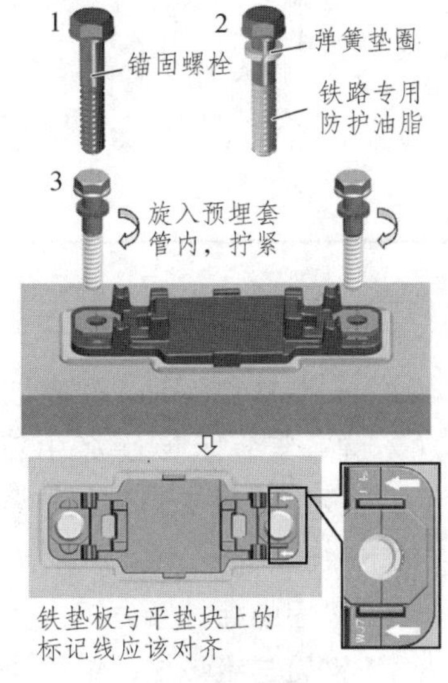
5. 安放轨下垫板	将轨下垫板安放在铁垫板承轨面上。	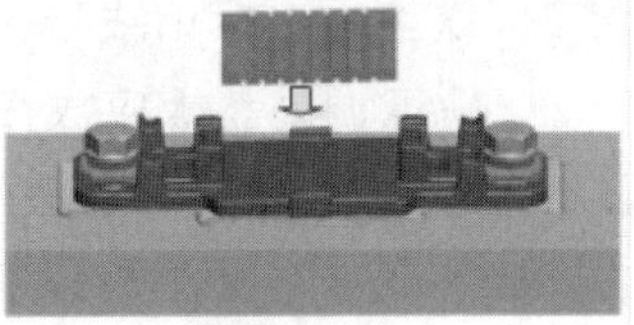
6.铺设钢轨	将钢轨正确安放在轨下垫板上。	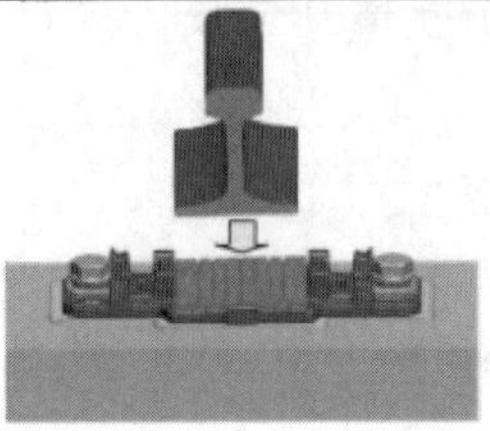

续表

作业流程	作业内容	图　例
7. 安放绝缘块	将绝缘块安放在钢轨和铁垫板挡肩之间，不得猛烈敲击使其入位。	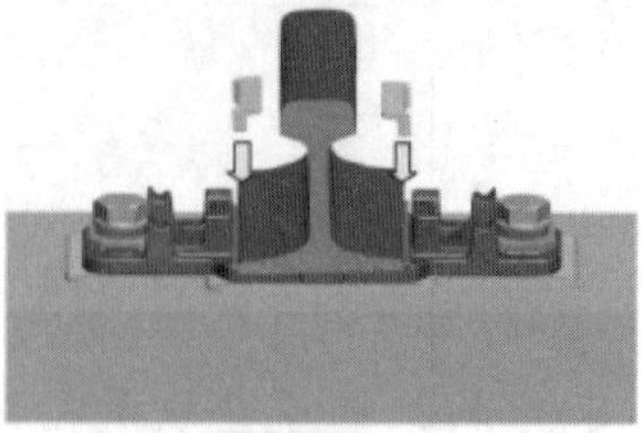
8. 安放T形螺栓	T形螺栓头部插入铁垫板后，按顺时针方向旋转T形螺栓90°，螺栓头部到预定位置，然后上提使T形头完全嵌入槽中。	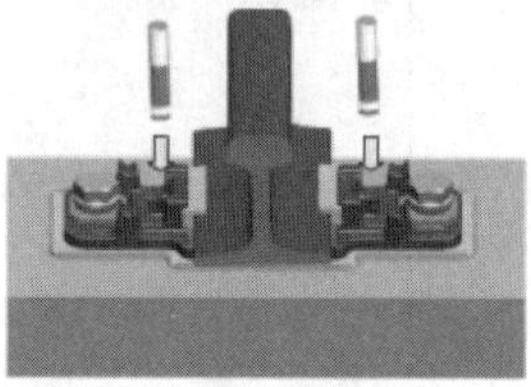
9. 安放弹条、垫圈及螺帽	依次放入弹条、平垫圈及螺帽并拧紧，弹条的紧固以弹条中部前端下颚与绝缘块不宜接触，两者间隙不得大于0.5 mm为准。	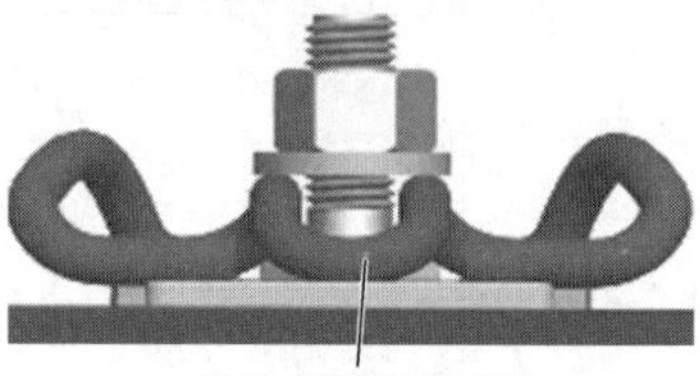

六、作业质量要求

（1）安装铁垫板时，轨底坡方向应朝向轨道内侧。

（2）弹条安装标准：弹条中部前端下颚与绝缘块不宜接触，两者间隙不大于0.5 mm，使用力矩扳手检测T形螺栓拧紧力矩时，W1型弹条为100～140 N·m，X2型弹条为70～90 N·m。

（3）锚固螺栓拧紧力矩为300～350 N·m。

（4）钢轨与绝缘块、绝缘块与铁垫板挡肩缝隙之和不大于1 mm。

（5）铁垫板上标记线与平垫块上的标记线要对齐。

（6）轨下调高垫板应放在轨下垫板下，放入的轨下调高垫板总厚度不大于10 mm，数量不得超过2块，并应把最薄的调高垫板放在下面，以防轨下调高垫板窜出；垫入的铁垫板下调高垫板总数量不超过2块，总厚度不超过20 mm。

（7）轨道几何尺寸应符合高速铁路线路轨道静态几何尺寸容许偏差管理值中作业验收标准，详见附录3。检查扣件安装后线路情况，对超过作业验收标准要求的，应及时进行整改。

七、安全注意事项

（1）来车时按规定上好扣件，才能放行列车。

（2）来车时，要及时下道，工具同时撤离线路。

（3）作业时不伤手脚。

八、任务评价

任务实施完成后，从职业素养与规范、作业过程及质量、结束工作安全及其他等方面进行评价，评价标准见本任务附表 2。

附表 1　高铁无砟轨道 WJ-7 型扣件安装作业任务工单

学员班组____________　　学员姓名________

<table>
<tr><td>作业项目</td><td colspan="6"></td></tr>
<tr><td>作业范围
（0.5 分）</td><td>K0+___～K0+___</td><td>作业日期</td><td>____年___月___日</td><td>天窗时间</td><td colspan="2">__:__～__:__</td></tr>
<tr><td>作业人员
（0.5 分）</td><td>_____人</td><td>防护人员</td><td>_____人</td><td>配合人员</td><td colspan="2">_____人</td></tr>
<tr><td>计划工作量
（0.5 分）</td><td colspan="6"></td></tr>
<tr><td>主要工器具名称及数量
（1 分）</td><td colspan="6"></td></tr>
<tr><td>作业所需的材料及数量
（0.5 分）</td><td colspan="6"></td></tr>
<tr><td rowspan="3">作业流程
（3 分）</td><td>作业前
（1 分）</td><td colspan="5"></td></tr>
<tr><td>作业中
（1 分）</td><td colspan="5"></td></tr>
<tr><td>作业后
（1 分）</td><td colspan="5"></td></tr>
<tr><td>行车安全及注意事项
（1 分）</td><td colspan="6"></td></tr>
<tr><td>人身安全注意事项
（1 分）</td><td colspan="6"></td></tr>
<tr><td>防护设置
（2 分）</td><td colspan="6"></td></tr>
</table>

附表 2　高铁无砟轨道 WJ-7 型扣件安装作业评分表

学员班组＿＿＿＿＿＿　学员姓名＿＿＿＿＿＿　得分＿＿＿＿

项目及配分	考核内容及评分标准	标准分	扣分因素及扣分	得分
职业素养与规范（20 分）	1. 按要求填写任务工单内容，扣分标准详见任务工单。本项配分 10 分。	10		
	2. 按规定着装，穿戴劳保用品，未按规定着装或穿戴劳保用品扣 2 分。领取工具及材料：活口扳手 1 把、套筒扳手 1 把、扭力扳手 1 把、小撬棍 1 把、电子轨距尺 1 把、毛刷 1 把、钢丝刷 1 把、2 套 WJ-7 型扣件、手套 1 副，备好签字笔。缺一件扣 1 分。本项配分 5 分。	5		
	3. 检查工器具是否状态良好，漏项或未检查扣 2 分。本项配分 5 分。	5		
作业过程及质量（60 分）	1. 上道前应确认防护已经设好，上道时要“眼看、手比、口呼”。未设置或未确认设好防护扣 3 分，未执行“眼看、手比、口呼”扣 2 分。本项配分 5 分。	5		
	2. 铺设绝缘缓冲垫板，使垫板孔与预埋套管孔对中。垫板孔与预埋套管孔未对中，每套扣 1 分。本项配分 5 分。	5		
	3. 安放铁垫板，使轨底坡朝向轨道内侧（按铁垫板上的箭头方向安放）。铁垫板的螺栓孔中心应与预埋套管中心对正。方向安装错误每套扣 1 分，铁垫板螺栓孔中心与预埋套管中心未对正每套扣 1 分。本项配分 5 分。	5		
	4. 将平垫块放在铁垫板上，并使平垫块距圆孔中心较长一侧朝内。未按要求安装平垫块每处扣 1 分。本项配分 5 分。	5		
	5. 将锚固螺栓套上重型弹簧垫圈，并将螺纹部分涂满铁路专用防护油脂，旋入预埋套管中。在锚固螺栓拧紧前调整铁垫板位置使铁垫板上标记线与平垫块上的标记线对齐。螺栓未涂铁路专用防护油脂每套扣 1 分，标记线未对齐每套扣 1 分，锚固螺栓扭力矩不符合要求每套扣 1 分。本项配分 5 分。	5		

续表

项目及配分	考核内容及评分标准	标准分	扣分因素及扣分	得分
作业过程及质量（60分）	6. 将轨下垫板安放在铁垫板承轨面上，铺设钢轨。轨下垫板安装不正确每套扣1分。本项配分5分。	5		
	7. 将绝缘块安放在钢轨和铁垫板挡肩之间，不得猛烈敲击使其入位。使用工具敲击绝缘块入位每套扣1分。本项配分5分。	5		
	8. 安放T形螺栓、弹条及平垫圈，紧固螺母。T形螺栓歪斜每套扣1分，扭力矩不符合要求每套扣1分。本项配分5分。	5		
	9. 检查扣件安装后线路情况，对超过作业验收标准要求的，及时进行整改。扣件安装完成后未进行线路回检扣1分，超过作业验收标准未进行整改的每项扣1分。本项配分5分。	5		
	10. 以上安装步骤顺序错误每项扣2分，遗漏零部件未安装每项扣5分。本项配分15分。	15		
结束工作（10分）	1. 作业完毕后将工器具撤到限界以外，按要求撤除防护。未按照要求撤除防护，扣2分；工器具未撤到限界以外或工器具未下道，每件扣5分。本项配分5分。	5		
	2. 清点工器具并将其按规定摆放,未完成扣5分。本项配分5分。	5		
安全及其他（10分）	1. 不按规定使用工器具，作业中有不安全因素每次扣2分。作业过程中应注意来车情况，及时下道，未及时下道或跨越线路时未执行“一站、二看、三通过”和“眼看、手比、口呼”扣5分。作业人员应精神状态良好，不符合要求扣5分。本项配分5分。	5		
	2. 时间：每超时1 min扣1分，超时5 min停止考核。本项配分5分。	5		
合　计		100		

评分人：　　年　　月　　日　　　　核分人：　　年　　月　　日

任务 3.15　高铁无砟轨道 WJ-8 型扣件安装作业

一、实训任务

单人作业，使用工具完成高铁无砟轨道 WJ-8 型扣件安装作业，主要任务要求如下：

（1）制订工作计划并完成任务工单，任务工单见本任务附表 1。

（2）根据任务工单，在规定时间内完成 8 组 WJ-8 型扣件安装作业。

（3）根据高铁无砟轨道 WJ-8 型扣件安装作业评分表（本任务附表 2），进行自我测评，达到合格要求。

二、任务分析

高速铁路 WJ-8 型扣件是 CRTSⅡ、CRTSⅢ型板式无砟轨道的重要组成部分，正确组装 WJ-8 型扣件是进行高铁 CRTSⅡ、CRTSⅢ型板式无砟轨道施工和维护作业的重要内容，也是高铁线路工必备的技能之一。

三、工具、材料准备

名称	单位	数量	图例
电子轨距尺	把	1	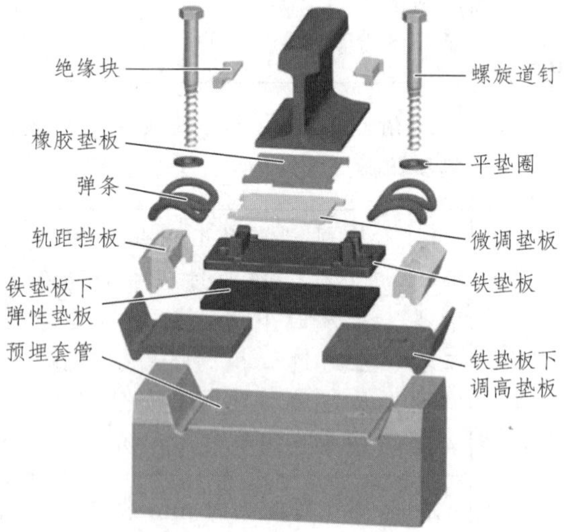
轨温计	把	1	
扭力矩扳手	把	1	
内燃扳手/套筒扳手	套	1	
钢丝刷	把	1	
毛刷	把	1	
活口扳手	把	2	
铁路专用防腐油脂	桶	1	
扣件弹条	个	若干	
轨下垫板	块	若干	
调高垫板（含塑料和钢制）	块	若干	
螺栓	个	若干	
轨距挡板	块	若干	
绝缘垫片	块	若干	

四、任务实施条件

（1）利用天窗时间作业，车站设驻站联络员，工地设现场防护员，使用对讲机和GSM手持台联络、移动停车信号防护。防护设好后方可上道作业，同时按规定指定专人担任作业负责人。

（2）高铁无砟轨道无缝线路地段改道、垫板和更换扣件或涂油作业，满足作业轨温条件：

作业项目	线路平面条件	最多连续松开扣件个数（按实际锁定轨温计算）				
		−10 °C及以下	−10～0 °C	0～+10 °C	+10～+20 °C	+20 °C以上
改道、垫板作业	R<2 000 m	9	40	15	9	禁止
	R⩾2 000 m或直线	15	40	20	9	禁止
更换扣件或涂油	—	隔一松一、流水作业				禁止

五、作业程序

（一）安装前的准备工作

（1）清除套管中的杂质和积水。

（2）在套管中添加10～15g油脂。

（3）检查轨枕/轨道板承轨槽，不应有裂纹。清除轨枕/轨道板承轨槽的泥渣。

（二）作业流程

作业流程	作业内容	图例
1. 铺设铁垫板下弹性垫板	在承轨台中间位置铺设铁垫板下弹性垫板，使垫板孔与预埋套管孔对中。	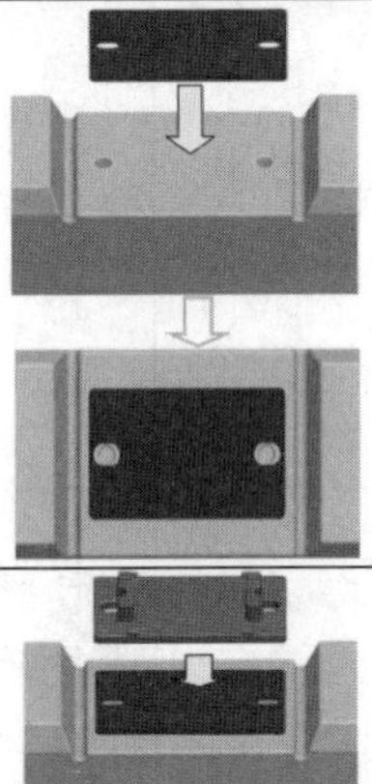
2. 铺设铁垫板	安放铁垫板，铁垫板的螺栓孔中心应与预埋套管中心对正。	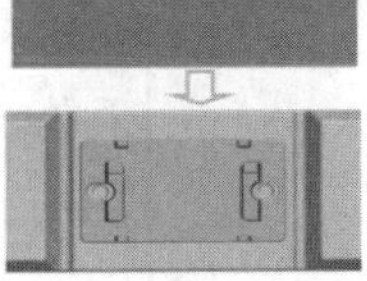

续表

作业流程	作业内容	图　例
3. 铺设轨下垫板	在铁垫板中间位置安放轨下垫板，轨下垫板的凸缘应扣住铁垫板。	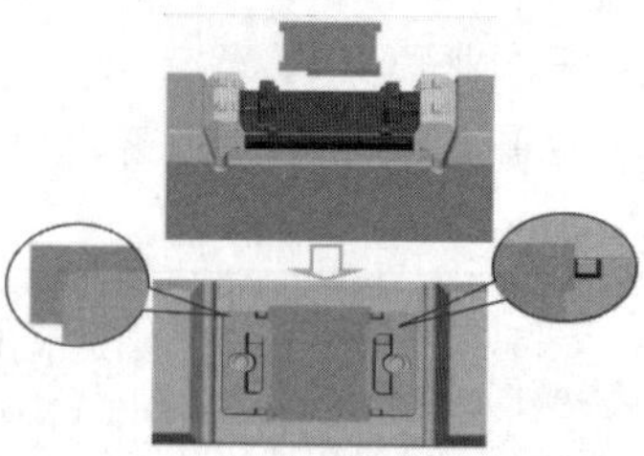
4. 安放轨距挡板	安设合适规格的轨距挡板，轨距挡板的圆弧凸台应安放在轨枕或轨道板承轨槽底脚的凹槽内。	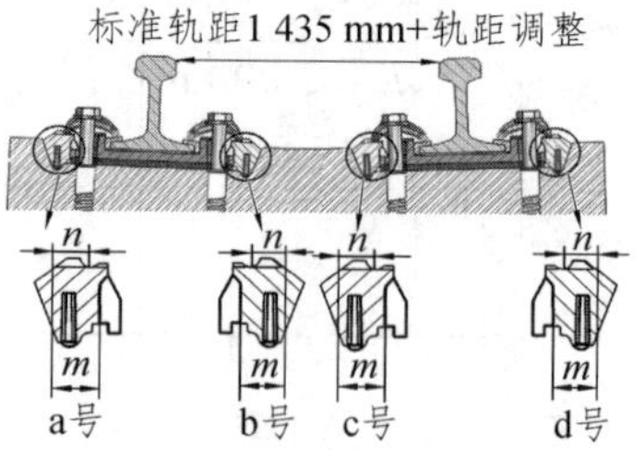
5. 铺设钢轨	在轨下垫板上正确铺设钢轨。	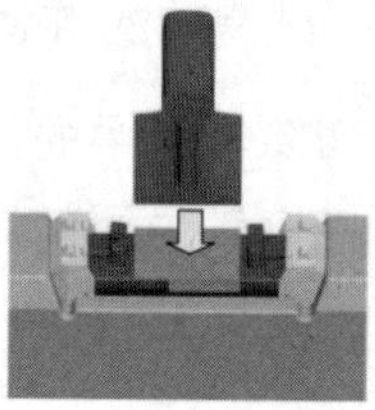
6. 安施绝缘块	绝缘块安施时，不得猛烈敲击使其入位。	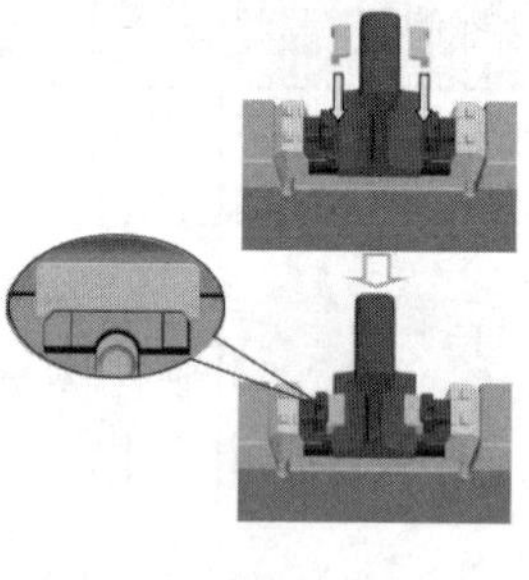
7. 安放弹条	将螺旋道钉套上平垫圈且在螺纹部分涂满铁路专用防护油脂，然后拧入套管，紧固弹条，弹条的紧固以弹条中部前端下颚与绝缘块不宜接触，两者间隙不得大于 0.5 mm 为准。	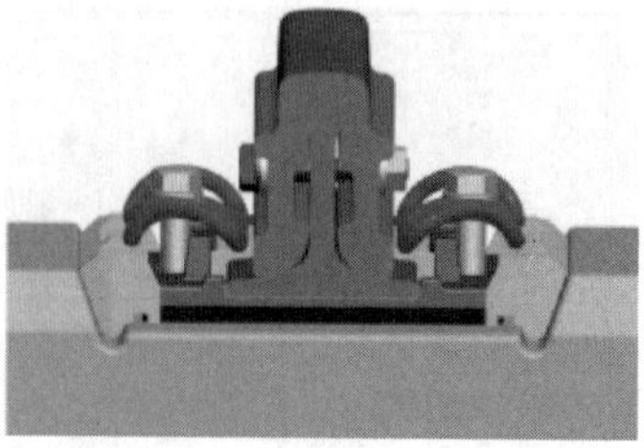

六、作业质量要求

（1）预埋套管中应保证有一定的防护油脂，油脂性能应符合相关规定。

（2）夹板处应采用接头轨距挡板和接头绝缘轨距块。

（3）弹条安装标准：弹条中部前端下颚与绝缘轨距块不宜接触，两者间隙不大于0.5 mm；使用力矩扳手检测螺旋道钉拧紧力矩时，W1 型弹条为 130 ~ 170 N·m，X2 型弹条为 90 ~ 120 N·m。

（4）轨距挡板应与承轨槽挡肩密贴，间隙不大于 1 mm；钢轨与绝缘轨距块、绝缘轨距块与铁垫板挡肩间缝隙之和不大于 1 mm。

（5）轨下调高垫板应放在轨下垫板下，放入的轨下调高垫板总厚度不大于 10 mm，数量不得超过 2 块，并应把最薄的调高垫板放在下面，以防轨下调高垫板窜出；垫入的铁垫板下调高垫板总数量不超过 2 块，总厚度不超过 20 mm。

（6）轨道几何尺寸应符合高速铁路线路轨道静态几何尺寸容许偏差管理值中作业验收标准，详见附录 3。检查扣件安装后线路情况，对超过作业验收标准要求的，应及时进行整改。

七、安全注意事项

（1）来车时按规定上好扣件，才能放行列车。

（2）来车时，要及时下道，工具同时撤离线路。

（3）作业时不伤手脚。

八、任务评价

任务实施完成后，从职业素养与规范、作业过程及质量、结束工作安全及其他等方面进行评价，评价标准见本任务附表 2。

附表 1　高铁无砟轨道 WJ-8 型扣件安装作业任务工单

学员班组＿＿＿＿＿＿＿＿　　　　　　　　　　　学员姓名＿＿＿＿＿＿＿

作业项目					
作业范围（0.5 分）	K0+___ ~ K0+___	作业日期	___年___月___日	天窗时间	___:___ ~ ___:___
作业人员（0.5 分）	____人	防护人员	____人	配合人员	____人
计划工作量（0.5 分）					
主要工器具名称及数量（1 分）					
作业所需的材料及数量（0.5 分）					
作业流程（3 分）	作业前（1 分）				
	作业中（1 分）				
	作业后（1 分）				
行车安全及注意事项（1 分）					
人身安全注意事项（1 分）					
防护设置（2 分）					

附表 2　高铁无砟轨道 WJ-8 型扣件安装作业评分表

学员班组______________　学员姓名____________　得分________

项目及配分	考核内容及评分标准	标准分	扣分因素及扣分	得分
职业素养与规范（20 分）	1. 按要求填写任务工单内容，扣分标准详见任务工单。本项配分 10 分。	10		
	2. 按规定着装，穿戴劳保用品，未按规定着装或穿戴劳保用品扣 2 分。领取工具及材料：套筒扳手 1 把、扭力扳手 1 把、小撬棍 1 把、电子轨距尺 1 把、毛刷 1 把、钢丝刷 1 把、适量不同型号轨距挡板、4 套 WJ-8 型扣件、手套 1 副、签字笔 1 支。缺一件扣 1 分。本项配分 5 分。	5		
	3. 检查工器具是否状态良好，漏项或未检查扣 2 分。本项配分 5 分。	5		
作业过程及质量（60 分）	1. 上道前应确认防护已经设好，上道时要“眼看、手比、口呼”。未设置或未确认设好防护扣 3 分，未执行“眼看、手比、口呼”扣 2 分。本项配分 5 分。	5		
	2. 铺设铁垫板下弹性垫板，使垫板孔与预埋套管孔对中。垫板孔与预埋套管孔未对中，扣 1 分。本项配分 5 分。	5		
	3. 安放铁垫板，铁垫板螺栓孔中心应与预埋套管中心对正。铁垫板螺栓孔中心与预埋套管中心未对正扣 1 分。本项配分 5 分。	5		
	4. 在铁垫板中心位置安放轨下垫板，轨下垫板的凸缘应扣住铁垫板。未按要求安装轨下垫板扣 1 分。本项配分 5 分。	5		
	5. 安设合适规格的轨距挡板，轨距挡板的圆弧凸台应安放在轨枕或轨道板承轨槽底脚的凹槽内。轨距挡板规格使用不当扣 1 分，轨距挡板的圆弧凸台未安放在轨枕或轨道板承轨槽底脚的凹槽内扣 1 分。本项配分 5 分。	5		
	6. 铺设钢轨，安放绝缘块。绝缘块安装不正确扣 1 分。本项配分 5 分。	5		

续表

项目及配分	考核内容及评分标准	标准分	扣分因素及扣分	得分
作业过程及质量（60分）	7. 安放弹条，将螺旋道钉套上平垫圈且在螺纹部分涂满铁路专用防护油脂，然后拧入套管，紧固弹条。螺旋道钉未涂铁路专用防护油脂扣1分，未检查螺旋道钉扭力矩扣1分，螺旋道钉扭力矩不符合要求扣1分。本项配分5分。	5		
	8. 检查扣件安装后线路情况，对超过作业验收标准要求的，及时进行整改。扣件安装完成后未进行线路回检扣1分，超过作业验收标准未进行整改的每项1分。本项配分5分。	5		
	9. 以上安装步骤顺序错误每项扣2分，遗漏零部件未安装每件扣2分。本项配分10分。	10		
	10. 未在规定时间内完成4套WJ-8型扣件安装，每少完成一套扣5分。本项配分10分。	10		
结束工作（10分）	1. 作业完毕后将工器具撤到限界以外，按要求撤除防护。未按照要求撤除防护，扣2分；工器具未撤到限界以外或工器具未下道，每件扣5分。本项配分5分。	5		
	2. 清点工器具并将其按规定摆放，未完成扣5分。本项配分5分。	5		
安全及其他（10分）	1. 不按规定使用工器具，作业中有不安全因素每次扣2分。作业过程中应注意来车情况，及时下道，未及时下道或跨越线路时未执行“一站，二看，三通过”和“眼看、手比、口呼”扣5分。作业人员应精神状态良好，不符合要求扣5分。本项配分5分。	5		
	2. 时间：每超时1 min扣1分，超时5 min停止考核。本项配分5分。	5		
合计		100		

评分人：　　年　　月　　日　　　　核分人：　　年　　月　　日

任务 3.16　高铁无砟轨道 W300-1 型扣件安装作业

一、实训任务

单人作业，使用工具完成高铁无砟轨道 W300-1 型扣件安装作业，主要任务要求如下：

（1）制订工作计划并完成任务工单，任务工单见本任务附表 1。

（2）根据任务工单，在规定时间内完成 8 组 W300-1 型扣件安装作业。

（3）根据高铁无砟轨道 WJ-8 型扣件安装作业评分表（本任务附表 2），进行自我测评，达到合格要求。

二、作业目的

高速铁路 W300-1 型扣件是 CRTS Ⅱ 型板式无砟轨道的重要组成部分，正确组装 W300-1 型扣件是进行高铁 CRTS Ⅱ 型板式无砟轨道施工和维护作业的重要内容，也是高铁线路工必备的技能之一。

三、工具、材料准备

名称	单位	数量	图例
电子轨距尺	把	1	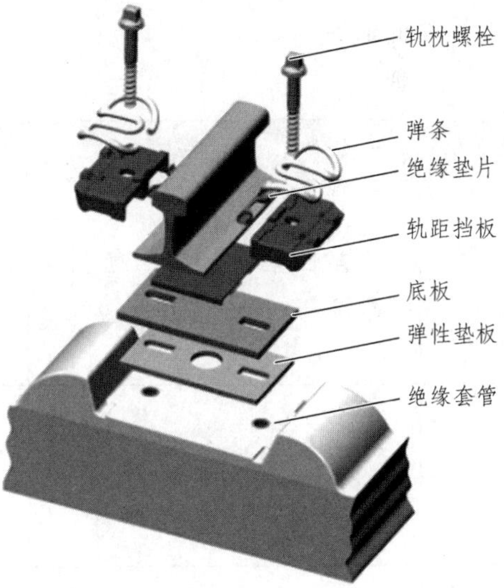
轨温计	把	1	
扭力矩扳手	把	1	
内燃扳手/套筒扳手	套	1	
钢丝刷	把	1	
毛刷	把	1	
活口扳手	把	2	
铁路专用防腐油脂	桶	1	
扣件弹条	个	若干	
轨下垫板	块	若干	
调高垫板（含塑料和钢制）	块	若干	
螺栓	个	若干	
轨距挡板	块	若干	
绝缘垫片	块	若干	

四、任务实施条件

（1）利用天窗时间作业，车站设驻站联络员，工地设现场防护员，使用对讲机和GSM手持台联络、移动停车信号防护。防护设好后方可上道作业，同时按规定指定专人担任作业负责人；

（2）高铁无砟轨道无缝线路地段改道、垫板和更换扣件或涂油作业，满足作业轨温条件：

作业项目	线路平面条件	最多连续松开扣件个数（按实际锁定轨温计算）				
		−10 °C及以下	−10～0 °C	0～+10 °C	+10～+20 °C	+20 °C以上
改道、垫板作业	R<2000 m	9	40	15	9	禁止
	R≥2000 m或直线	15	40	20	9	禁止
更换扣件或涂油	—	隔一松一、流水作业				禁止

五、作业程序

（一）安装前的准备工作

（1）清除套管中的杂质和积水。

（2）在套管中添加10～15g油脂。

（3）检查轨枕/轨道板承轨槽，不应有裂纹。清除轨枕/轨道板承轨槽的泥渣。

（二）作业流程

预安装：

作业流程	作业内容	图例
1. 铺设弹性垫板	将弹性垫板放在承轨面的中间位置。	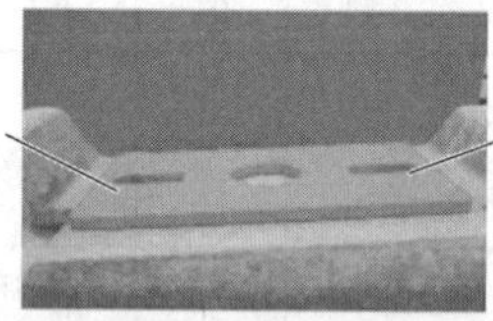
2. 铺设铁垫板	将铁垫板安放在弹性垫板上。	
3. 铺设轨下垫板	将轨下垫板放在铁垫板上。	

续表

作业流程	作业内容	图　例
4. 安放轨距挡板	将轨距挡板放入承轨槽中，使轨距挡板压住轨垫边缘并与承轨槽密贴。	
5. 安放弹条	将弹条放在轨距挡板预安装位置。	
6. 安装轨枕螺栓	将轨枕螺栓拧入预埋套管，使用配套的套筒扳手拧紧，拧紧力矩为 30～50 N·m，不得使用锤子击打轨枕螺栓。	 

现场最终安装：

作业流程	作业内容	图　例
1.铺设钢轨	将钢轨安设在正确位置，即两个轨距挡板之间，轨垫之上。	
2.安放绝缘垫片	将绝缘垫片放于轨底上表面的弹条扣压至待安装的位置，注意方向，半圆口朝外。	
3.安放弹条	将弹条从预安装位置移到安装位置。	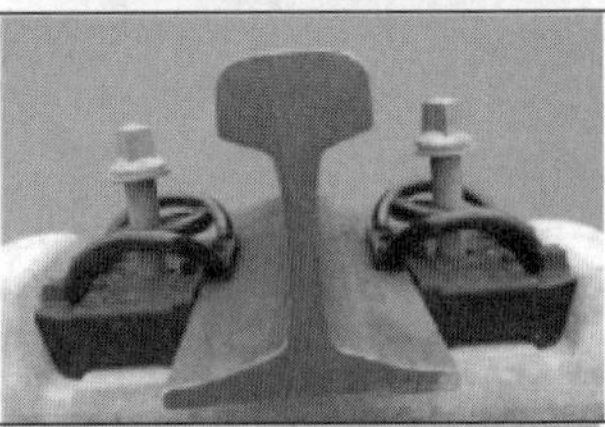
4.安装轨枕螺栓	拧紧螺栓直至弹条的中肢前端与轨距挡板前端突起部分接触，拧紧力矩约为 250 N·m（采用 SKLB5 型弹条时，拧紧力矩约为 180 N·m）。	

六、作业质量要求

（1）预埋套管中应保证有一定的防护油脂，油脂性能应符合相关规定。

（2）弹条安装标准：弹条中部前端下颚与轨距挡板前端突起部分不宜接触、两者间隙不得大于 0.5 mm；或使用力矩扳手检测螺旋道钉拧紧力矩时，SKL15 型弹条为 210 ~ 250 N・m，SKLBI5 型弹条为 150 ~ 180 N・m。

（3）轨距挡板应与承轨槽挡肩密贴，钢轨与轨距挡板间隙不得大于 1 mm。

（4）轨道几何尺寸应符合高速铁路线路轨道静态几何尺寸容许偏差管理值中作业验收标准，详见附录 3。检查扣件安装后线路情况，对超过作业验收标准要求的，应及时进行整改。

七、安全注意事项

（1）来车时按规定上好扣件，才能放行列车。

（2）来车时，要及时下道，工具同时撤离线路。

（3）作业时不伤手脚。

八、任务评价

任务实施完成后，从职业素养与规范、作业过程及质量、结束工作安全及其他等方面进行评价，评价标准见本任务附表 2。

附表 1　高铁无砟轨道 W300-1 型扣件安装作业任务工单

学员班组____________________　　　　学员姓名_____________

<table>
<tr><td>作业项目</td><td colspan="6"></td></tr>
<tr><td>作业范围
（0.5 分）</td><td colspan="2">K0+___ ~ K0+___</td><td>作业
日期</td><td>____年___月___日</td><td>天窗时间</td><td>___:___ ~ ___:___</td></tr>
<tr><td>作业人员
（0.5 分）</td><td colspan="2">_____人</td><td>防护
人员</td><td>_____人</td><td>配合人员</td><td>_____人</td></tr>
<tr><td>计划工作量
（0.5 分）</td><td colspan="6"></td></tr>
<tr><td>主要工器具
名称及数量
（1 分）</td><td colspan="6"></td></tr>
<tr><td>作业所需的
材料及数量
（0.5 分）</td><td colspan="6"></td></tr>
<tr><td rowspan="3">作业流程
（3 分）</td><td>作业前
（1 分）</td><td colspan="5"></td></tr>
<tr><td>作业中
（1 分）</td><td colspan="5"></td></tr>
<tr><td>作业后
（1 分）</td><td colspan="5"></td></tr>
<tr><td>行车安全及
注意事项
（1 分）</td><td colspan="6"></td></tr>
<tr><td>人身安全注
意事项
（1 分）</td><td colspan="6"></td></tr>
<tr><td>防护设置
（2 分）</td><td colspan="6"></td></tr>
</table>

附表 2　高铁无砟轨道 W300-1 型扣件安装作业评分表

学员班组＿＿＿＿＿＿　　学员姓名＿＿＿＿＿＿　　得分＿＿＿＿

项目及配分	考核内容及评分标准	标准分	扣分因素及扣分	得分
职业素养与规范（20 分）	1. 按要求填写任务工单内容，扣分标准详见任务工单。本项配分 10 分。	10		
	2. 按规定着装，穿戴劳保用品，未按规定着装或穿戴劳保用品扣 2 分。领取工具及材料：活口扳手 1 把、扭力扳手 1 把、小撬棍 1 把、电子轨距尺 1 把、毛刷 1 把、钢丝刷 1 把、铁路专用防护油脂适量、适量不同规格的轨距挡板、4 套 W300-1 型扣件、手套 1 副。缺一件扣 1 分。本项配分 5 分。	5		
	3. 检查工器具是否状态良好，漏项或未检查扣 2 分。本项配分 5 分。	5		
作业过程及质量（60 分）	1. 上道前应确认防护已经设好，上道时要“眼看、手比、口呼”。未设置或未确认设好防护扣 3 分，未执行“眼看、手比、口呼”扣 2 分。本项配分 5 分。	5		
	2. 预安装。依次铺设弹性垫板、铁垫板、轨下垫板，使垫板孔与预埋套管孔对中。垫板孔与预埋套管孔未对中扣 1 分，弹性垫板、铁垫板、轨下垫板上下位置错误扣 1 分。本项配分 5 分。	5		
	3. 将轨距挡板放入承轨槽中，使轨距挡板压住轨垫边缘并与承轨槽密贴。轨距挡板未与承轨槽密贴扣 1 分。本项配分 5 分。	5		
	4. 将弹条放在轨距挡板预安装位置。弹条未放在轨距挡板预安装位置扣 1 分。本项配分 5 分。	5		
	5. 将轨枕螺栓拧入预埋套管，使用配套的活口扳手拧紧，扭矩为 30～50 N · m。扭矩不符合要求扣 1 分。本项配分 5 分。	5		

续表

项目及配分	考核内容及评分标准	标准分	扣分因素及扣分	得分
作业过程及质量（60分）	6. 现场最终安装。铺设钢轨，将绝缘垫片放于轨底上表面的弹条扣压至待安装位置，注意方向，半圆开口朝外。绝缘垫片未安放在待安装位置扣1分，半圆开口朝内扣1分。本项配分5分。	5		
	7. 将弹条从预安装位置移到安装位置，拧紧螺栓直至弹条的中肢前端与轨距挡板前端突起部分接触，扭矩约为250 N · m（采用SKLB15弹条时，扭矩约为180 N · m）。未将弹条从预安装位置移到安装位置扣1分，未检查螺栓扭力矩扣1分，螺栓扭力矩不符合要求扣1分。本项配分5分。	5		
	8. 检查扣件安装后线路情况，对超过作业验收标准要求的，及时进行整改。扣件安装完成后未进行线路回检扣1分，超过作业验收标准未进行整改的每项1分。本项配分5分	5		
	9. 以上安装步骤顺序错误每项扣2分，遗漏零部件未安装每件扣5分。本项配分10分。	10		
	10. 未在规定时间内完成4套W300-1型扣件安装，每少完成一套扣5分。本项配分10分。	10		
结束工作（10分）	1. 作业完毕后将工器具撤到限界以外，按要求撤除防护。未按照要求撤除防护，扣2分；工器具未撤到限界以外或工器具未下道，每件扣5分，本项配分5分。本项配分5分。	5		
	2. 清点工器具并将其按规定摆放，未完成扣5分。本项配分5分。	5		
安全及其他（10分）	1. 不按规定使用工器具，作业中有不安全因素每次扣2分。作业过程中应注意来车情况，及时下道，未及时下道或跨越线路时未执行“一站、二看、三通过”和“眼看、手比、口呼”扣5分。作业人员应精神状态良好，不符合要求扣5分。本项配分5分。	5		
	2. 时间：每超时1 min扣1分，超时5 min停止考核。本项配分5分。	5		
合　计		100		

评分人：　　　　年　　月　　日　　　核分人：　　　　年　　月　　日

任务 3.17　移动减速信号防护设置（单线）作业

一、实训任务

单人使用防护用品设置线路移动减速信号防护（单线），主要任务要求如下：

（1）制订工作计划并完成任务工单，任务工单见本任务附表 1。

（2）根据任务工单，设置线路移动减速信号防护（单线），见本任务附表 2。

（3）根据线路移动减速信号防护设置（单线）作业评分表（本任务附表 3），进行自我测评，达到合格要求。

二、任务分析

移动减速信号防护设置是保障行车安全、人身安全和设备安全的重要举措，是防护员作业的一项重要基本技能。

三、工具、材料准备

名称	单位	数量	图例
T 字减速信号牌	块	2	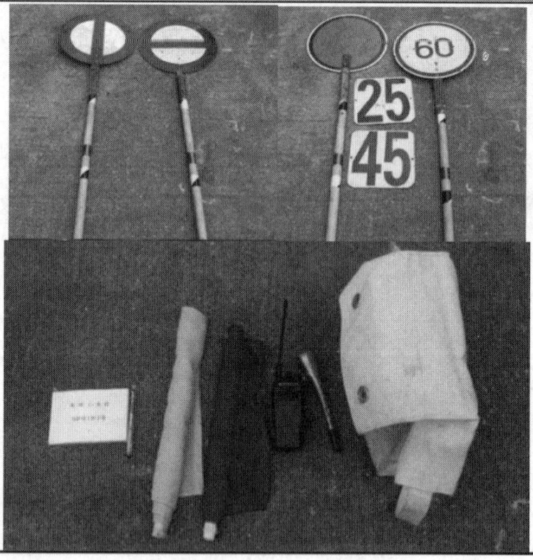
带“减速”字的移动减速信号牌	块	2	
减速地点标	块	2	
红色信号旗	面	1	
黄色信号旗	面	1	
喇叭	个	1	
对讲机	台	2	
防护用挎包	个	1	

四、任务实施条件

（1）防护员必须会使用对讲机，视力和听力良好，说话吐字清楚，熟悉本区段内列车运行情况。

（2）防护员应具有担任防护员的基本知识和基本技能，能根据工作的性质和内容、作业地点和作业负责人的指令，正确设置、撤除和显示各种防护信号。

五、作业程序

作业流程	作业内容	图　例
1. 领取防护备品并检查	（1）检查信号牌：逐一检查移动减速信号牌，是否稳固，漆面是否完好。 （2）检查信号旗：分别展红旗、黄旗，检查旗面有无破损、污染。 （3）检查喇叭：喇叭应试吹 1 次，确认其状态良好。 （4）检查对讲机：检查天线是否连接到天线插座上；旋转电源旋钮，打开对讲机，进行试通话。	
2. 设置防护	（1）防护员使用喇叭，发出设置防护信号（一短一长声）后开始设置防护。	
	（2）设置减速地点标。 减速地点标应设置在距离作业地点 20 m 处，距最外股钢轨不小于 2 m，信号牌正面面向来车方向，信号牌高度距离地面 1.9 m 以上。	
	（3）设置带“减速”字的移动减速信号牌。 带“减速”字的移动减速信号牌应设置在距离作业地点 800 m 处，距最外股钢轨不小于 2 m，信号牌正面面向来车方向，信号牌高度距离地面 1.9 m 以上。	
	（4）设置带 T 字移动减速信号牌 带 T 字移动减速信号牌应设置在距离作业地点 1400 m 处，距最外股钢轨不小于 2 m，信号牌正面面向来车方向，信号牌高度距离地面 1.9 m 以上。	
	（5）设置测速地点标和测速仪。 在减速地点标（起点）处设置测速地点标和测速仪，防护人员显示减速手信号。	

续表

作业流程	作业内容	图例
3. 撤除防护及防护用品整理	（1）撤除防护。 防护员使用喇叭，发出撤销防护信号（一长一短声）后按插牌的倒序，依次撤除信号牌及信号标志。人员和所有信号备品撤到限界以外。	
	（2）防护用品整理。 将信号牌及信号标志按要求摆放整齐并整理。	

六、作业质量要求

（1）现场防护员站位合适，信号显示正确，联控用语标准规范，正确使用通信设备。

（2）驻站联络员作业登销记及时、正确，联控用语标准规范，正确使用通信设备。

（3）信号牌应设置牢固，位置正确。

七、安全注意事项

（1）现场防护员应合理确定站位及移动路径，并做好自身防护。在防护时除掌握驻站联络员通报信息外，应以瞭望为主；如联系中断，现场防护员应立即通知作业负责人停止作业。

（2）驻站联络员根据作业计划提前到达行控室（信号楼），及时办理作业登销记手续；随时与作业负责人、现场防护员保持联系，及时准确传达调度命令，通报列车运行情况。

（3）接车时应面朝来车方向，作业时不碰伤手脚和损坏防护用品。

（4）跨越线路应执行“一站、二看、三通过”和“眼看、手比、口呼”。

八、任务评价

任务实施完成后，从职业素养与规范、作业过程及质量、结束工作安全及其他等方面进行评价，评价标准见本任务附表 3。

附表 1　移动减速信号防护设置（单线）作业任务工单

学员班组________　　　　　　　　学员姓名________

<table>
<tr><td>作业项目</td><td colspan="5"></td></tr>
<tr><td>作业范围
（0.5 分）</td><td>K0+___～K0+___</td><td>作业
日期</td><td>___年___月___日</td><td>作业时间</td><td>___:___～___:___</td></tr>
<tr><td>作业人员
（0.5 分）</td><td>______人</td><td>配合
人数</td><td colspan="3">______人</td></tr>
<tr><td>计划工作量</td><td colspan="5"></td></tr>
<tr><td>主要工器具名称
及数量（1 分）</td><td colspan="5"></td></tr>
<tr><td>作业所需
材料及数量（1 分）</td><td colspan="5"></td></tr>
<tr><td>人员组织分工</td><td colspan="5"></td></tr>
<tr><td rowspan="3">作业流程
（5 分）</td><td>作业前</td><td colspan="4"></td></tr>
<tr><td>作业中</td><td colspan="4"></td></tr>
<tr><td>作业后</td><td colspan="4"></td></tr>
<tr><td>行车安全
注意事项
（1 分）</td><td colspan="5"></td></tr>
</table>

附表 2　移动减速信号防护图绘制（单线）

学生考号__________　　学生姓名__________　　得分__________

按照《普速铁路工务安全规则》要求，在允许速度为 160 km/h 的区间线路上，使用 T 字和带“减速”字的移动减速信号牌进行防护，请画出单线区间施工移动减速信号防护示意图。

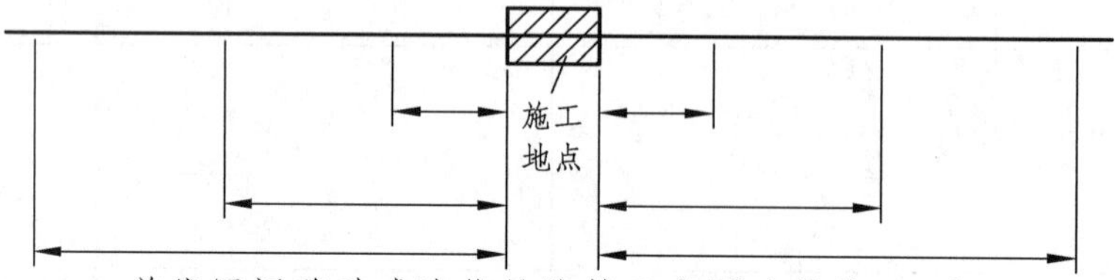

单线区间移动减速信号防护示意图（单位：m）

评分人：　　年　　月　　日　　核分人：　　年　　月　　日

附表 3　移动减速信号防护设置（单线）作业评分标准

学员班组______________　　学员姓名______________　　得分________

项目及配分	考核内容及评分标准	标准分	扣分因素及扣分	得分
职业素养与规范（20分）	1. 按要求填写任务工单内容，扣分标准详见任务工单。本项配分10分。	10		
	2. 按规定着装，穿戴劳保用品，未按规定着装或穿戴劳保用品扣2分。从工务实训室领取T字减速信号牌2块、带“减速”字的移动减速信号牌2块、减速地点标2块，少1件扣2分。本项配分7分。	7		
	3. 检查防护用品是否状态良好，未检查扣3分。本项配分3分。	3		
作业过程及质量（60分）	1. 按照单线铁路移动减速信号防护设置要求，绘制移动停车信号防护设置图，图中信号牌位置、距离错误每处扣 2 分。本项配分 10分。	10		
	2. 上道时要“眼看、手比、口呼”，少一项扣2分。本项配分5分。	5		
	3. 根据防护示意图，按照1∶20比例设置减速地点标，位置正确。位置不正确每个扣8分。本项配分15分。	15		
	4. 根据防护示意图，按照1∶20比例设置带“减速”字的移动减速信号牌，位置正确。位置不正确扣8分。本项配分15分。	15		
	5. 根据防护示意图，按照1∶20比例设置带T字的减速信号牌，位置正确。位置不正确扣8分。本项配分15分。	15		
结束工作（10分）	1. 作业完毕后按要求撤除防护。防护用品未撤到限界以外或未下道，每件扣2分。本项配分5分。	5		
	2. 按照规定清点并将各类信号牌摆放好，未完成每件扣2分。本项配分5分。	5		
安全及其他（10分）	1. 信号牌应设置牢固，作业中有不安全因素每次扣2分。作业过程中应注意来车情况，及时下道，未及时下道或跨越线路时未执行“一站、二看、三通过”和“眼看、手比、口呼”扣5分。作业人员应精神状态良好，不符合要求扣5分。本项配分5分。	5		
	2. 时间：每超时1 min扣1分，超时5 min停止考核。本项配分5分。	5		
合　计		100		

评分人：　　年　　月　　日　　　　核分人：　　年　　月　　日

任务 3.18　移动停车信号防护设置（双线）作业

一、实训任务

单人使用防护备品完成线路移动停车信号防护（双线），主要任务要求如下：

（1）小组讨论制订工作计划并完成任务工单，任务工单见本任务附表 1。

（2）根据任务工单，设置线路移动停车信号防护（双线），见本任务附表 2。

（3）根据线路移动停车信号防护设置（双线）作业评分表（本任务附表 3），进行自我测评，达到合格要求。

二、任务分析

移动停车信号防护设置是保障行车安全、人身安全和设备安全的重要举措，是防护员作业的一项重要基本技能。

三、工具、材料准备

名称	单位	数量	图例
移动停车信号牌	块	4	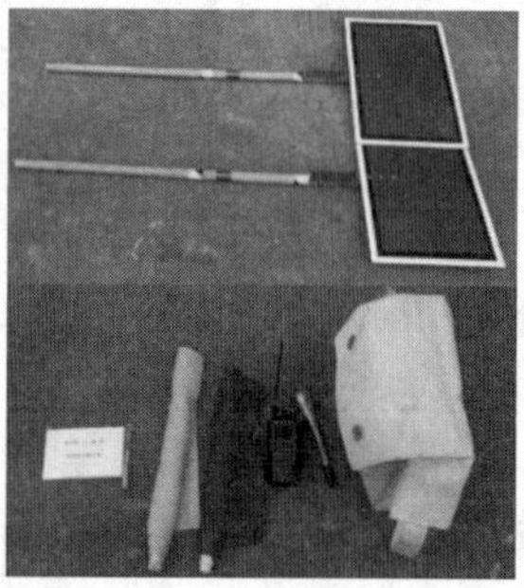
红色信号旗	面	2	
黄色信号旗	面	2	
喇叭	个	2	
对讲机	台	3	
防护用挎包	个	2	

四、任务实施条件

（1）防护员必须会使用对讲机，视力和听力良好，说话吐字清楚，熟悉本区段内列车运行情况。

（2）防护员应具有担任防护员的基本知识和基本技能，能根据工作的性质和内容、作业地点和作业负责人的指令，正确设置、撤除和显示各种防护信号。

五、作业程序

作业流程	作业内容	图　例
1.领取防护备品并检查	（1）检查信号牌：逐一检查移动停车信号牌，是否稳固，漆面是否完好。 （2）检查信号旗：分别展红旗、黄旗，检查旗面有无破损、污染。 （3）检查喇叭：喇叭应试吹 1 次，确认其状态良好。 （4）检查对讲机：检查天线是否连接到天线插座上；旋转电源旋钮，打开对讲机，进行试通话。	
2.设置防护	（1）防护员使用喇叭，发出设置防护信号（一短一长声）后开始设置防护。	
	（2）设置移动停车信号牌。 移动停车信号牌应设置在距离作业地点 20 m 的线路中心处，信号牌正面面向来车方向，信号牌高度距离地面 1.25 m 以上。	
	（3）现场防护员显示移动停车手信号。 现场防护人员在距离作业地点 800 m 处，行车方向左侧（双线两线间严禁站人），手持展开的红色信号旗，显示停车手信号。	
3.撤除防护及防护用品整理	（1）撤除防护。 防护员使用喇叭，发出撤销防护信号（一长一短声）后按插牌的倒序，依次撤除信号牌及信号标志。人员和所有信号备品撤到限界以外。	
	（2）防护用品整理。 将信号牌及信号标志按要求摆放整齐并整理。	

六、作业质量要求

（1）现场防护员站位合适，信号显示正确，联控用语标准规范，正确使用通信设备。

（2）驻站联络员作业登销记及时、正确，联控用语标准规范，正确使用通信设备。

（3）信号牌应设置牢固，位置正确。

七、安全注意事项

（1）现场防护员应合理确定站位及移动路径，并做好自身防护。在防护时除掌握驻站联络员通报信息外，应以瞭望为主；如联系中断，现场防护员应立即通知作业负责人停止作业。

（2）驻站联络员根据作业计划提前到达行控室（信号楼），及时办理作业登销记手续；随时与作业负责人、现场防护员保持联系，及时准确传达调度命令，通报列车运行情况。

（3）接车时应面朝来车方向，作业时不碰伤手脚和损坏防护用品。

（4）跨越线路应执行“一站、二看、三通过”和“眼看、手比、口呼”。

八、任务评价

任务实施完成后，从职业素养与规范、作业过程及质量、结束工作安全及其他等方面进行评价，评价标准见本任务附表3。

附表1　移动停车信号防护设置（双线）作业任务工单

学员班组__________________　　　　　　学员姓名_________

<table>
<tr><td>作业项目</td><td colspan="5"></td></tr>
<tr><td>天窗作业范围
（0.5分）</td><td>K0+___～K0+___</td><td>作业日期</td><td>___年___月___日</td><td>天窗时间</td><td>___:___～___:___</td></tr>
<tr><td>作业人员
（0.5分）</td><td>______人</td><td>配合人数</td><td colspan="3">______人</td></tr>
<tr><td>计划工作量</td><td colspan="5"></td></tr>
<tr><td>主要工器具名称及数量
（1分）</td><td colspan="5">停车信号牌_____块、红色信号旗______面、黄色信号旗_____面、喇叭____个。</td></tr>
<tr><td>作业所需的材料及数量
（1分）</td><td colspan="5">任务工单______张、签字笔______支。</td></tr>
<tr><td rowspan="3">作业流程
（5分）</td><td>作业前</td><td colspan="4"></td></tr>
<tr><td>作业中</td><td colspan="4"></td></tr>
<tr><td>作业后</td><td colspan="4"></td></tr>
<tr><td>行车安全及注意事项
（1分）</td><td colspan="5"></td></tr>
<tr><td>人身安全注意事项
（1分）</td><td colspan="5"></td></tr>
</table>

附表 2　移动停车信号防护图绘制

学生考号____________　学生姓名______________　得分____________

按照《普速铁路工务安全规则》要求，在区间线路上施工时，使用移动停车信号防护，请画出双线区间两条线同时施工时移动停车信号防护示意图。

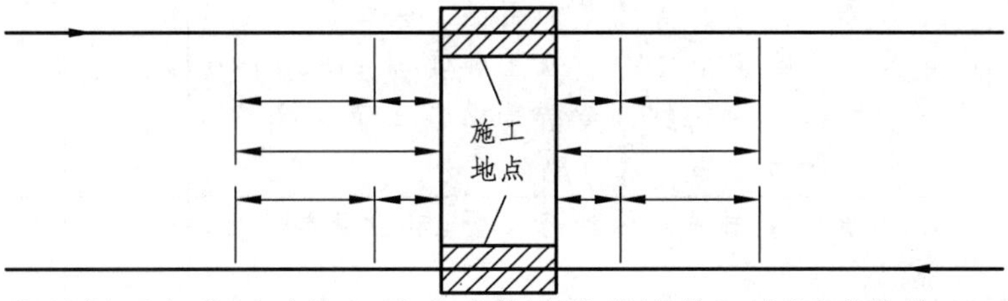

双线区间两条线同时施工时移动停车信号防护示意图（单位：m）

评分人：　年　月　日　　核分人：　年　月　日

附表 3　移动停车信号防护设置（双线）作业评分标准

学员班组________________　学员姓名______________　得分______

项目及配分	考核内容及评分标准	标准分	扣分因素及扣分	得分
职业素养与规范（20分）	1. 按要求填写任务工单内容，扣分标准详见任务工单。本项配分 10 分。	10		
	2. 按规定着装，穿戴劳保用品，未按规定着装或穿戴劳保用品扣 2 分。从工务实训室领取移动停车信号牌 4 块，红、黄信号旗各 1 面，喇叭 1 个，少 1 件扣 2 分。本项配分 7 分。	7		
	3. 检查防护用品是否状态良好,未检查扣 3 分。本项配分 3 分。	3		
作业过程及质量（60分）	1. 按照双线区间两条线同时施工时移动停车信号防护设置要求，绘制移动停车信号防护图，图中信号牌位置或距离错误每处扣 4 分，人员位置不正确每处扣 4 分。本项配分 20 分。	20		
	2. 上道时要“眼看、手比、口呼”，少一项扣 2 分。本项配分 5 分。	5		
	3. 根据移动停车信号防护图，正确设置移动停车防护。移动停车信号牌位置正确、防护人员位置正确并显示移动停车手信号和设置移动停车信号命令。移动停车信号牌位置不正确，每个扣 6 分。防护人员位置不正确每处扣 6 分，防护人员信号显示不正确，每处扣 6 分。本项配分 35 分。	35		
结束工作（10分）	1. 作业完毕后按要求撤除防护。防护用品未撤到限界以外或未下道。每件扣 2 分，本项配分 5 分。	5		
	2. 按照规定清点并将各类信号牌、信号旗摆放好，未完成每件扣 2 分。本项配分 5 分。	5		
安全及其他（10分）	1. 信号牌应设置牢固，作业中有不安全因素每次扣 2 分。作业过程中应注意来车情况，及时下道，未及时下道或跨越线路时未执行“一站、二看、三通过”和“眼看、手比、口呼”扣 5 分。作业人员应精神状态良好，不符合要求扣 5 分。本项配分 5 分。	5		
	2. 时间：每超时 1 min 扣 1 分，超时 5 min 停止考核。本项配分 5 分。	5		
合　计		100		

评分人：　　年　月　日　　核分人：　　年　月　日

参考文献

[1] 甄相国. 轨道维修实训指导书. 成都：西南交大出版社，2018.
[2] 李建平. 高速铁路轨道构造与维护. 长沙：中南大学出版社，2014.
[3] 武汉铁路局工务处. 铁路线路工单项作业. 北京：中国铁道出版社，2017.
[4] 铁路职工岗位培训教材编委会. 铁路线路工. 北京：中国铁道出版社，2010.
[5] 工务系统作业项目指导书编委会. 工务系统作业项目指导书：线路部分. 北京：中国铁道出版社，2015.
[6] 李建平. 铁路轨道与修理. 北京：中国铁道出版社，2019.
[7] 中国铁路总公司. 普速铁路线路修理规则. 北京：中国铁道出版社，2019.
[8] 中国铁路总公司. 普速铁路工务安全规则. 北京：中国铁道出版社，2014.
[9] 中国铁路总公司运输局工务部. 铁路工务技术手册：轨道. 北京：中国铁道出版社，2016.
[10] 中国铁路总公司运输局工务部. 铁路工务技术手册：养路机械. 北京：中国铁道出版社，2016.

附录

附录 1　移动停车信号和减速信号防护办法

一、区间移动停车信号防护办法

（1）单线区间封锁施工时，如附图 1-1 所示。

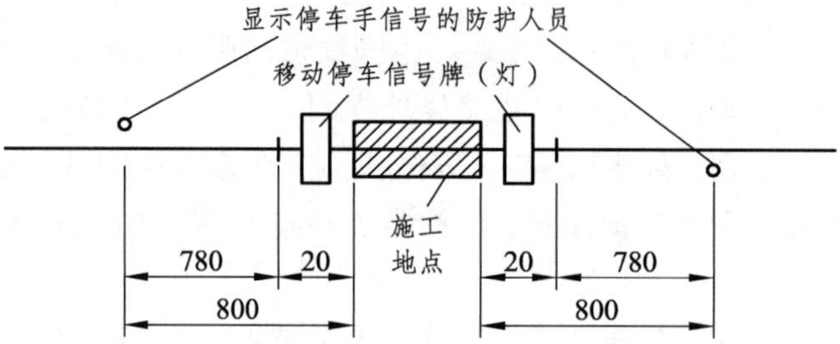

附图 1-1　单线区间封锁施工防护图（单位：m）

（2）双线区间一条线路封锁施工时，如附图 1-2 所示。

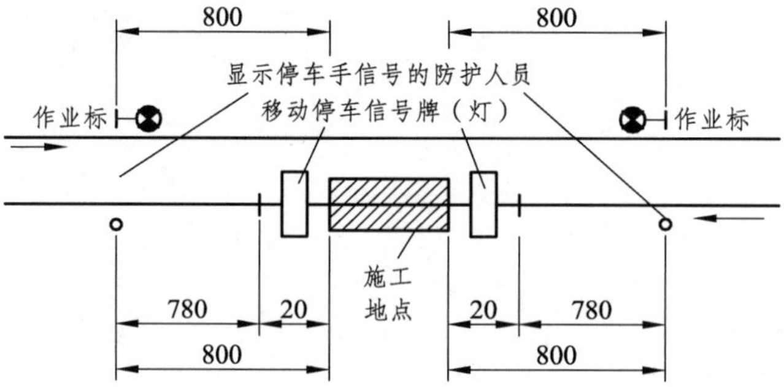

附图 1-2　双线区间一条线路封锁施工防护图（单位：m）

（3）双线区间两条线路同时封锁施工时，如附图 1-3 所示。

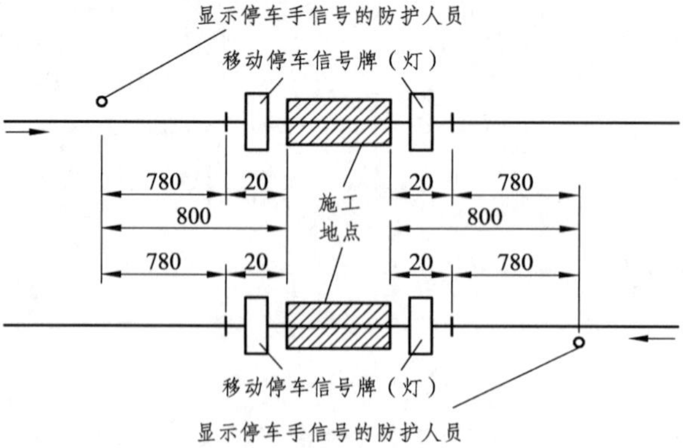

附图 1-3　双线区间两条线路同时封锁施工防护图（单位：m）

（4）封锁施工地点在站外，距离进站信号机（反方向进站信号机）少于 820 m 时，如附图 1-4 所示。

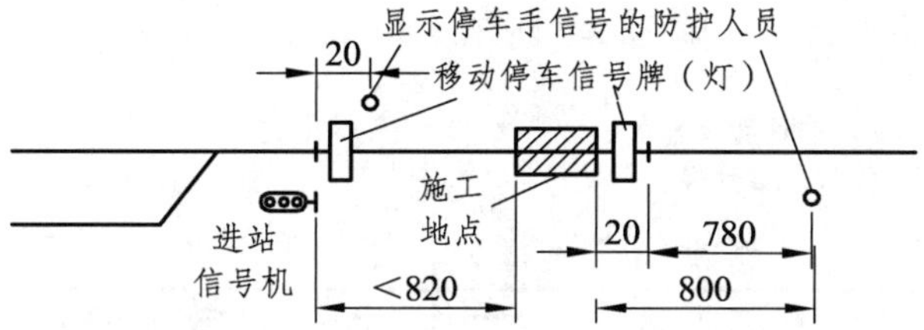

附图 1-4　站外封锁施工防护图（单位：m）

现场防护人员应站在距施工地点 800 m 附近，且瞭望条件较好的地点显示停车手信号；施工作业地点在站外，距离进站信号机（反方向进站信号机）小于 820 m 时，现场防护人员应站在距进站信号机（反方向进站信号机）20 m 附近；在尽头线上施工，施工负责人经与车站值班员联系确认尽头一端无列车、轨道车时，尽头一端可不设防护。施工地点与防护人员间瞭望条件不良又无电话联系时，应增设中间防护人员。

凡用停车信号防护的施工地点，在停车信号撤除后，列车需减低速度通过施工地点时，应按减速信号防护办法防护。

二、站内线路或道岔上移动停车信号防护办法

（1）将施工线路两端道岔扳向不能通往施工地点的位置，并加锁或钉固，可不设置移动停车信号牌（灯）。当施工线路两端道岔只能通往施工地点的位置时，在施工地点两端各 50 m 处线路上，设置移动停车信号牌（灯）防护，如附图 1-5 所示。

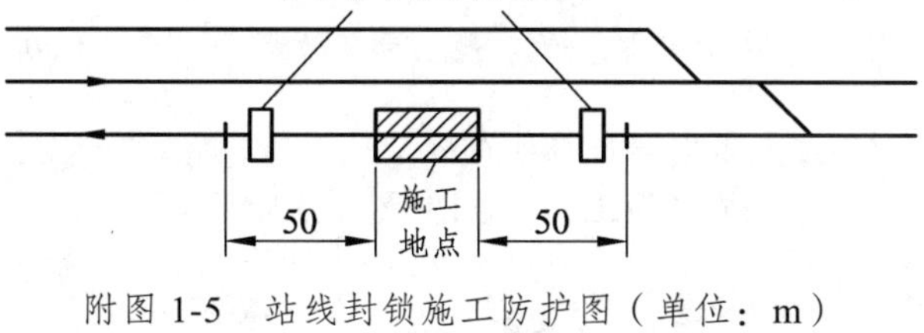

附图 1-5　站线封锁施工防护图（单位：m）

（2）当施工地点距离道岔小于 50 m 时，在该端警冲标相对处线路上，设置移动停车信号牌（灯）防护，如附图 1-6 所示。

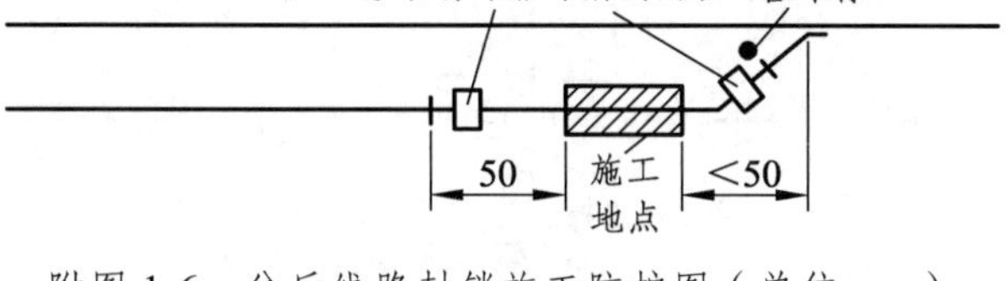

附图 1-6　岔后线路封锁施工防护图（单位：m）

三、区间移动减速信号防护办法

在区间线路、站内线路和道岔上施工时，根据线路速度等级，使用移动减速信号

防护，移动减速信号牌上应标明列车限制速度。速度小于 120 km/h 的线路，不设置带 T 字的特殊移动减速信号，防护方法如下：

（1）单线区间施工时，如附图 1-7 所示。

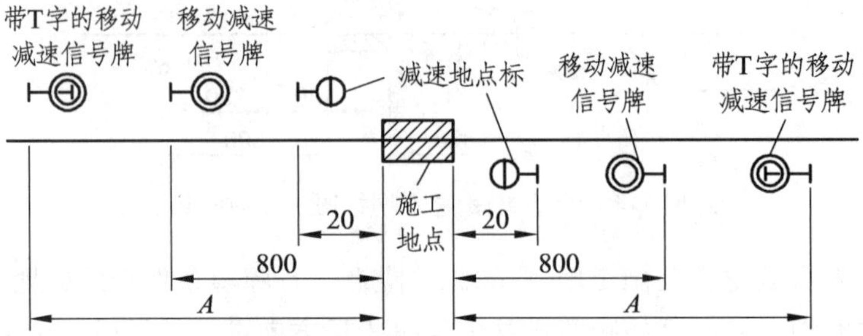

附图 1-7　单线区间施工减速防护图（单位：m）

注：图中 A 为不同线路速度等级的列车紧急制动距离，当速度小于 120 km/h 时取 800 m，下同。

（2）双线区间在一条线上施工时，如附图 1-8 所示。

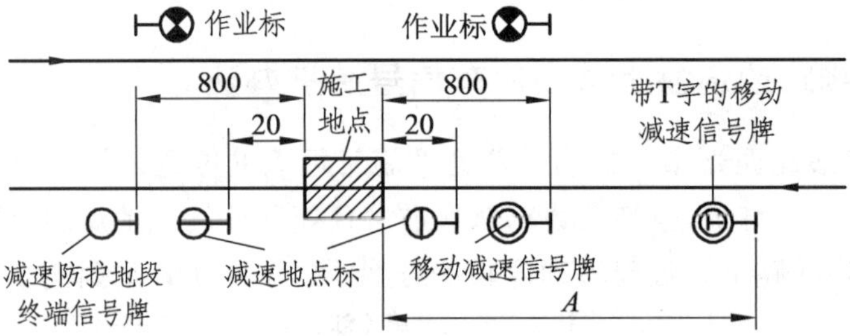

附图 1-8　双线区间一条线施工减速防护图（单位：m）

注：限速地段无施工作业不设置作业标。

（3）双线区间两条线路同时施工时，如附图 1-9 所示。

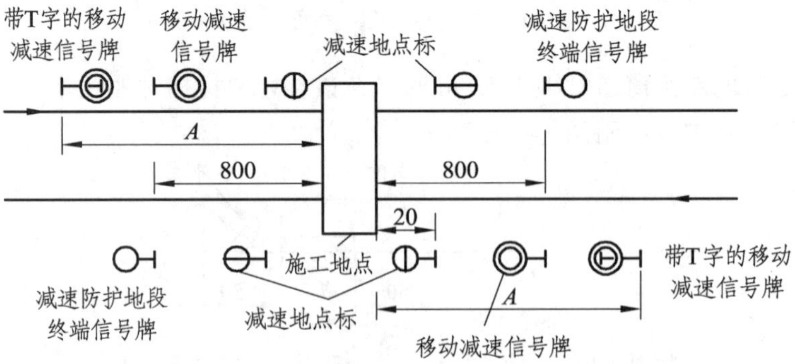

附图 1-9　双线区间两条线路同时施工减速防护图（单位：m）

（4）施工地点距离进站信号机（或站界标）小于 800 m 时，如附图 1-10 所示。

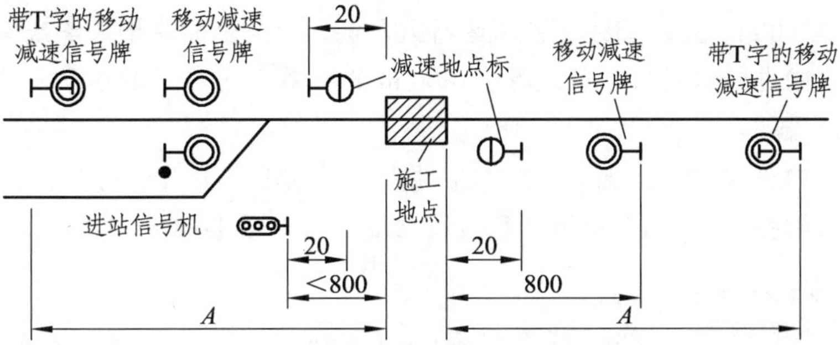

附图 1-10　站外施工减速防护图（单位：m）

注：① 当站内正线警冲标距离施工地点小于 800 m 时，按 800 m 设置移动减速信号牌；

② 当站内正线警冲标距离施工地点大于或等于 A 时，不设置带 T 字的特殊移动减速信号牌。

四、站内线路或道岔上移动减速信号防护办法

在站内线路或道岔上，根据线路速度等级，使用移动减速信号的防护办法如下：

（1）在站内正线线路上施工，当施工地点距进站信号机大于或等于 800 m 时，单线设立位置，如附图 1-11（a），双线设立位置如附图 1-11（b）所示。

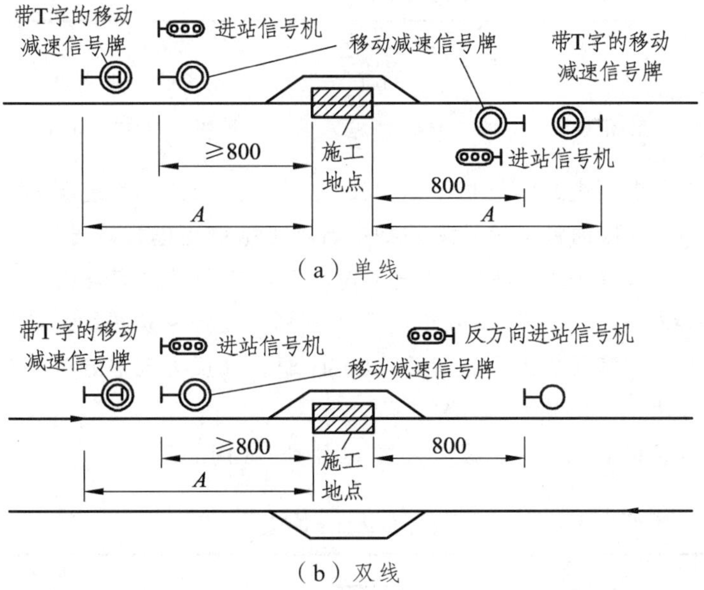

附图 1-11　站内正线线路施工减速防护图（单位：m）

注：当施工地点距进站信号机不足 800 m 时，自施工地点起至 800 m 处区间线路列车运行方左侧，设移动减速信号牌防护；当施工地点距进站信号机大于或等于 A 时，不设置带 T 字的移动减速信号牌；当施工地点距反方向进站信号机不足 800 m 时，自

施工地点起至 800 m 处区间线路列车运行方左侧，设减速防护地段终端信号牌；当施工地点距反方向进站信号机大于或等于 800 m 时，在反方向进站信号机处，设减速防护地段终端信号牌。

（2）在站内正线道岔上施工，当施工地点距进站信号机大于或等于 800 m 时，单线设立位置如附图 1-12（a）所示，双线设立位置如附图 1-12（b）所示。

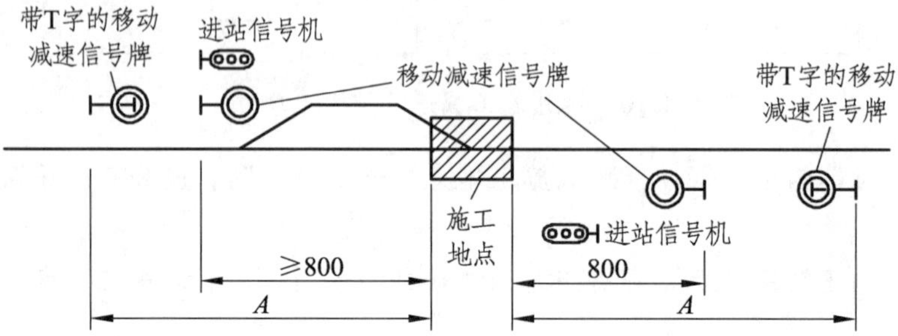

（a）单线

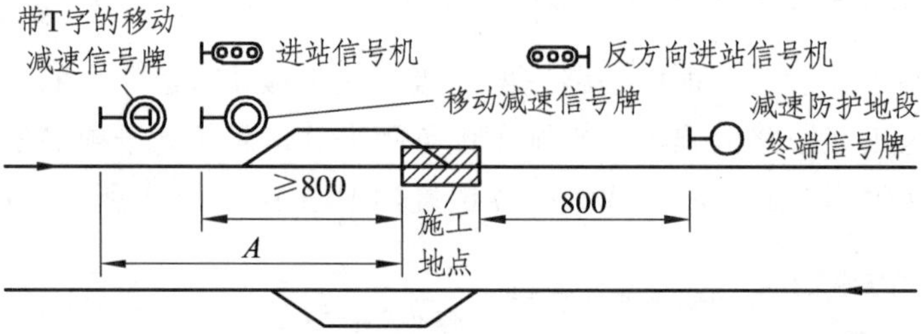

（b）双线

附图 1-12　站内正线道岔施工减速防护图（单位：m）

注：当施工地点距进站信号机不足 800 m 时，自施工地点起至 800 m 处区间线路列车运行方左侧，设移动减速信号牌防护；当施工地点距进站信号机大于或等于 *A* 时，不设置带 T 字的移动减速信号牌；当施工地点距反方向进站信号机不足 800 m 时，自施工地点起至 800 m 处区间线路列车运行方左侧，设减速防护地段终端信号牌；当施工地点距反方向进站信号机大于或等于 800 m 时，在反方向进站信号机处，设减速防护地段终端信号牌。

（3）在站线线路上施工时，设立位置如附图 1-13 所示。

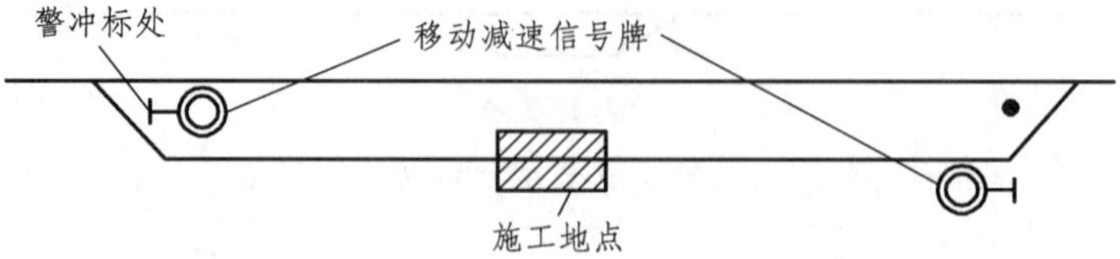

附图 1-13　站线线路施工减速防护图（单位：m）

（4）在站线道岔上施工时，该道岔中部线路旁，设置两面黄色的移动减速信号，设立位置如附图 1-14 所示。

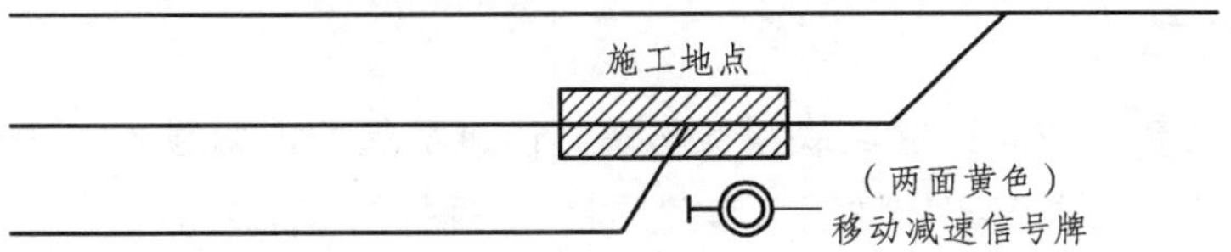

附图 1-14　站线道岔施工减速防护图（单位：m）

凡线间距离不足规定时，应设置矮型（1 m 高）的移动减速信号。在移动减速信号牌上应注明规定的慢行速度。

已纳入列车运行监控装置基础数据的长期限制慢行地段不设置减速信号牌。

在区间线路上进行不影响行车安全的作业，不需要以停车信号或移动减速信号防护时，应在作业地段两端 500～1000 m 处列车运行方向左侧（双线在线路外侧）的路肩上设置作业标，如附图 1-15 所示。列车接近该作业标时，司机必须长声鸣笛，注意瞭望。

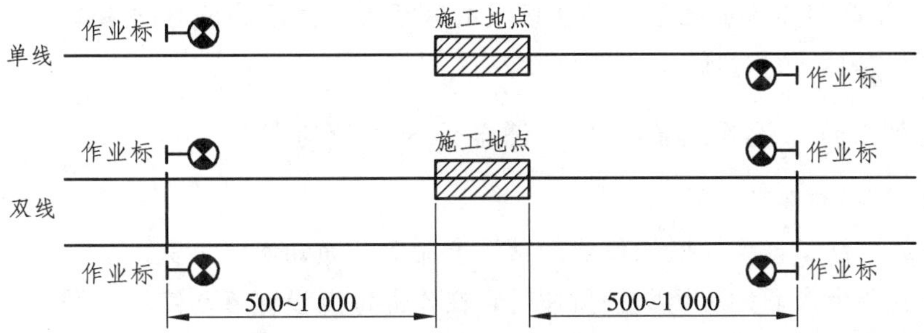

附图 1-15　区间线路作业减速防护图（单位：m）

五、线路发生危及行车安全故障或自然灾害时的防护办法

1. 线路发生危及行车安全故障或自然灾害时的防护办法

（1）应立即使用列车无线调度通信设备通知车站值班员或列车司机紧急停车，同时在故障或自然灾害影响地点设置停车信号。

（2）当确知一端先来车时，应急速奔向列车，用手信号旗（灯）或徒手显示停车信号。

（3）如不知来车方向，应在故障或自然灾害影响地点注意倾听和瞭望，发现来车，应急速奔向列车，用手信号旗（灯）或徒手显示停车信号。

设有固定信号机时，应先使其显示停车信号。站内线路、道岔发生故障或自然灾害时，应立即通知车站值班员采取措施，防止机车、车辆通往该故障或自然灾害影响地点，同时按规定设置停车信号防护。有人看守的道口应装设遮断信号机。有人看守的桥隧建筑物及可能危及行车安全的坍方落石地点，根据需要装设遮断信号机。遮断信号机距防护地点不得小于 50 m。

2. 区间线路上利用列车间隔的作业，驻站联络员与现场防护员或作业负责人联系程序规定

（1）作业负责人应通过驻站联络员与车站值班员保持密切联系，设置好防护后方可作业。在作业过程中应密切注意来车“预报”“确报”等信号。

① 预报：车站对作业区间办理闭塞时，驻站联络员应立即向现场防护员发出预报；如系通过列车，则应提前一个车站（即邻站向本站发车时）发出预报。

② 确报：车站向作业区间发车时，驻站联络员应立即向现场防护员发出确报。

③ 作业地点距车站较近或作业条件较复杂，需提前预报、确报时，作业负责人应事先与驻站联络员商定明确并告知全体防护员及作业人员。

④ 变更通知：预报、确报有变化时，驻站联络员应向现场防护员发出变更通知。

（2）现场防护员接到驻站联络员发出的预报、确报、变更通知后，均应立即通知到作业负责人，同时应加强警戒，注意瞭望，监视来车与作业情况。如设置有中间联络防护员时，应以上述相同方式准确及时地将信息传达给对方。

（3）驻站联络员应加强与车站值班员的联系，双线区段反方向来车时，驻站联络员应及时通知现场防护员转报作业负责人。

3. 线路上作业设置或撤除移动停车信号防护的程序

（1）设置移动停车信号。

① 驻站联络员抄录并确认作业封锁调度命令，通知作业负责人。

② 作业负责人通知现场防护员按规定在作业地点设置移动停车信号。

③ 按规定设置好移动停车信号后作业负责人发出作业命令。

（2）撤除移动停车信号。

① 作业负责人检查确认线路已达到放行列车条件（外单位施工的还需设备管理单位监督检查人员共同检查确认）。

② 通知现场防护员撤除作业地段的移动停车信号。

③ 通知车站开通线路。

在通信不畅或瞭望条件不良地段作业时，应增设防护员。

附录 2　现场防护（移动停车信号防护）流程用语参考

一、防护人员

1. 防护人员

驻站联络员 1 名，现场防护员 1 名，远端防护员（安全员）2 名，作业负责人 1 名。

2. 防护工具

各式信号牌（若干），手持信号旗（红旗 3 面、黄旗 3 面），口笛 3 个，对讲机 5 台。

3. 注意事项

所有人员上道需执行“眼看手比口呼”制度，所有调度计划命令需执行二次复诵核实。远端防护员需根据现场实际情况确认为东、南、西、北四个方向的防护员（东头、西头防护员）。

二、防护人员职责

1. 作业负责人职责

（1）负责作业现场的组织指挥工作。检查作业和开通前的各项准备工作，指挥现场作业，安排作业防护，确认放行列车条件等。

（2）负责协调解决作业发生的问题，协调各单位作业，掌握作业进度，反馈现场信息。

（3）负责组织分析作业组织、进度和安全等情况，对作业现场的安全负责。

2. 防护人员职责

（1）检查并带全防护信号备品，确保备品状态良好。

（2）引导作业人员安全往返作业地点。

（3）在作业负责人的指导下，按规定设置和撤销防护。

（4）作业中确保联系畅通，及时掌握行车信息，认真瞭望。

（5）掌握紧急情况的应急处理方法。

三、防护流程(防护用语）

（一）作业前

驻站联络员提前 40 分钟（高铁 60 分钟）到达车站信号楼，安全防护从作业人员进网开始，安全防护结束以作业人员全部出网为止。

作业负责人：××站驻站联络员（××），我是作业负责人(××)。请问通话是否顺畅，现在核对时间，是否正常登记《运统-46》。

驻站联络员：作业负责人（××），我是驻站联络员（××）. 通话良好，现在是北京时间××时××分（以车站信号楼时间为准），已正常登记《运统-46》。

作业负责人：驻站联络员（××），现在是北京时间××时××分。现在和你核实今天作业计划，作业人员共××名，作业工具、材料已备齐。作业地点为 K0＋×××至 K0＋×××处作业，作业项目为更换钢轨。作业人员已经到达作业地点限界以外。请问调度命令是否下达，是否办理好封锁手续?

驻站联络员：作业负责人（××），调度命令已经下达，封锁命令号 123456，封锁时间××时××分至××时××分，封锁时长 120 分钟。封锁命令内容为：自接令时起，线路已封锁，准许 K0＋×××至 K0＋×××间上（下）行线进行更换钢轨作业。

作业负责人：驻站联络员（××）,作业负责人（××）明白，封锁命令号 123456，封锁时间××时××分至××时××分，封锁时长 120 分钟。

作业负责人：现场防护员（××），线路已经封锁，封锁命令号 123456，封锁时间××时××分至××时××分，封锁时长 120 分钟，现在设置移动停车信号防护。

现场防护员：现场防护员（××）明白，线路已经封锁，封锁命令号 123456，封锁时间××时××分至××时××分，封锁时长 120 分钟，现在设置移动停车信号防护。

现场防护员：白天插移动停车信号牌（晚上红灯）；通知远端防护员 A/B（××），封锁命令已下达。封锁命令号 123456，封锁时间××时××分至××时××分，封锁时长 120 分钟，现在设置××防护。

（讲述完后吹笛挥旗，笛声一短一长、红旗转大圈。）

远端防护员：远端防护员 A/B（东头、西头防护员）（××）明白，封锁命令已下达。封锁命令号 123456，封锁时间××时××分至××时××分，封锁时长 120 分钟，现在设置移动停车信号防护。

[讲述完后插好信号牌。吹笛挥旗，笛声一短一长（红旗），向前（背向作业区域）到达防护地点后举旗示意，展开红旗，远端眺望来车方向。并向现场防护员汇报防护已设好。]

现场防护员：作业负责人（××）,现场两端防护已经设置完毕，可以上道作业。

作业负责人：收到，防护已设好，可以上道作业。（组织人员上道作业）

（作业过程由作业负责人指挥作业人员作业，现场防护员不得参与作业，驻站联络员不得离开控制台，驻站联络员与现场防护员3~5分钟通话一次。）

（二）销点前30分钟

（销点前30分钟、20分钟、10分钟驻站联络员与作业负责人联系）

驻站联络员：作业负责人（××）,天窗点还剩30分钟，请问现场作业是否能按时完成，线路可按计划时间销记?

作业负责人：驻站联络员（××），作业负责人（××）收到，天窗点还剩30分钟。更换钢轨作业能按时完成，线路能达到放行条件。可以按计划时间办理销记手续。

（三）作业结束

（作业结束前5分钟,人员、机具、材料全部下道，撤销防护完毕）

作业负责人：现场防护员（××），作业人员、机具已全部撤离至限界外，满足放行列车条件，请撤销防护。

现场防护员：撤销防护,现场防护员（××）明白。

现场防护员：远端防护员（××），作业人员、机具已全部撤离至限界外，请撤销防护。（吹笛挥旗，笛声一长一短，左右挥黄旗。）

远端防护员：远端防护员A/B（东头、西头防护员）（××）明白，作业人员、机具已全部撤离至限界外。（拆除信号牌，吹笛挥旗，笛声一长一短，挥黄旗）防护已撤除。并向现场防护员汇报防护已撤销。

现场防护员：作业负责人（××），防护已撤除。

作业负责人：防护已撤除，作业负责人（××）明白。

作业负责人：驻站联络员（××），防护已撤除。

驻站联络员：驻站联络员（××）明白。××作业已完毕，防护已撤除。

（驻站联络员办理销记手续，得到开通命令。）

驻站联络员：作业负责人（××），封锁时间已经结束，线路已开通，开通命令为654321。

作业负责人：驻站联络员（××），作业负责人（××）收到，线路已开通，开通命令为 654321。

现场防护员：驻站联络员××，作业结束，返回工区进行作业总结，开完工会。

驻站联络员：驻站联络员（××）明白，作业结束，返回工区进行作业总结，开完工会。

听觉、视觉信号表

项目	显示方法		说明
预报信号	下行一长声	—	通知作业负责人，车站已对施工区间办理闭塞
	上行二长声	— —	
确报信号	一长两短声	— · ·	通知作业负责人，车站已向施工区间发车
警报信号	一长三短声	— · · ·	通知作业负责人及全体作业人员，列车已经接近
停车信号	连续短声 红色信号	· · · · · · ·	无停车信号时，白天两臂高举向两侧急剧摇动，夜间用灯光或火光上下急剧摇动
取消信号	两长一短声	— — ·	通知作业负责人，刚刚发过的预报（或确报）信号已予取消
设置防护	一短一长声	· —	（1）作业负责人鸣示一短一长声，并高举红旗作圆形运动，指示防护员设置停车防护。 （2）防护员设好防护好以同样方式回报作业负责人
撤销防护	一长一短声	— ·	（1）作业负责人鸣示一长一短声，指示防护员撤销防护。 （2）防护员撤销停车防护后以同样方式回报作业负责人

附录 3　线路轨道静态几何不平顺容许偏差管理值

附表 3.1　线路轨道静态几何不平顺容许偏差管理值（混凝土枕线路）

单位：mm

项目		160 km/h<v_{max} 正线				120 km/h<v_{max} ≤160 km/h 正线				80 km/h<v_{max} ≤120 km/h 正线				v_{max}≤80 km/h 正线及到发线				其他站线			
		作业验收	计划维修	临时补修	限速（160 km/h）	作业验收	计划维修	临时补修	限速（120 km/h）	作业验收	计划维修	临时补修	限速（80 km/h）	作业验收	计划维修	临时补修	限速（45 km/h）	作业验收	计划维修	临时补修	封锁
轨距		+2 −2	+4 −3	+6 −4	+8 −6	+4 −2	+6 −4	+8 −6	+14 −7	+6 −2	+7 −4	+14 −7	+16 −8	+6 −2	+7 −4	+16 −8	+19 −9	+6 −2	+9 −4	+19 −9	+21 −10
水平		3	5	8	10	4	6	10	14	4	6	14	17	4	6	17	20	5	8	20	22
高低		3	5	8	11	4	6	11	15	4	6	15	19	4	6	19	22	5	8	22	24
轨向（直线）		3	4	7	9	4	6	9	12	4	6	12	15	4	6	15	18	5	8	18	20
三角坑	缓和曲线	3	4	5	6	4	5	6	7	4	5	7	8	4	6	8	9	5	7	9	10
	直线和圆曲线	3	4	6	8	4	6	8	11	4	6	11	13	4	6	13	15	5	8	15	16

注：① 轨距偏差不含曲线上按规定设置的轨距加宽值，但最大轨距（含加宽值和偏差）不得超过 1456 mm。

② 轨向偏差和高低偏差为 10 m 弦测量的最大矢度值。

③ 三角坑偏差不含曲线超高顺坡造成的扭曲量；检查三角坑时的基长，采用轨道检查仪时为 3 m，采用轨距尺时为 6.25 m，但在延长 18 m 的距离内无超过表列的三角坑。

④ 段管线、岔线按其他站线办理。

附表 3.2 线路轨道静态几何不平顺容许偏差管理值（木枕线路）

单位：mm

项目		120 km/h<v_{max}≤160 km/h 正线			80 km/h<v_{max}≤120 km/h 正线			v_{max}≤80 km/h 正线及到发线			其他站线		
		作业验收	计划维修	临时补修	作业验收	计划维修	临时补修	作业验收	计划维修	临时补修	作业验收	计划维修	临时补修
轨距		+4 −2	+6 −4	+8 −4	+6 −2	+7 −4	+8 −4	+6 −2	+8 −4	+9 −4	+6 −2	+9 −4	+10 −4
水平		4	6	8	4	6	9	4	6	10	5	8	11
高低		4	6	8	4	6	9	4	6	10	5	8	11
轨向（直线）		4	6	8	4	6	9	4	6	10	5	8	11
三角坑	缓和曲线	4	5	6	4	5	6	4	6	7	5	7	8
	直线和圆曲线	4	6	8	4	6	8	4	6	9	5	8	10

注：① 轨距偏差不含曲线上按规定设置的轨距加宽值，但最大轨距（含加宽值和偏差）不得超过 1 456 mm。
② 轨向偏差和高低偏差为 10 m 弦测量的最大矢度值。
③ 三角坑偏差不含曲线超高顺坡造成的扭曲量；检查三角坑时的基长，采用轨道检查仪应为 3 m，采用轨距尺时为 6.25 m，但在延长 18 m 的距离内无超过表列的三角坑。
④ 段管线、岔线按其他站线办理。

附表 3.3　200～250 km/h 线路轨道静态几何尺寸容许偏差管理值

项　目	作业验收	经常保养	临时补修	限速（160 km/h）
轨　距/mm	+1 −1	+4 −2	+6 −4	+8 −6
水　平/mm	2	5	8	10
高　低/mm	2	5	8	11
轨向（直线）/mm	2	4	7	9
扭曲/（mm/3 m）	2	4	6	8
轨距变化率	1/1 500	1/1 000	—	—

附表 3.4　250（不含）～350 km/h 线路轨道静态几何尺寸容许偏差管理值

项　目	作业验收	经常保养	临时补修	限速（200 km/h）
轨　距/mm	+1 −1	+4 −2	+5 −3	+6 −4
水　平/mm	2	4	6	7
高　低/mm	2	4	7	8
轨向（直线）/mm	2	4	5	6
扭曲/（mm/3 m）	2	3	5	6
轨距变化率	1/1 500	1/1 000	—	—

注：（1）高低和轨向偏差为 10 m 及以下弦测量的最大矢度值。

（2）扭曲偏差不含曲线超高顺坡造成的扭曲量。

附录 4　曲线正矢容许偏差

曲线应保持要素准确及圆顺，用 20 m 弦测量，曲线正矢作业验收容许偏差管理值应满足附表 4.1 的规定，曲线正矢日常保持容许偏差管理值应满足附表 4. 2 的规定。

附表 4.1　曲线正矢作业验收容许偏差管理值

曲线半径 R/m		缓和曲线的正矢与计算正矢差/mm	圆曲线正矢连续差/mm	圆曲线正矢最大最小值差/mm
$R\leqslant 250$		6	12	18
$250<R\leqslant 350$		5	10	15
$350<R\leqslant 450$		4	8	12
$450<R\leqslant 800$		3	6	9
$R>800$	$v_{max}\leqslant 120$ km/h	3	6	9
	$v_{max}>120$ km/h	2	4	6

注：曲线正矢用 20 m 弦在钢轨踏面下 16 mm 处测量。

附表 4.2　曲线正矢日常保持容许偏差管理值

曲线半径 R /m	缓和曲线的正矢与计算正矢差/mm		圆曲线正矢连续差 /mm		圆曲线正矢最大最小值差 /mm	
	正线及到发线	其他站线	正线及到发线	其他站线	正线及到发线	其他站线
$R\leqslant 250$	7	8	14	16	21	24
$250<R\leqslant 350$	6	7	12	14	18	21
$350<R\leqslant 450$	5	6	10	12	15	18
$450<R\leqslant 800$	4	5	8	10	12	15
$R>800$	3	4	6	8	9	12

注：专用线按其他站线办理。

附录 5　道岔检查标准

一、道岔轨道几何尺寸容许偏差（附表 5.1）

附表 5.1　道岔轨道静态几何不平顺容许偏差管理值　　　单位：mm

项目		160 km/h<v_{max} 正线			120 km/h<v_{max}≤160 km/h 正线			80 km/h<v_{max}≤120 km/h 正线			v_{max}≤80 km/h 正线及到发线			其他站线		
		作业验收	计划维修	临时补修	作业验收	计划维修	临时补修	作业验收	计划维修	临时补修	作业验收	计划维修	临时补修	作业验收	计划维修	临时补修
轨距		+2 −2	+4 −2	+5 −2	+3 −2	+4 −2	+6 −2	+3 −2	+5 −3	+6 −3	+3 −2	+5 −3	+6 −3	+3 −2	+5 −3	+6 −3
水平		3	5	7	4	5	8	4	6	8	4	6	9	6	8	10
高低		3	5	7	4	5	8	4	6	8	4	6	9	6	8	10
轨向	直线	3	4	6	4	5	8	4	6	8	4	6	9	6	8	10
	支距	2	3	4	2	3	4	2	3	4	2	3	4	2	3	4
三角坑		3	4	6	4	6	8	4	6	8	4	6	9	5	8	10

注：① 支距偏差为现场支距与计算支距之差。

② 导曲线下股高于上股的限值：作业验收为 0，计划维修为 2 mm，临时补修为 3 mm。

③ 三角坑偏差不含曲线超高顺坡造成的扭曲量；检查三角坑时的基长，采用轨道检查仪时为 3 m，采用轨距尺时按规定位置检查，但在延长 18 m 的距离内无超过表列的三角坑。

④ 轨距偏差不含构造轨距加宽值，尖轨尖处轨距作业验收的容许偏差管理值为 ± 1 mm。

⑤ 段管线、岔线道岔按其他站线道岔办理。

二、尖轨动程

尖轨在第一拉杆中心处的设计动程：直尖轨为 142 mm，曲尖轨为 152 mm；AT 型弹性可弯尖轨 12 号普通道岔为 160 mm 或 180 mm，12 号提速道岔为 160 mm；18 号道岔允许速度大于 160 km/h 时为 160 mm，允许速度不大于 160 km/h 时为 160 mm 或 180 mm（具体按标准图或设计图规定办理）；其他型号道岔按标准图或设计图办理。

三、尖轨开程

斥离尖轨非工作边与基本轨工作边的最小距离为 65 mm。

四、轮缘槽宽度

轮缘槽宽度标准：护轨平直部分轮缘槽标准宽度为 42 mm，侧向轨距为 1441 mm 时，侧向轮缘槽标准宽度为 48 mm，容许误差为+3 ~ －1 mm，缓冲段末端轮缘槽宽度不小于 65 mm。辙叉心轮缘槽标准宽度（测量位置按标准图或设计图规定）为 46 mm（采用心轨加宽技术的辙叉应符合设计要求），容许误差为+3 ~ －1mm。轮缘槽宽度的量取位置与轨距量取位置相同。

五、框架尺寸

框架尺寸，容许误差为 ± 1 mm。

附录 6.1　道岔参数

附表 6.1　道岔参数表

序号	道岔型号	道岔设计图号	尖轨长度/mm	第一动程/mm	第二动程/mm	第三动程/mm	护轨轮缘槽宽														基本轨弯折后矢距（2 m 弦测量）/mm		
							直股							曲股									
							前开口端		缓冲段	平直段	后开口端		缓冲段	前开口端		缓冲段	平直段	后开口端		缓冲段	弯折点 1（尖轨尖端）矢距值/mm	弯折点 2（尖轨尖端）矢距值/mm	矢距值/mm
							开口处	剖切终点			开口处	剖切终点		开口处	剖切终点			开口处	剖切终点				
1	43-9 号木枕单开道岔	TB399-75	6 250				90	68		42	90	68		90	68		42	90	68		7.8	尖轨跟	2.7
2	43-12 号木枕单开道岔	TB399-751	7 700				90	68		42	90	68		90	68		42	90	68		7.1	尖轨跟	1.4
3	50-6 号砼枕对称道岔		4 600																				
4	50-9 号木枕单开道岔	TB399-75	6 250				80	65		42	80	65		80	65		42	80	65		7.8	尖轨跟	2.7
5	50-12 号木枕单开道岔	TB399-75	7 700				80	65		42	80	65		80	65		42	80	65		7.1	尖轨跟	1.4
6	50-9 号砼枕单开道岔	专线 4141	6 450	152			80	65		42	80	65		80	65		42	80	65		9.3	突轨跟	3.5
7	50-12 号木枕单开道岔	专线 4147	11 300	180	80		80	65		42	80	65		80	65		42	80	65		15.3	2 728	9.8
8	50-9 号砼枕单开道岔	专线 4151-1	6 450	152			80	65		42	80	65		80	65		42	80	65		9.3	尖轨跟	3.5
9	50-9 号砼枕单开道岔	CZ2209	6 450	152			80	65		42	80	65		80	65		42	80	65		9.3	尖轨跟	3.5
10	60-12 号木枕单开道岔	专线 4128/4190	11 300	180	80		80	65		42	80	65		80	65		42	80	65		15.3	2 728	9.8
11	60-9 号砼枕单开道岔	SC390 CZ577	12 400	160	75		80	65		42	80	65		80	65		42	80	65				
12	60-12 号砼枕单开道岔	SC390 CZ560	12 480	180	75		80	65		42	80	65		80	65		42	80	65		5.8	5 461	4.5
13	60-12 号砼枕单开提速道岔	专线 4249 专线 4228	12 400	160	75		80	65		42	80	65		80	65		42	80	65		7.58	4 681	3.9
14	60-18 号砼枕单开可动心轨道岔	专线 4223 CZ531	15 680	160	122	60	80	65		42	80	65		80	65		42	80	65				

附表 6.2　常用道岔支距及框架尺寸表

序号	种类	道岔类型	道岔设计图号	支距编号	支距值/mm	支距编号	支距值/mm	支距编号	支距值/mm	离直尖轨尖端距离/mm	两基本轨作用边之间的距离/mm	直尖轨轨头各断面宽度/mm	直尖轨降低值/mm	其他/mm
1	50 kg单开道岔	50-9 号木枕单开道岔	TB399-75 “75” 型	1	144	6	652			0	1 450	0	29	*R*180
				2	201	7	820					5	20	*L*28 848
				3	281	8	1 011			3 038	1 515	20	8	尖 6 250
				4	382	9	1 201					50	5	基 12 500
				5	506	总横距	15 793			6 250	1 583	70	3	
2		50-12 号木枕单开道岔	TB399-75 “75” 型	1	144	6	483	11	1 125	0	1 445	0	29	*R*330
				2	188	7	587	12	1 229			5	20	*L*36 815
				3	243	8	703	总横距	21 280	3 743	1 512	20	8	尖 7 700
				4	311	9	831					50	5	基 12 500
				5	390	10	972			7 700	1 583	70	3	
3		50-9 号木枕单开道岔	专线 4141	1	154	6	670			0	1 450	0	23	*R*180
				2	212	7	840			1 469	1 483	5	14	*L*28 848
				3	293	8	1 032			2 936	1 515	20	3	尖 6 450
				4	397	9	1 208			4 437	1 548	50	0	基 11 200
				5	522	总横距	15 650			6 448	1 593	70	0	
4		50-12 号木枕单开道岔	专线 4147	1	207	6	685	总横距	17 416	0	1 437	0	29	*R*350
				2	280	7	814			2 728	1 461	5	20	*L*37 907
				3	364	8	956			5 958	1 505	20	8	尖 11 300
				4	459	9	1 108					50	5	基 15 700
				5	566	10	1 223			11 300	1 642	70	3	

续表

序号	种类	道岔类型	道岔设计图号	支距编号	支距值/mm	支距编号	支距值/mm	支距编号	支距值/mm	离直尖轨尖端距离/mm	两基本轨作用边之间的距离/mm	直尖轨轨头各断面宽度/mm	直尖轨降低值/mm	其他/mm
5	50 kg单开道岔	50-9 号砼枕单开道岔	专线（02）4151-Ⅰ	1	154	6	670			0	1 450	0	23	*R*180
				2	213	7	840			1 469	1 483	5	14	*L*28 848
				3	294	8	1 032			2 937	1 515	20	3	尖 6 450
				4	397	9	1 208			4 437	1 548	50	0	基 11 492
				5	522	总横距	15 650			6 448	1 593	70	0	
6		50-12 号砼枕单开道岔	专线 4257	1	286	6	824			0	1 435	0	23	*R*350
				2	371	7	966			2 793	1 470	5	14	*L*37 907
				3	467	8	1 120			5 586	1 505	20	3	尖 13 080
				4	575	9	1 223			7 586	1 547	50	0	基 16 292
				5	694	总横距	15 268			16 285	1 864	70		
7	60 kg单开道岔	60-12 号木枕单开道岔	专线 128 专巍 4190	1	207	6	685	总惯距	17 416	0	1 437	0	23	*R*350
				2	280	7	814			2 728	1 461		18	*L*37 907
				3	364	8	956			6 011	1 506	20	4	尖 1 300
				4	459	9	1 108					50	0	基 15 700
				5	566	10	1 223			11 300	1 642	71	0	
8		60-9 号砼枕单开道岔	SC390 CZ577	1	374	6	1 195			0	1 435	0	23	*R*190
				2	505	总横距	9 592			2 311	1 471	5	14	*L*29 569
				3	657					4 622	1 506	20	3	尖 12 400
				4	831					6 622	1 564	50	0	基 15 042
				5	1 025					12 393	1 826	71	0	
9		60-12 号砼枕单开道岔	SC330 CZ560	1	263	6	784			0	1 437	0	23	*R*350
				2	344	7	923			2 721	1 471	5	14	*L*37 907
				3	437	8	1 073			5 641	1 506	20	3	尖 12 480
				4	541	9	1 223			7 641	1 549	50	0	基 15 700
				5	657	总横距	15 868			12 478	1 699	71	0	

续表

序号	种类	道岔类型	道岔设计图号	支距编号	支距值/mm	支距编号	支距值/mm	支距编号	支距值/mm	离直尖轨尖端距离/mm	两基本轨作用边之间的距离/mm	直尖轨轨头各断面宽度/mm	直尖轨降低值/mm	其他/mm
10	60 kg单开道岔	60-12 号砼枕单开提速道岔	专线 4249 专线 4228	1	311	6	875			0	1 435	0	23	*R*350
				2	401	7	1 022			2 340	1 471	5	14	*L*37 800
				3	502	8	1 181			4 681	1 506	20	3	尖 12 400
				4	615	9	1 211			6 681	1 552	50	0	基 16 792
				5	739	总横距	14 369			12 369	1 747	71	0	
11		60-18 号砼枕可动心轨单开道岔	专线 4223 CZ531	1	217	6	513	11	934	0	1 435	0	23	*R*800
				2	267	7	587	12	1 033	3 837	1 471	5	14	*L*60 000
				3	321	8	666	13	1 137	7 873	1 506	20	3	尖 15 680
				4	380	9	750	14	1 233	9 873	1 535	50	0	基 19 192
				5	444	10	840	总横距	25 757	19 196	1 653	71	0	
12		43-6 号木枕对称道岔	叁标线 5806 “75” 型	1	626	总横距	8 000			0	1 450			*R*180
				2	550									17457
				3	452					1 934	1 520			尖 4 500
				4	332									基 7 812
				5	190					4 500	1 650			
13		50-6 号木枕对称道岔	专线 5816	1	626	总横距	8 000			0	1 450			*R*180
				2	550									*L*17 457
				3	452					1 934	1 520			尖 4 500
				4	332									基 7 812
				5	190					4 500	1 650			

注：① 道岔支距起点（1 号桩）位于尖轨跟端，每 2 m 设桩，尾桩横距为总横距除以 2 m 的尾数。
② R 为曲线半径，L 为道岔全长，尖为尖轨长度，基为基本轨长度。
③ 本表格除导曲线半径单位为 m 外，其他项目单位均为 mm。

附录 7　线路设备标准和修理要求

一、钢　轨

1. 钢轨轻伤和重伤标准

钢轨轻伤和重伤标准见附表 7.1、附表 7.2 和附表 7.3。探伤人员、线路（检查）工长认为钢轨有伤损时，也可判为轻伤或重伤。

附表 7.1　钢轨轻伤和重伤标准

伤损项目	伤损程度						备　注
	轻　伤			重　伤			
	v_{max}>160 km/h	160 km/h≥v_{max}>120 km/h	v_{max}≤120 km/h	v_{max}>160 km/h	160 km/h≥v_{max}>120 km/h	v_{max}≤120 km/h	
钢轨头部磨耗	磨耗量超过附表 8.2 所列限度之一者			磨耗量超过附表 8.3 所列限度之一者			
轨端或轨顶面剥落掉块	长度超过 15 mm 且深度超过 3 mm	长度超过 15 mm 且深度超过 3 mm	长度超过 15 mm 且深度超过 4 mm	长度超过 25 mm 且深度超过 3 mm	长度超过 25 mm 且深度超过 3 mm	长度超过 30 mm 且深度超过 8 mm	
钢轨顶面擦伤	深度超过 0.5 mm	深度超过 0.5 mm	深度超过 1 mm	深度超过 1 mm	深度超过 1 mm	深度超过 2 mm	
钢轨低头	超过 1 mm	超过 1.5 mm	超过 3 mm	超过 1.5 mm	超过 2.5 mm	超过 3.5 mm	用 1 m 直尺测量最低处矢度，包括轨端轨顶面压伤和磨耗在内
波浪形磨耗	谷深超过 0.3 mm	谷深超过 0.3 mm	谷深超过 0.5 mm	—	—	—	
钢轨表面裂纹	—	—	—	有	有	有	包括螺孔裂纹、轨头下颚水平裂纹（透锈）、轨腰水平裂纹、轨头纵向裂纹、轨底裂纹等（不含轮轨接触疲劳引起轨顶面表面或近表面的鱼鳞裂纹）
钢轨内部裂纹	—	—	—	有	有	有	包括核伤（黑核、白核）、钢轨纵向裂纹等
钢轨变形	—	—	—	有	有	有	轨头扩大、轨腰扭曲或鼓包等，经判断确认内部有暗裂
钢轨锈蚀	—	—	—	经除锈后，轨底厚度不足 8 mm 或轨腰厚度不足 14 mm		经除锈后，轨底厚度不足 5 mm 或轨腰厚度不足 8 mm	

附表 7.2　钢轨头部磨耗轻伤标准

钢轨/（kg/m）	总磨耗/mm				垂直磨耗/mm				侧面磨耗/mm			
	v_{max}>160 km/h 正线	160 km/h≥ v_{max}>120 km/h 正线	v_{max}≤120 km/h 正线及到发线	其他站线	v_{max}>160 km/h 正线	160 km/h≥ v_{max}>120 km/h 正线	v_{max}≤120 km/h 正线及到发线	其他站线	v_{max}>160 km/h 正线	160 km/h≥ v_{max}>120 km/h 正线	v_{max}≤120 km/h 正线及到发线	其他站线
75	9	12	16	18	8	9	10	11	10	12	16	18
75 以下～60	9	12	14	16	8	9	9	10	10	12	14	16
60 以下～50	—	—	12	14	—	—	8	9	—	—	12	14
50 以下～43	—	—	10	12	—	—	7	8	—	—	10	12
43 以下	—	—	9	10	—	—	7	7	—	—	9	11

注：① 总磨耗=垂直磨耗+1/2 侧面磨耗。
② 垂直磨耗在钢轨顶面宽 1/3 处（距标准工作边）测量。
③ 侧面磨耗在钢轨踏面（按标准断面）下 16 mm 处测量。

附表 7.3　钢轨头部磨耗重伤标准

钢轨/（kg/m）	垂直磨耗/mm			侧面磨耗/mm		
	v_{max}>160 km/h 正线	160 km/h≥ v_{max}>120 km/h 正线	v_{max}≤120 km/h 正线、到发线及其他站线	v_{max}>160 km/h 正线	160 km/h≥ v_{max}>120 km/h 正线	v_{max}≤120 km/h 正线、到发线及其他站线
75	10	11	12	12	16	21
75 以下～60	10	11	11	12	16	19
60 以下～50	—	—	10	—	—	17
50 以下～43	—	—	9	—	—	15
43 以下	—	—	8	—	—	13

2. 钢轨折断标准

钢轨折断是指发生下列情况之一者:

(1)钢轨全截面断裂。

(2)裂纹贯通整个轨头截面。

(3)裂纹贯通整个轨底截面。

(4)允许速度不大于 160 km/h 区段钢轨顶面上有长度大于 50 mm 且深度大于 10 mm 的掉块，允许速度大于 160 km/h 区段钢轨顶面上有长度大于 30 mm 且深度大于 5 mm 的掉块。

3. 伤损钢轨标记

线路上的伤损钢轨应作标记，如附表 7.4 所示。发现重伤钢轨应立即通知线路车间和工务段安全生产调度指挥中心。

附表 7.4 钢轨伤损标记

伤损种类	伤损范围及标记		说明
	连续伤损	一点伤损	
轻伤	|←△→|	↑△	用白色油漆作标记
重伤	|←△△△→|	↑△△△	用白色油漆作标记

二、接　头

(1)接头螺栓应齐全，作用良好，缺损时应及时补充和更换。普通线路接头螺栓扭矩应达到附表 7.5 的规定值，并应保持均匀。扭矩不足时，不得低于规定值 100 N·m 以上。接头防松紧固件的扭矩标准可参照附表 7.6。

附表 7.5 普通线路接头螺栓扭矩标准

项目	单位	25 m 钢轨						12.5 m 钢轨	
		最高、最低轨温差>85 °C			最高、最低轨温差≤85 °C				
钢轨	kg/m	60 及以上	50	43	60 及以上	50	43	50	43
螺栓等级	—	10.9	10.9	8.8	10.9	8.8	8.8	8.8	8.8
扭矩	N·m	700	600	600	500	400	400	400	400
C 值	mm	6			4			2	

注：① C 值为接头阻力及道床阻力限制钢轨自由伸缩的数值。

② 小于 43 kg/m 钢轨比照 43 kg/m 钢轨办理。

③ 高强度绝缘接头螺栓扭矩不小于 700 N·m。

附表 7.6　接头防松紧固件扭矩标准

防松螺母类型	8 级	10 级	12 级
扭矩/（N·m）	400 ~ 600	600 ~ 1000	900 ~ 1100

（2）接头夹板伤损达到下列标准，应及时更换：

① 折断。

② 中间两螺栓孔范围内裂纹：正线、到发线有裂纹；其他站线平直及异型夹板超过 5 mm，双头及鱼尾型夹板超过 15 mm。

③ 其他部位裂纹发展到螺栓孔。

④ 胶接绝缘夹板性能不良。

3. 接头螺栓及垫圈伤损达到下列标准，应及时更换：

① 螺栓折断、变形，严重锈蚀、丝扣损坏或杆径磨耗超过 3 mm 不能保持规定的扭矩。

② 垫圈折断或失去弹性。

三、轨　枕

（1）轨枕位置、间距偏差或偏斜不大于 50 mm。

无缝线路轨枕应均匀布置，轨枕间距见附表 7.7；普通线路的轨枕间距见附表 7.8。

附表 7.7　无缝线路轨枕间距

轨枕配置根数/（根/km）	轨枕间距/mm
1667	600.0
1760	568.2
1840	543.5
1920	520.8

附表 7.8　普通线路轨枕间距

轨型	钢轨长度/m	每千米配置根数	每节钢轨配置根数	木枕/mm			混凝土枕/mm		
				c	*b*	*a*	*c*	*b*	*a*
75 kg/m、60 kg/m 或 50 kg/m	12.5	1600	20	440	594	640	540	587	635
		1680	21	440	544	610	540	584	600
		1760	22	440	524	580	540	569	570
		1840	23	440	534	550	540	544	544
		1920	24	440	469	530	—	—	—

续附表

轨型	钢轨长度/m	每千米配置根数	每节钢轨配置根数	木枕/mm			混凝土枕/mm		
				c	b	a	c	b	a
75 kg/m、60 kg/m 或 50 kg/m	25.0	1600	40	440	537	635	540	579	630
		1680	42	440	487	605	540	573	598
		1760	44	440	497	575	540	549	570
		1840	46	440	459	550	540	538	544
		1920	48	440	472	525	—	—	—
43 kg/m 或 38 kg/m	12.5	1440	18	500	604	720	500	604	720
		1520	19	500	604	675	500	604	675
		1600	20	500	564	640	500	564	640
		1680	21	500	559	605	500	559	605
		1760	22	500	541	575	500	541	575
		1840	23	500	504	550	500	504	550
		1920	24	500	513	523	—	—	—
	25.0	1440	36	500	622	705	500	622	705
		1520	38	500	617	665	500	617	665
		1600	40	500	599	630	500	599	630
		1680	42	500	554	600	500	554	600
		1760	44	500	569	570	500	569	570
		1840	46	500	537	545	500	537	545
		1920	48	500	509	522	—	—	—

（2）应保持正线及到发线接头轨枕无失效，其他处所无连续失效（含岔枕）。

（3）轨枕失效及混凝土枕严重伤损标准如下：

① 混凝土枕（含混凝土宽枕、混凝土岔枕及短轨枕）失效标准：

- 明显折断。
- 纵向通裂：

  挡肩顶角处缝宽大于 1.5 mm；

  纵向水平裂缝基本贯通（缝宽大于 0.5 mm）。
- 横裂（或斜裂）接近环状裂纹（残余裂缝宽度大于 0.5 mm 或长度超过 2/3 枕高）。
- 挡肩破损，接近失去支承能力（破损长度超过挡肩长度的 1/2）。

- 严重掉块，影响钢轨或扣件正常安装及使用，或影响轨枕其他正常使用功能。

② 混凝土枕严重伤损标准：

- 横裂裂缝长度为枕高的 1/2～2/3。
- 纵裂：

  两螺栓孔间纵裂（挡肩顶角处缝宽不大于 1.5 mm）；

  纵向水平裂缝基本贯通（缝宽不大于 0.5 mm）。
- 挡肩破损长度为挡肩长度的 1/3～1/2。
- 严重网状龟裂和掉块。
- 承轨槽压溃，深度超过 2 mm。
- 钢筋（或钢丝）外露（钢筋未锈蚀，长度超过 100 mm）。
- 斜裂长度为枕高的 1/2～2/3。

四、扣　件

1. 扣件状态要求

扣件应保持齐全，位置正确，按标准要求进行铺设和养护维修，确保作用良好。Ⅰ型、Ⅱ型弹条中部前端下颚与轨距挡板离缝作业后不应大于 1 mm，日常保持不宜大于 2 mm；Ⅲ型弹条小圆弧内侧与预埋铁座端部相距 8～10 mm。小阻力扣件弹条中部前端下颚与钢轨离缝作业后不应大于 1 mm，日常保持不宜大于 2 mm。分开式弹性扣件与木枕联结应紧密，当钢轨受车轮横向力作用时不得产生相对位移和扭转离缝。扣板、轨距挡板应靠贴轨底边。扣板（弹片）扣件扭矩应保持 80～140 N·m。

2. 混凝土枕扣件伤损标准

混凝土扣件伤损达到以下标准，应有计划地修理或更换：

（1）螺旋道钉折断、浮起，螺帽或螺杆丝扣损坏，严重锈蚀。

（2）垫圈损坏或作用不良。

（3）弹条、扣板（弹片）损坏或不能保持应有的扣压力。

（4）扣板、轨距挡板严重磨损、锈蚀，扣板、轨距挡板前后离缝超过 2 mm。

（5）挡板座、铁座损坏或作用不良。

（6）预埋套管损坏。

3. 橡胶垫板伤损标准

橡胶垫板压溃或变形（两侧压宽合计：厚度为 7 mm 的橡胶垫板超过 15 mm，厚度为 10 mm 的橡胶垫板超过 20 mm）丧失作用，橡胶垫片损坏时，应进行更换。小阻力扣件使用的复合垫板，橡胶与不锈钢片分离时应及时更换。